시흥 사람들의
역사

서울대학교 국사학과 BK21교육연구단 총서 01
시흥학 총서 01

시흥 사람들의 역사

이동원 외 지음

혜안

|총 론|

인문도시지원사업, 〈역사와 함께 호흡하는 생태 인문도시 시흥〉의 연구성과를 결산하며

이 동 원

　서울대학교 국사학과 대학원과 시흥시가 함께 2022년 7월부터 2025년 6월까지 3년 동안 진행한 한국연구재단의 인문도시지원사업, 〈역사와 함께 호흡하는 생태 인문도시 시흥〉의 연구성과를 결산하여 '시흥학 총서'로서 두 권의 책, 1권 『시흥 사람들의 역사』와 2권 『시흥의 지역사회와 생태환경』을 펴낼 수 있게 된 것을 매우 기쁘게 생각합니다.
　특정 지역의 특수성과 보편성에 대한 통합적 이해를 목표로 하는 지역학은 한국에서 지방 자치 시대의 화두가 된 지 오래지만, '중앙'과 차별화된 '지역'만의 서사를 만들어내는 것은 여전히 쉽지 않은 일입니다. 여기에는 중앙 중심의 사료 편제도 큰 요인으로 작용하지만, 전문 연구자의 중앙 중심적 사고와 지역사 및 지역성에 대한 진지한 고민 결여도 중요한 원인 중 하나일 것입니다. 이와 관련하여 사회과학계에서는 다중 스케일(scale)의 관점에서 '방법론적 국가주의'를 넘어설 것을 제안한 바 있고,[1] 각 지역 대학에서 다양한 '글로컬(glocal)' 연구 사업들도 진행 중이지만 글로

---

1) 박배균, 김동완 편(2013), 『국가와 지역: 다중스케일 관점에서 본 한국의 지역』, 알트.

벌주의, 국가주의, 로컬주의를 넘어서는 다중 스케일적 사고와 실천이 실질적 연구 차원에서 얼마나 진행되었는가를 묻는다면 대표적 사례를 떠올리는 것이 쉽지 않을 것입니다.

필자도 인문도시지원사업으로 〈역사와 함께 호흡하는 생태 인문도시 시흥〉의 연구책임자를 맡게 되면서부터 본격적으로 지역사 연구에 대한 고민을 시작하게 되었습니다. 인문도시지원사업은 대학과 지역사회가 함께 지역의 인문자산을 발굴하고 이를 시민에게 확산함으로써 인문학을 대중화하려는 목적을 갖고 있습니다. 서울대학교 시흥캠퍼스가 자리하고 있는 시흥은 1989년 시로 승격된 이후 2022년 인구 50만을 넘어 전국에서 17번째로 '대도시' 지위를 획득했습니다. 그러나 시흥 지역사회는 인천, 안산, 광명·안양에 접한 3개 중심 권역의 원심력 문제와 신도시 개발로 유입된 주민들의 부족한 지역 정체성 문제를 고민하고 있었습니다.

외부인의 입장에서 지역사회의 고민을 온전히 이해하고 해결책을 함께 모색하는 것은 쉽지 않은 일이었습니다. 그러나 2022년 10월, 인문도시지원사업의 첫 번째 인문주간 학술대회로, 〈시흥이 걸어온 길: 시흥의 역사, 문화, 사상〉을 개최하고 고대부터 조선 후기까지 시흥 지역의 변화상을 살펴보면서 시흥 지역사회의 독특한 역사적 특성을 이해할 수 있게 되었습니다. 시흥(始興)이라는 지명은 조선시대 금천현이 정조대인 1795년 시흥현으로 개칭되며 등장한 것이었는데, 원래 시흥현 관아 자리는 오늘날의 서울시 금천구 시흥동에 있었고 시흥현은 1895년 시흥군으로 승격되었습니다.

그런데 1895년의 시흥군과 1989년의 시흥시 영역은 놀랍게도 조금도 중복되는 부분이 없습니다. 이는 조선총독부의 행정구역 통폐합과 '대경성' 계획에 따라 과천군, 안산군 일부와 영등포 지역까지 포괄했던 시흥군의 영역이 1960~80년대 서울의 확장에 따라 영등포구에 편입되거나 안양시, 광명시, 과천시, 안산시, 의왕시, 군포시로 승격, 분리되었기 때문입니다. 시흥시는 1989년, 남은 지역인 소래읍, 군자면, 수암면에 자리 잡은 행정 구역으로 과거 부천군의 소래권과 안산군의 군자권, 수암권이 오늘날 시흥시의 근간이 된 셈입니다.

따라서 오늘날 시흥시에 남은 시흥현과 시흥군의 유산은 시흥(始興)이라는 시명뿐이라고 해도 과언이 아닙니다. 시흥시는 서울의 급속한 팽창과 위성도시 개발에 따라 이리저리 쪼개지고 합쳐지며 전통적인 시흥군과는 전혀 무관한 그야말로 새로운 도시가 되었습니다. 따라서 3개 중심 권역의 원심력 문제나 부족한 지역 정체성 문제는 시흥시의 태생적 특성에서 기인한 것으로, 그 자체로서 한국의 압축적 성장과 변화를 내포한 시흥시만의 독특한 '지역성'이라 할 수 있습니다.

저희 연구사업단은 이러한 시흥의 독특한 '지역성'을 역사학의 시선에서 새롭게 조명하기 위해 매년 인문주간 학술대회를 개최했고, 연구사업에 참여 중인 교수 및 학과 대학원생들의 전공과 연구 관심에 따라 연구발표와 토론을 진행했습니다.

앞서 설명한 첫 번째 인문주간 학술대회, 〈시흥이 걸어온 길: 시흥의 역사, 문화, 사상〉에서 발표된 글들은 공동연구원인 정요근 교수의 기조강연, 「시흥의 역사적 전통과 역사적 정체적 수립 방향의 모색」과 함께 오늘날의 시흥시 권역을 대상으로 전근대 시기를 다루었고, 이후 다섯 편을 연구논문으로 발전시켜 서울대학교 규장각한국학연구원에서 발간하는 학술지, 『규장각』 63호에 기획논문으로 게재하였습니다.[2]

2023년 11월에는 두 번째 인문주간 학술대회로 〈근현대 시흥의 변화와

---

2) 『규장각』 63호에 게재된 논문들은 다음과 같다. 한지선(2023), 「원삼국~백제 한성기 시흥 지역 집단의 존재 양상과 변화」; 김원혁(2023), 「조선초기 近畿 土族의 정착과 존재 양상 - 시흥지역 사족가문을 중심으로 -」; 장래건(2023), 「姜希孟의 『衿陽雜錄』 저술 의도와 '士'로서의 정체성」; 강나은(2023), 「15~16세기 사족의 혼인 네트워크와 지속여부 - 시흥 세거 사족 姜碩德·姜希孟 가계를 중심으로 -」; 정승화(2023), 「조선후기 경기 지역의 재정운영과 시흥」.

발전〉을 개최했습니다. 연구책임자인 이동원 교수의 기조강연, 「근현대 시흥의 역사와 현재적 가치」와 함께 시흥의 근현대 시기를 다루는 연구 발표와 토론이 있었고, 이후 다섯 편을 연구논문으로 발전시켜 서울대학교 인문학연구원이 발간하는 학술지, 『인문논총』 81권 제3호에 이동원 교수의 새로운 연구논문과 함께 기획논문으로 게재하였습니다.[3]

2024년 11월에는 세 번째 인문주간 학술대회로 〈역사적 접근으로서의 시흥학 : 사회변동과 생태환경〉을 개최했습니다. 공동연구원인 고태우 교수의 기조강연, 「시흥지역 생태환경의 변화: 오염과 개선의 이중주 - 시화호를 중심으로」와 함께 시흥의 산업과 생태를 중심으로 한 연구 발표와 토론이 있었고, 이 중 다섯 편을 연구논문으로 발전시켜 『인문논총』 82권 제1호와 2호에 기획논문과 일반논문으로 게재하였습니다.[4]

이렇게 3년 동안 세 차례 인문주간 학술대회를 통해 발표 및 토론 과정을 거치고, 연구재단 등재 학술지인 『규장각』과 『인문논총』의 논문 심사를 거쳐 게재된 시흥 관련 논문은 모두 16편으로 '시흥학 총서' 1권, 『시흥 사람들의 역사』와 2권, 『시흥의 지역사회와 생태환경』을 펴내는 데 근간이

---

[3] 『인문논총』 81권 제3호에 기획논문으로 게재된 논문들은 다음과 같다. 김혜원(2024), 「19세기 말 시흥지역 개신교 전래 과정 연구」 ; 김한빛(2024), 「1910년대 초반 석장둔 인근 간척지 소유 양상」 ; 이원식(2024), 「1914년 경기도 군·면 통폐합 논의와 계획 수립: 시흥군 및 소재 면의 사례를 중심으로」 ; 박정민(2024), 「1920~30년대 후반 소래 지역의 성쇠와 지역사회의 대응」 ; 홍수현(2024), 「1970~80년대 '사회의학'의 실천과 신천연합의원의 설립」 ; 이동원(2024), 「1970~80년대 시흥지역 도시빈민 운동의 성장과 진화」.

[4] 『인문논총』 82권 제1호에 기획논문으로 게재된 논문들은 다음과 같다. 박지현(2025), 「1945~1948년 미군정의 소금 수급정책과 군자·소래염전」 ; 윤성민(2025), 「유엔한국재건단(UNKRA)의 광업 원조: '시흥흑연광산' 원조 사업을 중심으로」 ; 고태우(2025), 「어디까지 개발해야 할까?: 시화호 30년, 오염과 개선의 이중주」. 또한 『인문논총』 82권 제2호에 게재된 논문들은 다음과 같다. 정다혜·정요근(2025), 「조선 후기 경기도 중서부 호조벌 일대의 동리(洞里)와 인구 증가 양상」 ; 허현주(2025), 「1990~2000년대 지역 여성운동의 조직과 활동: 시흥 여성의전화를 중심으로」.

되었습니다. 특히 인문도시지원사업을 통해 확보한 지역학 연구 성과 및 자료, 인적 네트워크가 새로운 사료와 시각에 기반하여 지역사를 이해하는 데 중요한 역할을 했습니다. 여기에 공동연구원인 정요근 교수가 「역사 지리적 관점에서 본 시흥시의 과거와 현재」를 2권 첫 번째 장으로 추가하여 역사지리학의 차원에서도 시흥의 역사를 조망할 수 있게 되었습니다.

시흥시는 앞서 지적한 대로 서울의 급속한 팽창과 위성도시 개발에 따른 행정구역의 이합집산으로 탄생한 도시이며, 그것이 한국의 압축적 성장과 변화를 내포한 시흥시만의 독특한 '지역성'이라 할 수 있습니다. 두 권의 '시흥학 총서'가 시흥시 오이도박물관과 평생교육원이 주관하는 〈시민 마을 기록가 양성과정〉, 〈각양각색 우리동네 별난역사〉, 〈시흥 사람들의 발자취〉 등에 교재로 활용되면서 그 독특한 지역성이 시흥 시민들에게도 널리 알려지기를 기대합니다. 이를 통해 '시흥학 총서'가 포착한 시흥만의 지역성과 역사상이 향후 시흥시의 지역 정체성 형성에도 일조할 수 있기를 기대합니다.

3년 동안 인문도시지원사업을 진행하면서 많은 분들의 도움을 받았습니다. 특히 서울대학교 국사학과 대학원 인문도시지원사업의 파트너로서 적극적 지원을 아끼지 않았던 시흥시청 평생학습과의 민지선 팀장님, 김태일 주무관님께 깊은 감사의 인사를 전합니다. 인문학 대중화 사업이라는 인문도시지원사업의 본래 취지에 맞게 다양한 강연 및 체험 활동을 지원해주신 시흥시 평생교육원, 오이도박물관, 시흥문화원, KACE 시흥인문교육원, 시흥에코센터, 시화호지속가능파트너십, 시흥시향토민속보존회 등의 시흥시 산하 기관 및 시민단체 관계자 여러분들께도 감사와 존경의 마음을 전합니다. 부족한 연구책임자를 도와 사실상 인문도시지원사업을 이끌어 주신 공동연구원 정요근, 고태우 교수님, 규장각한국학연구원의 김원혁 연구원, 국사학과 대학원의 허서연, 이현지, 홍수현, 허장원,

이영주 학생에게도 감사의 마음을 전합니다. 마지막으로 어려운 인문학 출판 시장 상황에도 불구하고 두 권의 책을 출간할 수 있도록 도와주신 혜안 출판사에도 진심으로 감사드립니다. 여러분 덕분에 3년 간의 인문도시지원사업을 잘 마무리할 수 있게 되었습니다. 감사합니다.

| 차례 |

이동원 **총론** · 5
　　　　인문도시지원사업, 〈역사와 함께 호흡하는 생태 인문도시 시흥〉의 연구성과를
　　　　결산하며

한지선 **원삼국~백제 한성기 시흥 지역 집단의 존재 양상과 변화** · 15

　　　1. 들어가며 ··· 15
　　　2. 시흥 지역 원삼국~백제 한성기 유적의 현황과 특징 ·························· 18
　　　3. 시흥 지역 집단의 존재 양상과 백제와의 관계 ································ 32
　　　4. 나가며 ··· 43

김원혁 **조선초기 시흥 사족 가문의 존재 양상** · 49

　　　1. 들어가며 ··· 49
　　　2. 조선초기 사족과 시흥 지역의 동향 ·· 54
　　　3. 시흥의 사족 가문 정착과 존재 양상 ·· 62
　　　4. 나가며 ··· 93

장래건 **강희맹의 『금양잡록』 저술과 '사'(士)로서의 정체성** · 99

　　　1. 들어가며 ··· 99
　　　2. 당대인이 본 『금양잡록』의 위상 ·· 102
　　　3. 금양별업 경영을 위한 농서 ·· 109

차례 11

　　　　4. 가내 농서에 드러난 '사'(士)의 정체성 ·············· 117
　　　　5. 나가며 ·· 123

강나은　15~16세기 사족의 혼인 네트워크의 영향력과 지속 여부
　　　　: 시흥 기반 사족 강석덕(姜碩德)-강희맹(姜希孟) 가계를 중심으로 · 127

　　　　1. 들어가며 ··· 127
　　　　2. 분석대상과 강희맹 일가의 혼인 네트워크 ············ 132
　　　　3. 강석덕-강희맹 가계의 혼입자(婚入者) 분포와 혼인 네트워크 형성 ·· 150
　　　　4. 나가며 ·· 158

이동원　시흥 도시빈민 정착공동체 운동과 시민운동의 재발견 · 163

　　　　1. 들어가며 ··· 163
　　　　2. 도시빈민 정착공동체 운동의 출발점, 복음자리 마을 ········· 168
　　　　3. 한독마을, 목화마을의 탄생과 공동체 성격의 변화 ········· 181
　　　　4. 나가며 ·· 191

홍수현　1970~80년대 '사회의학'의 실천과 신천연합의원의 설립 · 195

　　　　1. 들어가며 ··· 195
　　　　2. 한국 보건의료 모순의 심화와 사회의학 개념의 재인식 ········· 198
　　　　3. 1970년대 사회의학연구회 창립과 의대 학생운동의 전개 ········ 204
　　　　4. 1980년대 신천연합의원 설립과 사회의학의 실천 ·········· 210
　　　　5. 나가며 ·· 221

허현주　1990~2000년대 시흥 여성의전화의 조직과 활동 · 225

　　　　1. 들어가며 ··· 225
　　　　2. 1980~1990년대 여성폭력 추방 운동과 여성의전화 ········· 229
　　　　3. 지역 여성운동의 부상과 시흥 여성의전화 창립 ·········· 237

4. 제도화 이후 지역 여성운동의 위기와 대응 ·················· 249
　　5. 나가며 ··· 255

논문 출전 ··· 261

원삼국~백제 한성기
시흥 지역 집단의 존재 양상과 변화

한 지 선

1. 들어가며

 3세기 중엽 상황을 보여주는 『삼국지(三國志)』 한조(韓條)에서는 '백제국'(伯濟國)을 포함한 마한(馬韓) 50여 개 '국'(國)이 열거되어 있다. 마한의 일개 소국으로 존재했던 '백제국'이 어떠한 과정을 거쳐 고대국가로 성장하였는지 파악하는 것은 초기 백제사를 복원하기 위한 필수적인 작업에 해당한다. 다만 현존하는 사료는 지나치게 파편적으로 서술되어 있고 백제를 중심으로 한 영역화의 결과만을 제시하고 있어서, 그 구체적인 과정을 파악하기 어려운 상황이다. 따라서 초기 백제사의 경우 분묘, 주거지, 성곽, 토기류 등 고고자료를 적극적으로 활용한 연구가 활발히 진행 중이다. 특히 백제와 그 근기(近畿) 지역에 해당하는 서울·경기권은 원삼국~삼국시대에 출입구가 부가된 여·철(呂·凸)자형 주거지와 출입구가 없는 사주식(四柱式) 주거지의 분포권이 중첩되고 적석총, 분구묘, 주구토광묘 등 다양한 묘제가 확인되는 지역이다.[1] 또한 지역 간 교류 등으로

---

1) 권오영(2009), 「원삼국기 한강유역 정치체의 존재양태와 백제국가의 통합양상」, 『고고학』 8-2, 중부고고학회.

인해 이질적인 주거·분묘의 형식이 변형·결합하는 사례가 확인되는 등 복잡한 문화상을 지닌다. 이에 경기 지역에서는 소규모 단위별로 원삼국~ 삼국시대 물질문화 양상을 비교 분석하고 그 역사적 의미를 해석하는 미시적 연구가 필요한 상황이다.

본고에서는 원삼국~백제 한성기 시흥 지역의 생활·분묘 유적을 분석하여, 시흥 지역의 지역적 특징과 백제의 진출에 따른 변화 과정을 고찰하고자 한다. 시흥 지역은 김포·인천 등과 함께 경기 서부 지역 분구묘 분포권에 속한다.[2] 김포·인천의 경우 2010년대에 원삼국시대 분구묘와 내부에 부장된 외래계 위세품 등이 다수 확인되면서 대외교류의 관문 지역으로서 학계의 주목을 받아왔다.[3] 사료와의 연계를 통한 해석이 제기되기도 하였다. 구체적으로 음상사(音相似)를 활용하여 인천·강화 일대를 『삼국지』 한조의 마한 50여 개 국 중 하나인 '신분고국'(臣濆沽國)으로 비정하거나,[4]

---

2) 편의를 위해 한강 하류역·경기 서해안 권역 중 분구묘 분포권에 해당하는 지역을 '경기 서부 지역'으로 지칭하고자 하며 대체로 현재의 김포, 인천, 시흥, 안산에 해당한다. 시화호 이남의 화성 남양반도의 경우 경기 서해안 지역이지만 유적 분포 양상으로 볼 때 분구묘 분포권에 포함되지 않고 청명산성, 백곡리고분군 등 4세기 후반 이후의 유적이 주로 확인되고 있어서 다른 문화상을 보인다. 이에 본고에서의 '경기 서부 지역'에서 제외하였다.

3) 김포 운양동 유적이 조사된 이래로 경기 서해안 분구묘 분포권을 대상으로 고고학적 연구 성과가 축적되고 있다. 분구묘 유적을 중심으로 한 연구 성과로는 김기옥(2013), 「Ⅳ. 고찰」, 『김포 운양동 유적 Ⅰ』, 한강문화재연구원 ; 차윤환(2013), 「한강 중·하류 유역에 위치한 정치체의 존재양상-묘제를 중심으로」, 『古文化』 82, 한국대학박물관협회 ; 김길식(2014), 「2~3世紀 漢江 下流域 鐵製武器의 系統과 武器의 集中流入 背景-김포 운양동유적 철제무기를 중심으로-」, 『百濟文化』 50, 공주대학교 백제문화연구소 ; 지혜(2019), 「김포·인천지역 마한 분구묘의 시공간적 특성」, 한신대학교 대학원 석사학위논문 ; 宋滿榮(2021a), 「한강 하류 분구묘 부장토기의 변화와 의미」, 『韓國上古史學報』 111 ; 송만영(2022), 「한강 하류역 분구묘 분포권의 무덤 위계」, 『고고학』 21-1, 중부고고학회 등이 있다. 취락 유적을 중심으로 한 연구 성과로는, 송만영(2016), 「한강 하류 마한 취락의 편년과 전개 과정」, 『崇實史學』 36, 숭실사학 등이 있다.

4) 박순발(2013), 「유물상으로 본 백제의 영역화 과정」, 『백제, 마한과 하나되다』, 한성백제박물관, p.126.

한강 하류역에서 비류계 유이민 집단과 융합한 신분고국이 중국 군현을 상대로 기리영(崎離營) 공격 사건(246)을 일으켰다고 해석한 견해도 있다.[5] 다만 경기 서부 지역의 인천, 김포, 시흥, 안산 일대에서 분구묘 문화를 공유하더라도, 소지역별로 유적 중심 시기와 출토 유물 양상이 동일하지 않다는 것을 고려할 필요가 있다. 그리고 4세기 이후 백제가 경기 서부 지역에 진출하는 방식 또한 소지역별로 달랐을 것으로 추정된다. 이에 본고에서는 경기 서부 분구묘 분포권의 외곽 지대였던 시흥 지역에 주목하여, 김포·인천 지역과 비교되는 물질문화상의 특징을 살펴보고 이를 바탕으로 백제가 어떤 방식으로 경기 서부 지역에 영향력을 확장하였는지 고찰하고자 한다.

〈표 1〉 원삼국~삼국시대 시흥 지역 주요 유적 현황

번호	유적명	생활 유적						분묘 유적			조사기관	유적 연대[6]			
		유구 종류						묘제				원삼국II기	원삼국III기	한성I기	한성II기
		주거지	고상건물지	수혈	가마	구상유구	패총	분구묘	토광묘	석실묘					
1	시흥 오이도						1				서울대학교박물관, 2013				
2	시흥 목감동·조남동	6		10							중앙문화재연구원, 2012				
3	시흥 은행동·계수동	19	18	38	2	12		15	4		한겨레문화재연구원, 2017				
4	시흥 매화동	2	13			1		5	4		한양문화재연구원, 2019				
5	시흥 능곡동									2	경기문화재연구원, 2010				

---

5) 차윤환(2013), p.52.
6) 각 시기의 연대는 다음과 같다. 원삼국 II기 : 2세기, 원삼국 III기 : 3세기, 한성 I 기 : 3세기 후엽~4세기 중엽, 한성II기 : 4세기 후엽~475년. 유적의 편년은 각 유적의 보고서와 함께 이하의 연구를 참조하였다. 한지선(2013), 「漢城百濟期 聚落과 土器遺物群의 變遷樣相-서울·경기권 편년수립을 위하여」, 『중앙고고연구』 12, 중앙문화재연구원 ; 한지선·강동석(2021), 「중부지역 원삼국시대~백제 취락과 인구변동」, 『중부고고학회 2021년 정기학술대회 자료집』, 중부고고학회 ; 송만영(2021b), 「한강 하류 분구묘 분포권의 주거와 취락 위계」, 『古文化』 98, 한국대학박물관협회 ; 송만영(2022) 논문 참조.

2. 시흥 지역 원삼국~백제 한성기 유적의 현황과 특징

유적의 현황을 검토하기 전, 당시 시흥 지역의 연혁과 지형을 간단히 살펴보겠다. 현재 경기 시흥 지역은 전근대 인천(仁川)과 안산(安山) 지역에 속하였다. 한편 「대동여지도(大東輿地圖)」, 「해동지도(海東地圖)」 등 조선시대 고지도에 표현된 '시흥'(始興)은 서울 금천구 일대에 위치한 지역으로, 현재의 시흥 지역과 구별되어 유의할 필요가 있다.

시흥을 비롯한 경기 서해안 일대는 간척사업이 활발히 이루어진 지역이다. 조선시대 영조 1년에는 조정에서 안산과 인천 경계 지역에 호조방죽을 설치하는 대규모 간척사업을 실시했으며 농경지를 확보하였다.[7] 〈그림 1〉은 현재 시흥 지역을 대상으로 토양 환경을 표시한 지도인데, 바닷물이 퇴적되어 형성된 해성평탄지의 범위가 시흥 매화동, 은행동 일대까지 분포해 있어서 과거에 바닷물이 내륙 안쪽까지 들어왔음을 확인할 수 있다. 산줄기의 경우, 시흥 일대는 한남정맥의 끝자락에 해당하여 동쪽에 마산-운흥산-양지산, 북쪽으로 성주산-소래산-만수산-천마산-계양산으로 연결되는 산맥이 존재한다. 시흥 일대의 산줄기는 인천·인산·부천 등 주변 지역과의 경계선 역할을 하고 있다.

연혁, 지형과 함께 〈그림 2〉의 경기 서부지역 원삼국~삼국시대 유적 분포도를 살펴보면, 시흥 지역의 유적군은 인천 남촌동 고래실골, 인천 구월동, 안산 신길동 유적과 함께 하나의 유적군으로 묶일 수 있다. 그리고 이는 북쪽의 인천 연희동 유적 등 한강 하류·서해안 북부 지역 유적군과 산줄기, 수계 측면에서 구분되고 있다. 본고에서는 시흥 지역의 유적을 주된 분석 대상으로 하되, 연혁과 지형을 기준으로 같은 유적군으로 묶일 수 있는 인천·안산 지역의 일부 유적을 참조하여 서술하겠다.

---

7) 『承政院日記』 32, 영조 1년 6월 5일 辛未.

〈그림 1〉 시흥 일대 토양지형 분포도(흙토람 토양환경정보시스템 제공)

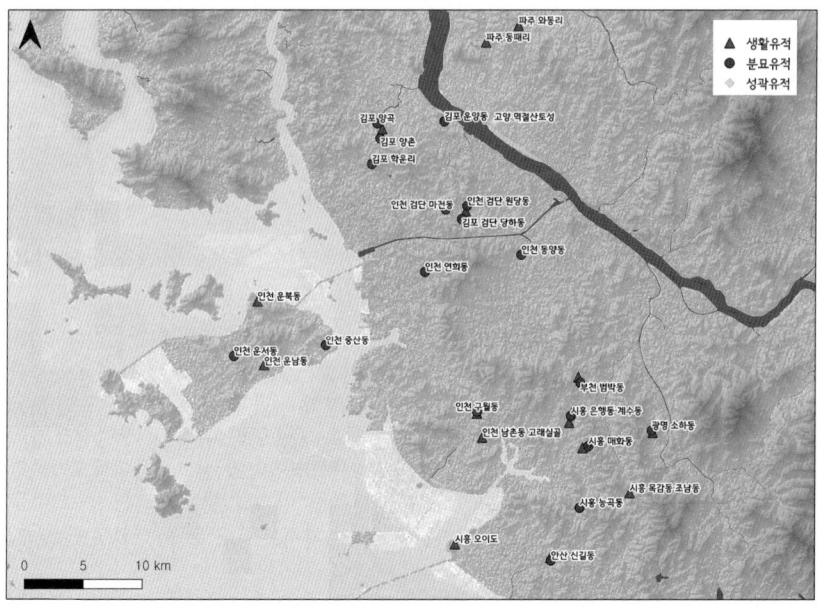

〈그림 2〉 경기 서부 지역 유적 분포도

2.1. 생활 유적

시흥 지역의 생활 유적을 서술하면 다음과 같다. 시흥 오이도 유적에서는 신석기시대 이래로 수차례에 걸쳐 단기적인 점유 양상이 확인되는데, 작은소라벌 B지구 층위에서 초기철기시대~원삼국시대 유물군이 출토되었다. 출토 토기류로는 점토대토기, 경질무문토기, 타날문토기(분형토기, 원저옹형토기, 장란형토기 등)가 있다. 이 중 분형토기는 내면에 횡방향 승문내박자흔이 남아있어 낙랑토기 제작 기법이 반영된 것으로 보인다. '원저옹형토기'로 보고된 토기류 또한 주목된다.[8] 보고서에서는 12점이 보고되었는데, 구연부의 잔존 양상으로 보아 90점이 넘을 것으로 추산되고 있다.[9] 철기류로는 철부, 철겸, 쇠스랑 등과 철경동촉(鐵莖銅鏃) 1점이 확인되었다. 철경동촉은 슴베를 철로 만들고 촉은 구리로 만든 화살촉으로, 기원전 1세기~기원후 1세기 후반대 낙랑군 분묘에 집중적으로 부장되어 낙랑계 유물로 인식되고 있다.[10]

시흥 목감동·조남동 유적에서는 주거지 6기와 수혈 10기가 발견되었다. 주거지 형식은 모두 평면 방형계에 출입구가 부가되지 않은 형태이다. 목감동 1호의 경우 사주식 주거지이며 난방·취사시설로 벽면에 짧게 붙은 부뚜막이 설치되었다. 목감동 1호 주거지에서 출토된 경질무문토기는

---

8) 원저옹형토기는 'U자형토기', '원저소옹', '원저심발형토기' 등으로도 불린다. 기존 보고서에서는 원저옹형토기를 'U자형토기'로 보고하였다(서울대학교박물관(2003), 『烏耳島-오이도 추가단지내 주거밀집지역 문화재 시굴 및 발굴조사 보고서』). 이후 2013년 간행된 증보판에서는 원저라는 형태적 특징, 장란형토기와 유사한 옹형 기형을 고려하여 '원저옹형토기'로 명명하였는데(서울대학교박물관(2013), 『시흥 오이도유적』, p.76), 본고에서는 이 표기를 따랐다.
9) 김장석(2014), 「중부지역 격자문타날토기와 U자형토기의 등장」, 『韓國考古學報』 90, 한국고고학회, p.85.
10) 인천 운북동, 철원 와수리, 가평 양수리 등 경기 서해안·경기북부 지역에서 확인된 사례가 있다(김무중(2006), 「마한 지역 낙랑계 유물의 전개 양상」, 『낙랑 문화 연구』, 동북아역사재단, p.296).

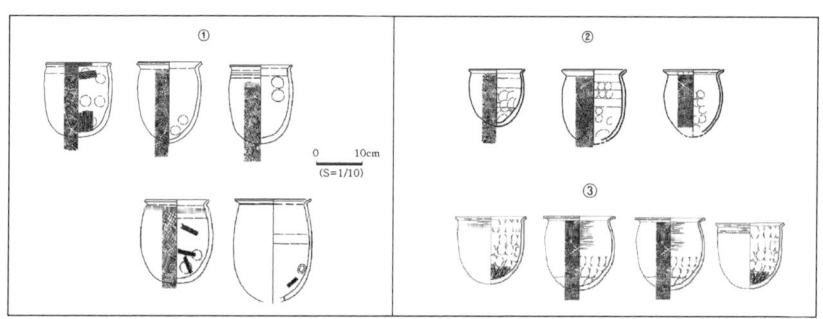

〈그림 3〉 원저옹형토기 출토 사례(① 시흥 오이도 유적, ② 오산 궐동 유적, ③ 아산 용두리 진터 유적)

구연이 짧게 외반하고 동체는 상대적으로 긴 형태로 그 연대는 2세기대까지 소급할 수 있다.[11] 한편 목감동 2호 주거지, 조남동 유적 출토유물(경질단경호, 장란형토기, 시루, 반)은 한성백제 시기 이후에도 해당 유적이 운영되었음을 보여준다.

시흥 은행동·계수동 유적 B구역에서는 주거지 19기, 고상건물지 18기, 수혈 38기, 토기가마 2기, 주혈군 등 여러 유구를 갖춘 대규모 취락이 확인되었다. 취락은 주거 구역과 구상유구 밀집구역이 공간적으로 구분되고, 주거 구역에는 주거군과 수혈, 고상건물지가 분포한다.[12] 출입구가 없는 방형계 사주식 주거지가 다수인 가운데, 15호 주거지는 출입구가 부가된 평면 凸자형 사주식 주거지 형식으로 주목된다. 은행동·계수동 생활 유적은 주거지 규모와 출토유물 측면에서 특징적이다. B지구 2호와 3호 주거지는 연접하여 확인되었는데, 각각 15m×12m, 17m×14m 규모의 초대형 사주식 주거지에 해당한다. 3호, 2호 순서로 조성되었으며 전자에는 'ㄱ'자형 부뚜막, 후자에는 'ㅡ'자형 부뚜막이 설치되었다. 초대형 주거지 내부에서는 압날문 대옹, 호 등 저장용기가 다수 출토되어 저장과 관련된

---

11) 송만영(2013), 『중부지방 취락고고학 연구』, 서경문화사, p.51.
12) 송만영(2021b), p.13.

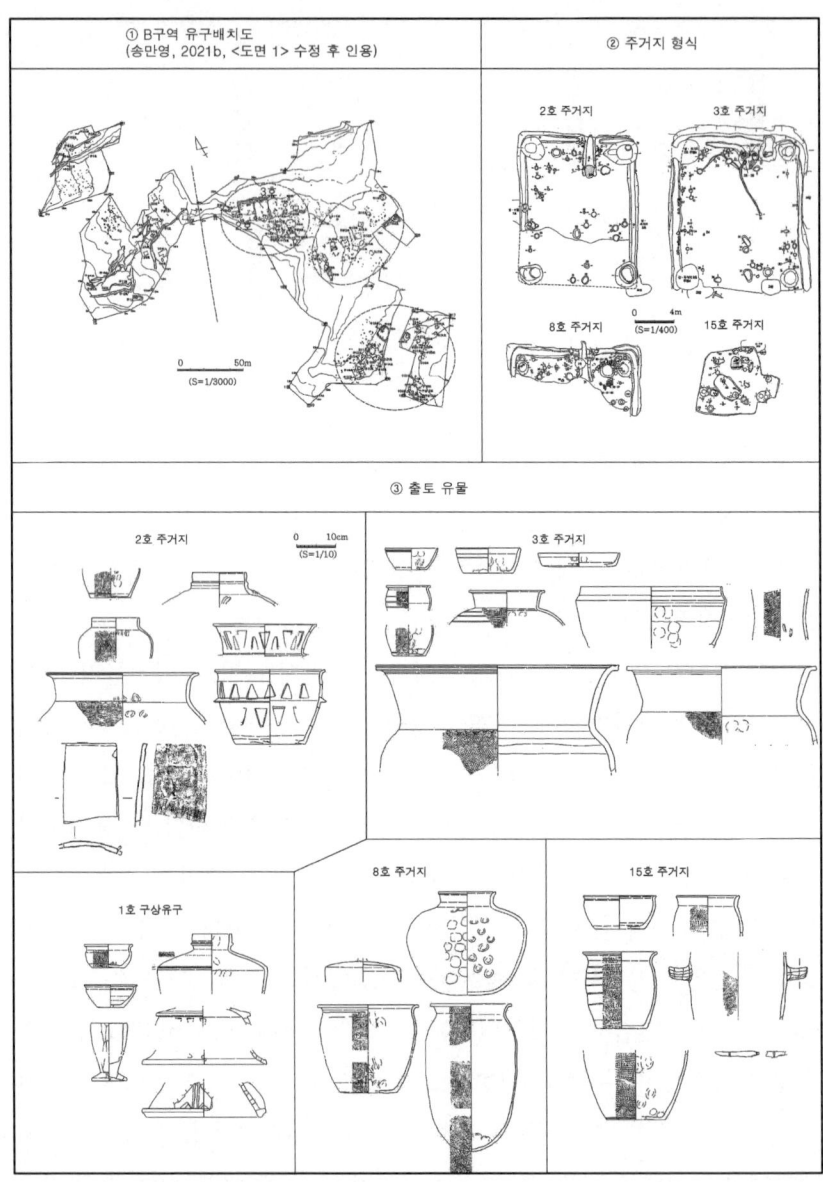

〈그림 4〉 시흥 은행동·계수동 유적 자료

시설로 추정할 수 있는데, 토기류 외에도 내부에서 이형토기와 암키와, 건축부재인 철정·꺾쇠 등 특수 성격의 유물이 확인되어 특징적이다.[13] 한편, 서쪽에 밀집된 구상유구에서는 이형토기, 이중구연호, 옹 등이 확인되었는데 완형이 아닌 토기 편으로 출토되어서 파쇄 과정을 수반하는 행위가 이루어졌던 것으로 보인다.

시흥 매화동 유적 1지점에서는 주거지 2기, 고상건물지 13기, 구상유구 1기, 주혈군 등이 확인되었다. 유적 내에서는 구상유구의 존재가 특징적이다. 구상유구의 폭은 10~20m 규모로 대형인데, 그 경계에 고상건물지와 주혈군이 집중 분포하고 건물의 주축방향은 구상유구의 진행 방향과 동일하거나 직교한다. 이에 매화동 유적의 건물지는 구상유구의 진행 방향을 의식하였다고 해석된다.[14] 주거지에서는 장란형토기, 심발, 대옹, 호 등이 출토되었고 구상유구에서는 유개고배, 뚜껑, 합 등이 보고되었다. 주거지의 경우, 2호 주거지 위에 조성된 1호 주거지가 구상유구의 방향을 고려하여 축조되었다. 선행하는 2호 주거지는 방형계 평면에 비사주식 형식을 지녔으며, 후행하는 1호 주거지는 凸자형 평면에 벽주식 주거지에 해당한다. 난방·취사시설의 경우 1호 주거지에서 '一'자형 부뚜막이 확인되었다.

시흥 지역 생활 유적에서 확인되는 문화적 특징을 한강 하류·서해안 북부 지역의 유적 양상과 비교하여 서술하면 다음과 같다. 우선 오이도 유적 출토 유물군은 원삼국시기 시흥 일대가 경기-충청 북부-영남 지역으로 이어지는 교통로의 결절점 역할을 했음을 보여준다. 낙랑토기의 제작기법이 확인되는 분형토기 등 오이도 유적 출토 토기류 양상은 경기 남부

---

13) 경기 서부 지역에 분포하는 이형토기는 높은 대각에 토기 바닥이 뚫려 있는 특이한 형태에 장식적인 요소가 많아서 생활 용기보다는 의례용 기종으로 이해할 수 있다. 또한 이형토기의 출토 위치는 주거지, 도랑, 수혈, 패총 등으로 무덤에서는 출토 사례가 없어서, 생활 관련 의례에 사용되는 기종으로 추정된다(송만영(2016), pp.33-34).
14) 한양문화재연구원(2019), 「Ⅵ. 고찰」, 『始興 梅花洞 遺蹟』, pp.278-279.

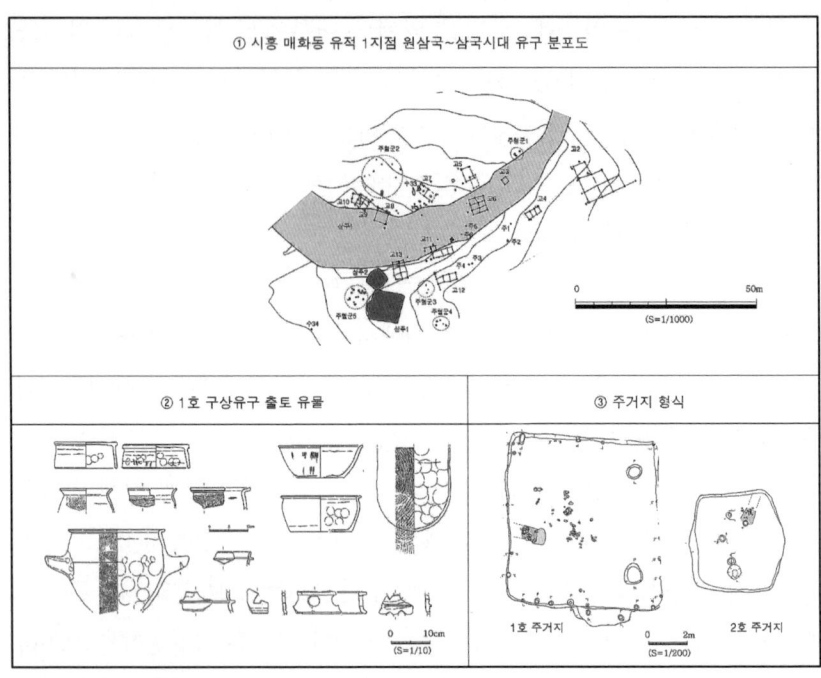

〈그림 5〉 시흥 매화동 유적 자료

지역의 화성 당하리Ⅰ 유적과 연결된다.[15] 원저옹형토기의 경우, 분묘에서 유개대부호와 공반하여 출토되는 사례가 경기 남부(평택 마두리 유적, 오산 궐동 유적), 호서 북부(아산 용두리 진터 유적, 연기 용호리 유적 등), 영남 지역(대구 팔달동 유적, 대구 신서동 유적 등)에 걸쳐 확인된 바 있다. 원저옹형토기의 기원은 현재로서 불분명하지만,[16] 원저옹형토기

---

15) 오이도 유적 출토 원저옹형토기와 무경식 장란형토기는 기고/구경 및 목지름/구경 등 계측적 속성과 기형 측면에서 유사하다. 이에 원저옹형토기와 장란형토기의 연결 관계에 주목한 견해가 제기된 바 있다(김성남·우정연(2004), 「오이도 원삼국 토기의 성격」, 『百濟研究』 40, 충남대학교 백제연구소, p.44). 다만 태토, 제작과정, 소성도 측면에서 두 기종이 상이성을 보이고 있어서 둘을 직결시킬 수 없다는 견해도 있다(김장석(2014), p.88).
16) 원저옹형토기가 짧은 기간 돌출적으로 등장하여 태토와 제작기술 측면에서 토착 집단의 분묘 출토품과 계통을 달리한다는 점을 지적하면서, 해당 토기가 낙랑이

의 분포를 통해 경기 서부 해안 지역과 충청 북부-영남 지역으로 이어지는 내륙 교통로가 사용되었고 이때 오이도 유적이 지역 간 교류에서 중요한 거점이었음을 추정할 수 있다. 철경동촉 또한 오이도 유적이 지역 간 교류 과정에서 일정 역할을 했음을 보여주는 자료에 해당한다. 철경동촉 은 낙랑토성에서 다수 수습되는 외래계 유물로서, 경기 북부의 서해 도서 지역, 광주 신창동, 사천 늑도 유적 등지에서도 확인되고 있다.

한편 주거 형식 측면에서 시흥 지역은 사주식 주거지와 呂·凸자형 주거 지 분포권이 중첩되는 지역에 해당한다. 시흥 지역에서는 시흥 목감동 주거지와 같이 방형 평면에 사주식 주거지 형식이 원삼국시기부터 등장하 는데, 이는 김포, 인천, 강화 등 한강 하류·서해안 북부 지역과 공유하는 문화상에 해당한다. 다만 시흥 은행동·계수동 유적 15호 주거지와 같이, 지역 전통의 사주식 기둥 배치에 출입구가 부가되어 凸자형 평면을 지닌 결합 형태도 확인되었다. 이러한 결합 형태는 사주식 주거 문화와 출입구 가 부가된 呂·凸자형 주거 문화의 접변 현상에 의해 나타난 것으로 추정된 다. 즉, 시흥 일대는 사주식 주거지와 呂·凸자형 주거지 분포권이 중첩되는 지역으로, 시흥 주변 동쪽, 남쪽 방면의 안산 신길동 유적, 광명 소하동 유적, 화성 발안리 유적에서도 呂·凸자형 주거지가 확인되어 참조된다. 그리고 시흥 은행동·계수동 유적 2호, 3호 주거지와 같이, 중심 주혈 4개를 깊게 배치한 대형 주거지가 확인되기도 한다. 이러한 대형 사주식 주거지 는 인천 남촌동 28호 주거지에서도 확인되는데, 선행연구에서 이를 '호서 형 사주식 주거'라고 칭하고 남촌동 유적을 비롯한 시흥 일대 유적군의

아닌 중국 산둥반도에서 직접 반입되었다고 추정한 견해가 있다(김장석(2014), pp.91-94). 다만 직접 반입을 상정하기 위해서는 당시의 항해술로 황해를 직접 횡단하는 항로가 존재했는지 등 여러 조건을 검증해야 하는데(김낙중(2016), 「분묘 출토 토기로 살펴본 마한의 성장과 지역성」, 『헤리티지 : 역사와 과학』 49, 국립문화재연구원, p.138), 현재로서는 불분명한 상황으로 재고할 필요성이 있다.

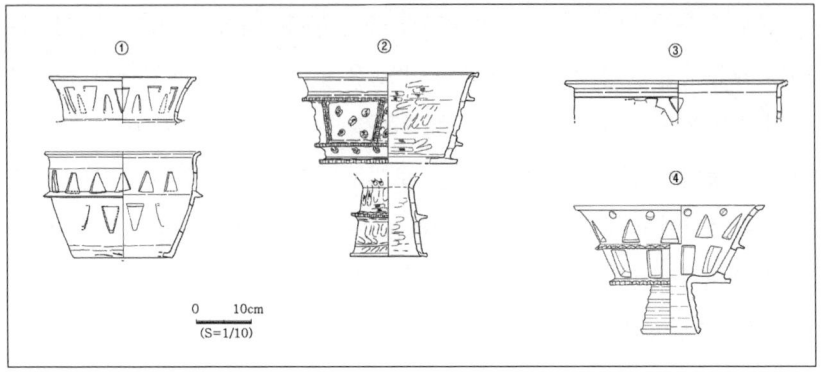

〈그림 6〉 경기 서부 지역 출토 이형토기 (① 시흥 은행동·계수동 B-2호 주거지, ② 인천 남촌동 고래실골 28호 주거지, ③안산 신길동 Ⅴ지점 구상유구, ④인천 운남동 B5패총)

특징이라고 밝힌 바 있다.[17]

출토유물 측면에서 볼 때 시흥 지역은 이형토기 분포권에 속한다. 이형토기는 파주 와동리 유적, 인천 운남동 패총, 김포 양곡 유적, 인천 남촌동 유적, 안산 신길동 유적 등 경기 서부 지역 전반에서 확인된다. 이형토기 분포권이 현재 파주에서 안산까지 서해안을 따라 형성된 정황을 고려하면, 경기 서해안에 분포하는 지역 집단들이 특정 토기 양식을 공유했던 것으로 해석할 수 있다.[18] 이러한 이형토기 분포권은 경기 서해안에서의 분구묘 분포권과도 그대로 중첩되어서, 경기 서부권을 설정하는 문화적 지표가 되기도 한다. 이형토기가 주거지에서 출토되는 경우, 해당 주거지는 취락에서 가장 규모가 크고 단수로 확인된다는 공통점을 가진다.[19] 시흥 은행동·계수동 유적에서도 초대형 주거지인 2호 주거지와 구상유구 내부에서 출토되었다. 2호 주거지 출토유물에 이형토기를 비롯하여 저장용기, 암키와 등이 출토되었다는 점과 주거지 서편에 구상유구가 밀집되어 있다는

---

17) 박경신(2022), 「경기 서부지역 (원)삼국시대 지역정치체의 동향」, 『고대 역사속의 부천과 우휴모탁국 학술대회』, 부천시·부천문화원·부천향토문화연구소, p.20.
18) 송만영(2021b), p.24.
19) 송만영(2021b), p.25.

점을 고려하면, 해당 주거지는 의례 등 특정 행위를 위해 마련된 장소로 추정된다.

2.2 분묘 유적

시흥 지역의 분묘 유적 현황은 다음과 같다. 시흥 매화동 유적 2·3지점과 수습조사지점에서는 분구묘 5기와 토광묘 4기가 확인되었다. 2지점에서 확인되는 분구묘 주구의 평면 형태는 모두 방형계에 해당하는데, 4·5호는 방형으로 일주하는 형태('ㅁ'자 형), 1~3호는 분절된 형태 혹은 'ㄷ'자형으로 분류할 수 있다. 매장주체부의 경우 보고서에서는 잔존 층위가 얕아 목곽이 확인되지 않는다고 하여, 목관 혹은 판별불가로 판단하였다. 매화동 유적 내 분구묘·토광묘 모두 단장 방식에 해당하며, 장축방향은 등고선과 평행하게 축조되었다. 한편 다른 능선에 위치한 수습조사지점의 1호 토광묘는 규모 면에서 매장주체부 길이 약 4m, 폭 1.6m로 2지점의 매장주체부보다 2배 가까이 크다. 매화동 유적의 분묘 부장품으로는 단경호와 환두도, 철모 등 철기류가 조합되는 형태가 확인된다. 부장 조합은 2지점의 경우 '단경호'(5호 분구묘), '단경호+환두도'(2호 분구묘), '단경호+철모'(1호 토광묘) 조합이 확인되는데, 수습조사지점 1호 토광묘에서는 '단경호+환두도+철모' 세트가 출토되었다. 이에 수습조사지점 1호 토광묘는 2·3지점의 다른 분묘보다 상대적으로 위계가 높았을 것으로 추정된다.

시흥 은행동·계수동 유적 C구역에서는 분구묘 15기, 목곽묘 4기가 확인되었다. 분구묘는 구릉의 정상부 능선을 따라 집중 조성된 반면 목곽묘 4기는 군집하지 않고 개별적으로 입지한다. 분구묘의 경우 주구 형태는 모두 방형계에 해당하며 'ㅁ'자 형태와 'ㄷ'자, 'ㄱ'자, 'ㅡ'자로 세분된다. 매장주체부는 모두 목곽묘로, 단장 방식에 장축방향은 7호 분구묘를 제외하고 등고선과 평행한다. 부장품으로는 단경호, 환두대도, 철모, 철부,

철촉, 철도자 등이 출토되었고, 토기류인 단경호 혹은 이중구연호와 철기류가 조합되는 양상이다. 분구묘 주구에서는 대호, 옹 등 토기편이 확인되는데, 이는 경기 서해안, 호서 서해안 지역에서 보편적으로 확인되는 현상에 해당한다.[20]

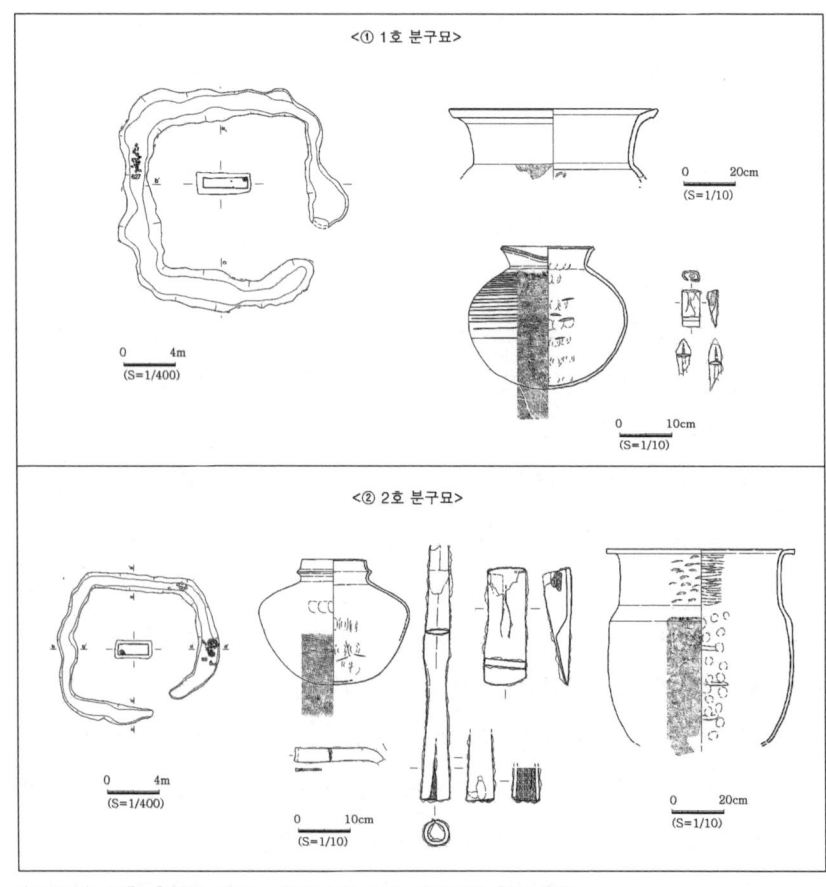

〈그림 7〉 시흥 은행동·계수동 유적 1호, 2호 분구묘와 출토 유물

---

20) 서현주(2016), 「마한 토기의 지역성과 그 의미」, 『先史와 古代』 50, 한국고대학회, p.78.

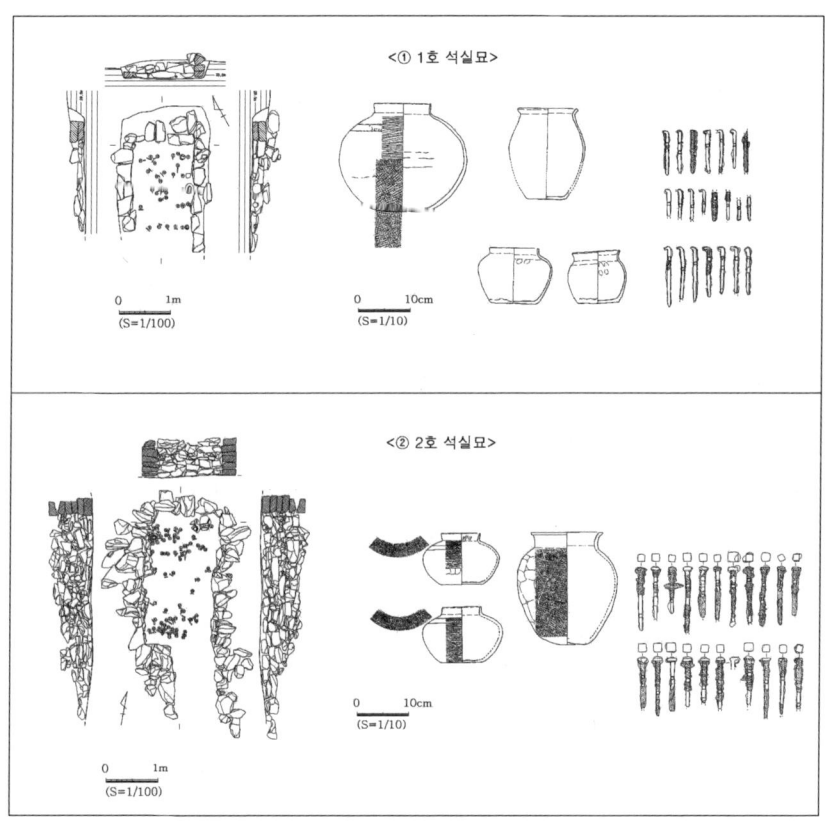

〈그림 8〉 시흥 능곡동 유적 1호, 2호 석실묘와 출토 유물

　시흥 능곡동 유적에서는 6기의 석실묘가 확인되었는데 이 중 결실된 것을 제외하고 백제 횡혈식석실묘는 2기이다. 석실묘는 모두 구릉 사면부에 입지하고 있으며 장축방향은 등고선과 직교한다. 전체적인 구조가 확인되는 2호 석실묘는 장방형 평면에 우편재 연도를 갖추고 있으며, 후벽의 경우 최상단이 내경하고 있다. 1호 석실묘는 잔존 상태로 보아 장방형 평면으로 추정된다. 석실묘 내부에는 직구단경호 2점에 심발 혹은 단경호를 부장한 양상이 확인된다. 2기의 석실묘에서 공통적으로 관정(棺

釘)이 출토되어서 목관을 사용했던 것으로 추정할 수 있다. 1호 석실묘에서는 머리 부분을 'ㄱ'자로 꺾은 관정이 출토되고 2호 석실묘에서는 'ㄱ'자형 관정과 함께 머리 부분이 방형인 방두정(方頭釘)이 출토되었다.

 시흥 지역의 분묘 유적에서 확인되는 물질문화상의 특징을 한강 하류·경기 서해안 북부 지역의 유적 양상과 비교하여 정리하면 다음과 같다. 분구묘의 경우 단장 형식의 매장주체부와 방형계 주구를 갖추었다는 점에서 김포·인천 지역의 양상과 궤를 같이한다. 그러나 시흥 지역의 분묘 유적은 분구묘 분포권 외곽지대로서의 성격이 확인된다. 우선 현재까지 시흥 지역에서는 3세기대 이전 2세기대의 분묘가 발견되지 않았다. 시흥 지역에서 이른 시기의 분묘는 시흥 매화동 유적의 시흥 은행동·계수동 유적의 1호 분구묘로, 내부에서 출토된 원저단경호 등을 근거로 3세기대로 비정할 수 있다.[21] 시흥 주변 지역으로 검토 범위를 확장하면 분묘 유적으로 인천 구월동, 안산 신길동 유적 등이 있는데, 이들 모두 3세기 후반 이후에 조성되었다고 판단된다. 이는 한강 하류역에서 2세기대부터 김포 운양동, 김포 양촌 유적을 중심으로 분구묘가 조성되는 현상과 대비된다.

 그리고 출토유물 측면에서는 김포·인천 지역에 비해 위상이 떨어진다. 김포 운양동 유적, 양촌 유적, 인천 연희동 유적에서는 하나의 매장주체부에 철모·철촉 등 다수의 철기류가 부장되는 사례가 많고 백색 옹, 철제장검, 금제이식, 구슬 등 외래품·위세품류도 확인된다. 반면 시흥 일대 분묘 유적에서는 이상에서 서술한 외래품·위세품이 확인되지 않으며 부장품은 단경호를 중심으로 하는 토기류와 1~3점의 철기류가 조합되는 정도로 전반적으로 부장품의 수가 적은 편이다. 2세기대 이른 시기의 분구묘가 확인되지 않고 부장품의 위상이 상대적으로 낮은 현상은 시흥 지역이 분구묘 분포의 중심과 거리가 멀기 때문에 나타난 것으로 해석할 수 있다.

---

21) 송만영(2022), pp.145-146.

한편 3세기 후반 이후부터 시흥 은행동·계수동 유적에서 부장품으로 이중구연호가 집중적으로 사용된 점이 주목된다.22) 은행동·계수동 유적 분구묘 2기, 목곽묘 2기에서 이중구연호가 출토되었는데, 같은 유적의 취락 내 구상유구에서도 이중구연호가 확인된 것으로 보아 취락과 분묘가 연계되어 이중구연호를 유통·부장했을 것이다. 이중구연호는 마한 권역 중 주로 호남 서남부 지역의 무덤에 부장되는 기종으로, 그 분포범위는 서해안을 따라 호서, 경기 지역까지를 포괄한다. 서울·경기 지역에서 부장품으로 이중구연호를 사용한 경우는 드문 편인데,23) 시흥 은행동·계수동 유적 외에 서울 가락동 2호분, 오산 수청동 5-2지점 18호 주구이중목관묘에서 출토된 사례 정도가 있다.24) 따라서 은행동·계수동 유적 조영 집단이 매장 의례 측면에서도 직·간접적으로 충청 이남의 지역 집단과의 연결되었다고 추정해볼 수 있다. 바다에 인접한 시흥 지역 유적군의 특성을 고려할 때, 지역 간 교류는 서해 연안 교통로를 통해 이루어졌을 가능성이 높다.

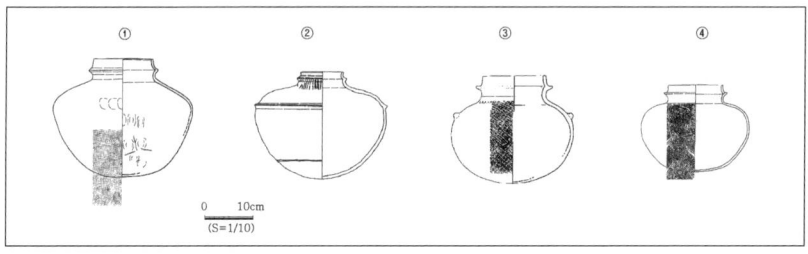

〈그림 9〉 분묘 부장 이중구연호 사례 (①시흥 은행동·계수동 2호, ②오산 수청동 5-2지점 18호, ③서천 예천동 63호, ④고창 만동 8호)

---

22) 분묘에서 출토된 이중구연호는 평저에 동최대경이 상위에 있는 것이 대부분으로, 3세기 후반~4세기 전반으로 편년된다(한겨레문화재연구원(2017), 「Ⅴ. 고찰」, 『시흥 은행동·계수동 유적』, p.713).
23) 宋滿榮(2021a), p.32.
24) 매장주체부는 아니지만 인천 연희동 3-1지점 12호, 17호 분구묘의 주구에서 이중구연호 편이 확인된 사례가 있다.

3. 시흥 지역 집단의 존재 양상과 백제와의 관계

앞서 생활 유적과 분묘 유적을 살펴본 결과, 원삼국~백제 한성기 시흥 지역은 지역 간 교류의 결절점으로서 경기 서부 지역의 중심지인 김포·인천 지역뿐만 아니라 경기 남부-충청 이남 지역과도 연결되었음을 확인할 수 있었다. 본 장에서는 시흥 지역 집단과 백제의 관계를 중점적으로 살펴보고자 한다. 즉 3세기 후반 이후 서울 송파 일대에서 성장한 백제가 시흥을 비롯한 경기 서부 지역 집단과 어떠한 관계를 맺었는지 확인하겠다.

3.1. 대형 취락의 출현과 토기문화의 공유

시흥 지역은 분구묘 분포권의 외곽지대로서 원삼국시기에는 시흥 목감동·조남동 유적의 주거지 수와 규모에서 보이듯이 소규모 취락이 입지했을 것으로 추정된다. 그런데 3세기 후반 이후 시흥 지역 대규모 취락인 은행동·계수동 유적에서는 이전 시대와 다른 양상이 확인된다. 주거지의 규모가 급격하게 커지고 유물 또한 건축 부재에 해당하는 철정·꺾쇠, 기와류 등이 출토된 것이다. 철정·꺾쇠의 경우 한강 하류역을 포함한 경기 서부 지역 전체에서 은행동·계수동 B지구 주거지에서만 확인되고 있어서 해당 유적이 특별한 위상을 지녔음을 알 수 있다.[25] 이에 은행동·계수동 유적은 같은 유적군으로 해당하는 인천 남촌동 고래실골 유적과 함께 4세기대 경기 서부권 취락 유적 중 핵심 취락으로 해석할 수 있다. 한편 경기 지역에서 분구묘 분포권의 중심지였던 김포·인천 등 한강 하류·서해안 북부지역에서는 은행동·계수동 유적과 같은 4세기대 대형 취락이 확인되지 않는다. 이는 경기 서부권 중심 취락의 위치가 시흥·인천 남동구

---

25) 송만영(2021b), p.23.

일대로 이동했음을 시사한다.

한편 시흥 일대 취락에서 출토되는 토기류는 시흥 지역 집단이 백제와 비슷한 물질문화를 공유했음을 보여준다. 우선 은행동·계수동 유적을 비롯한 시흥 일대 생활 유적에서 장란형토기, 심발, 시루 등 취사용기에 주로 승문, 평행선문을 타날했다는 점이 수복된다. 경기 서부 지역 출토 토기류를 검토한 최근 선행연구에 따르면, 시흥 은행동·계수동 유적과 인근의 인천 남촌동 고래실골 유적에서 승문 계통의 타날이 우세한 양상을 보이며 이는 강화, 김포, 인천 연희동 일대에서 격자문을 주로 타날한 것과 구별되는 지역적 특징이라고 한다.26) 은행동·계수동 유적 내부에서 확인된 토기가마 2기에서도 승문, 평행선문으로 타날된 토기류가 수습되어서 해당 유적에서 승문, 평행선문 타날 토기를 제작하여 사용했음을 추정할 수 있다. 또한 시흥 일대 유적에서는 백제 중앙에서 사용하는 기형이 주로 확인된다는 점 또한 특징이다. 예를 들어 뚜껑 기종의 경우, 시흥 일대 유적에서는 드림부 외곽이 돌출한 형태의 뚜껑이 확인되지 않고 〈그림 10-②〉, 〈그림 10-③〉과 같이 유뉴식뚜껑, 무뉴식뚜껑 등 백제 토기적 요소를 갖는 뚜껑들이 다수를 차지한다.27) 이는 인천 운남동 패총, 인천 연희동 유적 등 시흥보다 북쪽의 경기 서부 지역에서 무뉴식·유뉴식 뚜껑보다 드림부 외곽 돌출형 뚜껑이 자주 확인되는 양상과 비교된다. 취사용기의 타날문과 뚜껑 형태를 고려할 때, 시흥 일대 지역 집단은 다른 경기 서부 지역 집단보다 높은 강도로 백제 중앙과 토기 문화를 공유했다고 볼 수 있다.

백제의 시흥 지역 운영 방식은 시흥 매화동 유적을 통해 간접적으로 추론해볼 수 있다. 매화동 유적은 은행동·계수동 취락과 마찬가지로 3세기 후반~4세기 전반에 조성되었다. 매화동 유적 1지점의 건물지들은 구상유

---

26) 박경신(2022), p.38-42.
27) 박경신(2022), p.46.

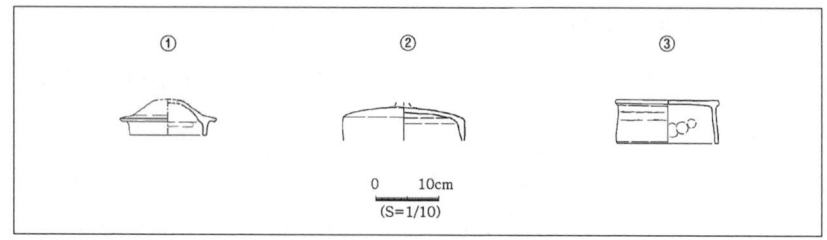

〈그림 10〉 경기 서부 지역 출토 뚜껑류 (①인천 운남동 B3패총 III층, ②시흥 은행동·계수동 8호 주거지, ③시흥 매화동 1호 구상유구)

 구를 의식하여 축조되었기 때문에 중심 유구인 구상유구의 기능을 확인할 필요가 있다. 보고자는 매화동 유적 일대까지 바닷물이 유입되었다는 점, 구상유구에서 유수의 흔적이 확인되는 점, 그 깊이가 뗏목으로 이동 가능한 수준이라는 점을 근거로, 구상유구를 해양 이동로와 관련된 선착시설로 추정하였다.[28] 1지점 동-서 방향으로 확인되는 구상유구의 바로 서편에는 바닷물에 의해 형성된 해성평탄지가 자리하고 있는데, 밀물 시 은행천의 하천 범람과 함께 해당 유적이 해안과 연결되었을 것으로 보인다. 구상유구에서는 뚜껑, 합, 유개고배 등 4세기를 중심으로 하는 백제토기가 출토되었는데, 이는 구상유구의 운영 주체와 백제가 연관되어 있음을 보여준다. 구상유구 인근의 2호 주거지를 파괴하고 1호 주거지가 구상유구와 장축방향을 맞춘 상태로 축조되었다는 점 또한 백제와의 연결성 측면에서 주목할 만하다. 1호 주거지는 凸자형 평면에 벽주시설과 일자형 부뚜막을 갖추었다는 점에서 시흥을 비롯한 경기 서부권 전통의 사주식 건물지와는 이질적이고 백제 중앙에서의 주거 형식과 유사하기 때문이다.
 이상 시흥 은행동·계수동 유적과 매화동 유적을 검토한 결과, 3세기 후반 이후 시흥 지역 집단이 백제 중앙과 토기 문화를 공유할 정도로

---

[28] 한양문화재연구원(2019), p.279.

긴밀한 관계를 맺었음을 확인할 수 있다. 특히 매화동 유적의 입지를 고려할 경우 백제와 관련된 세력이 시흥 지역에 서해안 교통로와 연계된 시설을 운영했을 가능성이 상정된다.

3.2. 지역 전통의 중단과 석실묘 조성

경기 분구묘 분포권에 해당하는 경기 서부 지역의 초기 중심지는 2세기대 출현한 김포 운양동 유적이며 3세기대 인천, 시흥 등 주변 지역으로 분구묘 유적이 확산되는 양상을 보인다. 이후 3세기 후반부터 경기 서부 지역에서 분구묘의 수가 점차 감소하다가 4세기 전반경 어느 시점에 분구묘 조성이 중단되고 단순목관(곽)묘로 대체되는 현상이 나타난다.[29] 시흥 지역도 경기 서부권에서의 전반적인 분묘 문화 변화상과 흐름을 같이한다. 시흥 은행동·계수동 유적, 매화동 유적에서 분구묘가 조성되다가 4세기 중엽부터 분구묘 전통이 중단되고, 매화동 유적 수습지점 1호 토광묘와 시흥 인근의 인천 구월동 1호·9호 목관묘 등 단순목관(곽)묘가 등장하는 양상을 보인다. 이때 분구묘라는 묘제 전통은 중단되었지만 부장품 측면에서 단경호에 환두도, 철모 등 철기류를 조합하는 전통은 유지되었다.

그런데 5세기경 시흥 능곡동에서 신묘제인 석실묘가 축조되는 모습이 확인된다. 능곡동 석실묘의 조영 세력은 구조와 출토유물 측면에서 백제 중앙과의 밀접한 관계가 상정된다. 능곡동 석실묘는 결실로 인해 2호 석실묘만 구조를 확인할 수 있고 그마저도 벽면 상부와 천장 형태는 확인할 수 없는 상황이지만, 현존하는 구조와 내부 유물을 통해 볼 때 백제 중앙의 성남 판교고분군, 하남 감일동고분군, 하남 광암동고분군 등과 비교할 수 있다. 성남 판교고분군, 하남 감일동고분군, 하남 광암동고분군

---

29) 송만영(2021c), 「한강 하류 분구묘 분포권 지역정치체의 동향과 성격」, 『崇實史學』 47, 숭실사학회, p.56.

은 석실의 구조적인 측면에서 '판교형 석실'로 분류된다. 〈그림 11〉과 같이 장방형 평면에 변형 궁륭형(穹窿形) 천장 구조, 우편재 연도, 얇은 할석을 사용한 벽석 축조 등을 주요 특징으로 한다.30)

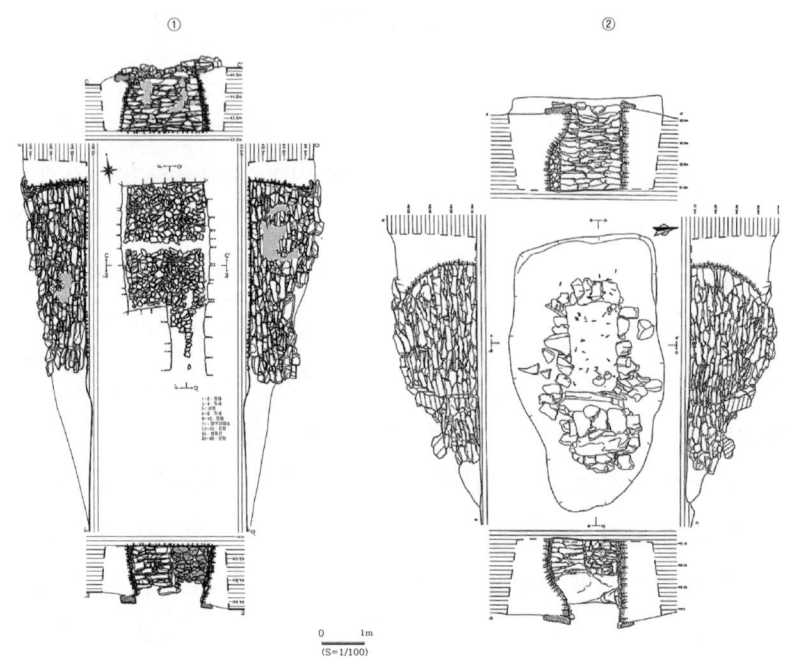

〈그림 11〉 '판교형 석실' 사례 (①하남 감일동 1-3지점 1호 석실묘, ②성남 판교 3호 석실묘)

시흥 능곡동 2호 석실묘에서 확인되는 장방형 평면, 우편재 연도는 '판교형 석실'에서도 확인되는 요소이다. 비록 벽체 상부와 천장부가 결실되어서 능곡동 2호묘가 '판교형 석실'처럼 단벽이 궁륭형으로 올라가는지 명확히 확인할 수 없지만, 보고서에서 후벽 최상단이 약간 내경한다고 서술한 것을 참조하면 궁륭형일 가능성이 있다.31) 다만 능곡동 석실묘의

---

30) 박신영(2019), 「백제 한성기 횡혈식석실묘의 도입과 확산 과정」, 『百濟硏究』 70, p.65.

벽석은 큰 할석을 포함한 불균등한 석재로 구성되었다는 점에서 전형적인 '판교형 석실'과는 차이를 보인다. 이는 지방 유적이었던 시흥 능곡동 유적의 축조 집단이 백제 중앙과 축조 재료, 숙련도 등 측면에서 다소 달랐기 때문으로 추정된다.

시흥 능곡동 석실묘 내 출토유물의 경우, 이전 시기 분구묘, 목관(곽)묘에서 철기류를 부장한 것과 달리 철기류가 없고 백제토기인 직구단경호 등 토기류만 확인되어서 출토유물 양상에서의 확실한 변화가 감지된다. 즉 5세기경 시흥 지역에서는 부장 유물의 조합이 지역 전통을 따르지 않는 방향으로 변화하였다. 시흥 능곡동 석실묘에서 목관을 결구할 때 꺾쇠 없이 관정만을 사용했다는 점 또한 특징적이다. 일반적으로 백제 지방의 수혈식석곽묘·횡혈식석실묘에서는 이전 시기 수혈식 묘제의 전통을 따라 꺾쇠를 주로 사용하거나 관정을 사용하더라도 꺾쇠를 혼용하는 경우가 많기 때문이다.32) '판교형 석실'의 경우, 목관 결구에 관정을 적극적으로 사용하고 있어서 비교자료로서 주목된다.33) 한편 관정 중에서도 못머리의 형태가 방형을 이루는 방두정은 백제에서 사용하는 관정에 해당

---

31) '판교형 석실'은 벽체 모서리를 직각으로 맞닿게 축조하는 것이 일반적이다. 능곡동 2호묘의 경우, 최하단부 벽체 모서리에서는 이와 같은 양상을 보이지만 2단부터 모서리를 맞물리게 축조하였다고 보고서에 기술되었다. 벽체 상부가 결실되어 전체 모서리 형식을 명확히 규정하기 어렵지만, 적어도 최하단부의 경우 '판교형 석실'과 같은 형식을 지닌다는 점을 언급해두고자 한다.
32) 석실 내 목관 결구에 관정과 꺾쇠를 함께 사용하는 사례는 공주 수촌리고분군, 원주 법천리고분군 등에서 확인된다. 이러한 양상은 한성기에서 웅진기 이른 단계까지 유지되는데, 이후에 꺾쇠가 사라지고 관정과 관고리가 등장하는 시점부터 운구가 가능한 목관이 사용되었다고 해석되고 있다(吉井秀夫(2001), 「무령왕릉의 목관」, 『百濟 斯麻王-무령왕릉 발굴 그 30년의 발자취』, 국립공주박물관, pp.168-170).
33) 성남 판교고분군의 백제 석실묘 9기는 능곡동 1호·2호묘와 같이 목관 결구에 관정만 사용하였다. 하남 감일동고분군에서는 관정과 꺾쇠가 함께 출토되는 석실묘(20기)와 관정만 출토되는 석실묘(25기)가 확인된다. 하남 광암동고분군의 석실묘 2기에서는 모두 관정과 꺾쇠가 함께 출토되었다.

하는데,34) 능곡동 2호 석실묘에서 방두정이 확인되어 당시 시흥 지역에서 묘제뿐만 아니라 세부적인 장제 측면에서도 백제 중앙과 상당히 유사한 분묘를 축조했음을 알 수 있다. 또한 경기 서부 지역에서 조사된 백제 한성기 석실묘는 현재까지 시흥 능곡동 유적이 유일하다는 점에서, 시흥 지역의 특수성과 백제와의 강한 연결성을 상정할 수 있다.

3.3. 백제의 경기 서부 지역 진출 방식

분구묘 중심지였던 김포·인천 지역이 아닌, 시흥 일대에서 3~4세기대 대형 취락이 확인되고 4세기 후반 이후에 석실묘가 등장하는 현상은 특징적이다. 이는 4세기부터 경기 서부권에서 시흥 일대가 중요 지역으로 부상했음을 의미하며, 백제의 경기 서부 지역으로의 진출 방향과도 연결된다.

김포 운양동 유적을 대표로 하는 한강 하류·서해안 북부 지역에서는 일찍부터 교류를 통해 북방계 금제 이식, 백색 옹, 외래계 철제 무기 등 다양한 외래 유물을 유입할 정도의 역량을 지닌 세력이 자리하고 있었다. 김포 운양동 세력은 원삼국시대 서해 연안 항로 내 주요 거점으로서 일정 역할을 수행하면서 성장했던 것으로 보인다. 『삼국지』에는 3세기대 대방군(帶方郡)에서 한국(韓國)을 거쳐 왜(倭)까지 가는 연안 항로가 기술되어 있다. 이 기사에 의하면, 대방군에서 한반도 서해·남해안을 따라 나아가면 김해 지역의 '구야한국'(狗邪韓國)에 이르는데, 여기서 바다를 건너 '대마국'(對馬國)에 도달하였다고 한다.35) 이에 일찍이 기존 연구에서 당시 중국 군현과 삼한이 연안 항로를 중심으로 교섭·교류하였음이 제시된 바 있

---

34) 홍보식(2009), 「考古資料로 본 新羅의 漢江流域 支配 方式」, 『百濟硏究』 50, 충남대학교 백제연구소, p.120 ; 金武重(2016), 「中部地方 橫穴式石室墓의 構造와 埋葬方法」, 『한국고고학전국대회 발표문』 40, 한국고고학회, p.312.

35) 『三國志』 卷30 魏書 烏丸鮮卑東夷傳 倭 "從郡至倭, 循海岸水行, 歷韓國, 乍南乍東, 到其北岸 狗邪韓國, 七千餘里, 始度一海, 千餘里至對馬國."

다.36) 김포, 인천 지역이 위치한 경기만은 갯벌, 조수 차이, 거센 조류 등 항해에 불리한 조건을 갖추고 있어서 항해를 위해서는 지역 해상 세력의 도움이 필수적이었다. 지정학적으로는 낙랑·대방군과 맞닿는 지역이자 한강이 서해와 만나는 결절점에 해당하여 서해 연안 항로의 필수 경유지이기도 했다. 이러한 환경은 경기만 연안의 세력이 성장할 수 있는 배경이 되었을 것이다.37)

한강 중류역의 백제와 한강 하류·서해안 북부지역 집단 간 관계는 어떠했을까. 3세기대 두 지역 간 관계와 관련하여 3세기대 분묘 부장 토기 기종(원저단경호, 단경평저호 등)을 다룬 선행연구가 있어 참조된다. 송만영은 3세기대 김포 운양동 유적 등 한강 하류역 분구묘와 서울 석촌동고분군 하층 토광묘의 토기 기종이 유사하다는 점을 지적하였는데, 두 집단이 토기 부장 전통을 공유할 정도의 관계를 맺었고 이것이 백제 건국 설화에서 인천[彌鄒忽]의 '비류 집단'과 서울 송파 일대의 '온조 집단'이 형제관계로 표현된 것이라고 서술하였다.38) 그런데 3세기 후반 이후 백제가 한강 중류역에서 성장하면서 수운을 따라 서해로 연결되는 교통로를 확보해야 할 필요성은 증대했을 것이다. 특히 『진서(晉書)』 사이전(四夷傳)에서 확인되듯이 276~291년 여러 차례에 걸쳐 마한 지역의 소국들과 '마한'이라는 이름으로 서진에 견사(遣使)를 실시하면서 연안 교통로 확보는 더욱 중한 과제로 자리잡았던 것으로 보인다. 견사 등 원거리 교역은 권력 집중을 가속화시키는 작용을 하므로 교역 주도권의 장악 여부는 정치집단 성장의 중요한 관건이 되기도 한다.39) 백제의 서해 지역에 대한 관심은 고이왕

---

36) 李賢惠(1994), 「三韓의 對外交易體系」, 『李基白先生古稀紀念 韓國史學論叢(上)』, 一潮閣, pp.43-44.
37) 임동민(2021), 「고대 황해 교섭·교류 항로와 경기만」, 『百濟學報』 38, 백제학회, pp.20-21.
38) 宋滿榮(2021a), pp.31-32.
39) 이현혜(1997), 「3세기 馬韓과 伯濟國」, 『백제의 중앙과 지방』, 백제연구총서, 충남대

3년에 왕이 직접 서해의 큰 섬에서 사냥했다는 『삼국사기(三國史記)』 기사를 통해서도 추론해볼 수 있다.[40]

백제가 서울에서 경기 서해안 권역으로 진출할 경우 크게 두 가지 교통로를 상정할 수 있다. 하나는 한강 수로를 따라 서해로 나아가는 방식이고 다른 하나는 육로를 통하는 방식이다. 백제는 김포 운양동 유적을 중심으로 하는 한강 하류역에서의 집단을 의식하고, 안양천 유역을 거치는 육로를 통해 시흥 일대 지역 집단과 관계를 맺었던 것으로 추정된다.[41] 3세기 후반 이후 시흥 지역의 취락에서 승문계 취사용기와 백제토기가 사용되는 현상, 매화동 유적의 운영 양상은 이를 방증한다. 시흥 일대는 원삼국시대 분구묘 분포권의 외곽 지역으로 백제 입장에서 진출하기에 부담이 덜했고 경기 남부 일대와 바다로 연결되는 지역으로 입지상 이점이 있었을 것이다. 4세기 후반 이후에도 시흥 지역은 백제와 강한 연결성을 지니고 있었다. 경기 서부권에서 드문 사례인 백제 석실묘가 축조된 것이다. 시흥 능곡동 2호묘에서 백제 중앙의 '판교형 석실' 축조기법이 일부 확인되고 목관의 부속구로 관정만 출토되는 모습은 당시 시흥 지역에 중앙의 장제 및 기술이 적용되었음을 의미한다.

반면 김포 지역을 중심으로 하는 한강 하류역에서는 시흥 지역만큼 백제 중앙의 물질문화가 유입되지 않았다. 4세기 중엽 이후에는 취락의 규모가 축소되고 분구묘 조영이 중단되는 등 물질문화 측면에서 지역의 역량이 점차 쇠락하였다. 그리고 이형토기와 같은 경기 서부권만의 지역

학교 백제연구소, pp.26-27.
40) 『三國史記』 卷24 百濟本紀 古爾王 3년 冬 10월 "王獵西海大島, 手射四十鹿."
41) 박경신(2022), pp.52-53에서도 원삼국~삼국시대 경기 서부지역 출토 토기류 양상을 분석한 결과, 백제가 인천 남촌동 고래실골 유적, 시흥 은행동·계수동 유적을 대표로 하는 남촌유적군에 육로로 먼저 진출했다고 밝힌 바 있다. 이에 대한 근거로 남촌유적군 출토 타날문 취사용기와 백제토기 초기 기종의 존재를 제시하였다.

양식을 보여주는 토기류 또한 유통되지 않는다. 이러한 변화상은 백제가 이 지역의 분묘 전통을 단절할 정도의 강한 영향력을 행사하여 기존의 지역 수장층을 해체했음을 의미한다.42) 백제는 해당 지역의 기존 질서를 해체하는 동시에, 4세기 후반~한성기 말 판축공법으로 한강 하류 연안에 고양 멱절산토성을 축조·운영하여 지배력을 강화하였다.43)

백제의 국가성립기 이후 경기 서부권에서의 변화상을 고려하면, 백제는 새로운 지역에 진출할 때 기존 전통 세력이 아닌 그 외곽의 지역 집단과 관계를 맺으며 신흥 세력으로 육성하는 방식을 사용했던 것으로 보인다. 이러한 방식은 경기 지역의 다른 취락에서도 흔히 확인되고 있어 비교가 가능하다. 예를 들어 용인 고림동 유적에서는 초대형 주거지를 비롯하여 중국제 시유도기, 백제토기 상위기종,44) 제철 관련 유물 등이 확인되어 백제 한성기 중앙에 의해 운영된 거점취락으로 평가되고 있다.45) 백제가 이 지역에 거점취락을 운영한 배경으로는, 백제가 전통적으로 집단 규모가 컸던 광주 곤지암리가 아닌 용인 고림동 지역을 정치적인 맥락에서 새롭게 선택했을 가능성을 생각해볼 수 있다.46)

4세기 중엽 백제가 경기 서부 지역을 재편한 이후에는 어떠한 운영 방식을 사용했을까. 이와 관련하여 경기 남부지역의 양상을 참고해볼

---

42) 송만영(2016), pp.37-39.
43) 이혁희(2013),「한성백제기 토성의 축조기법과 그 의미」,『韓國考古學報』89, 한국고고학회, pp.209-210 ; 이혁희(2023),「백제 한성기 지방성에 대하여」,『한성백제의 도성과 지방성』, 백제학연구총서 쟁점백제사21, 한성백제박물관, p.78.
44) 박중국(2013),「백제 한성양식토기의 분포현황 검토 - 중부지역을 중심으로」,『漢江考古』9, 한강문화재연구원에서는 한성양식토기 기종별 분포 양상을 분류하여 상위기종으로는 세·반·기대·삼족배를, 중위기종으로 직구단경호·고배, 하위기종은 광구단경호·뚜껑을 설정하였다. 상위기종은 대부분 의례용기 내지는 제기(祭器)로 전용(轉用)가능한 식기류에 해당한다.
45) 한신대학교박물관(2018),『龍仁 古林洞 原三國·百濟 聚落』.
46) 정지영(2021),「원삼국~백제 한성기 경안천유역 취락의 변천과 지역성」,『百濟學報』35, 백제학회, p.79.

수 있다. 경기 서부와 남부 지역은 청동기시대 이래 유력한 세력이 존재했다는 공통점을 가지고 있어서, 백제의 진출 방식 측면에서 주목되는 지역이다. 먼저 경기 서부 지역은 남부에 비해 분묘 부장품의 위상이 떨어진다. 경기 남부의 경우 4세기 후반~5세기대 금동관모·금동식리(화성 요리 고분군)가 출토되거나 중국제 청자반구호(오산 수청동 고분군)가 분묘에 부장되는 등, 5세기대에도 백제 중앙이 관심을 가지며 지역 사회 질서를 재조정하고자 하였다.[47] 반면 이 시기 경기 서부 지역에서는 토기류 위주의 빈약한 부장이 확인되고 있다. 경기 서부 지역의 경우 백제가 이미 전통적인 유력 세력을 해체하고 지역을 장악했기 때문에, 굳이 위세품을 사여하여 집단 대표성을 부여할 필요가 없었던 것으로 해석할 수 있다.

두 번째로, 경기 서부 지역의 취락 유적은 경기 남부 지역에 비해 단면 플라스크형 수혈 등 백제 중앙이 운영하는 저장시설의 밀집도가 낮다. 경기 남부 지역의 경우 4세기 후반~5세기대 규모와 성격 측면에서 저장, 농경 등 특수 목적의 취락이 출현하였다. 대표적으로 화성 석우리 먹실 유적은 대규모 농경 유적으로, 단면 플라스크형 수혈과 함께 밭, 주거지, 배수시설, 고상 건물지 등이 확인되었고 내부에서는 부뚜막 장식, 흑색마연토기, 삼족기 등 백제 중앙과 관련되며 위계가 높은 유물들이 출토된 바 있다. 인근에는 오산 내삼미동 유적이 있는데 주거지 3~4기에 백제토기와 곡물류가 저장된 단면 플라스크형 수혈이 150여 기가 밀집된 양상을 보인다. 이에 백제가 오산천 유역을 조세 수취·물류 유통을 위한 국가 차원의 창고 시설로 사용했다고 이해하기도 한다.[48] 한편 동시기 경기 서부 지역에서는 시흥 은행동·계수동 유적, 인천 남촌동 고래실골 유적과

---

47) 韓志䂓(2024), 「백제의 화성·오산 일대 진출과 지역 장악」, 『百濟學報』 48, 백제학회, pp.244~248.
48) 김왕국(2016), 「百濟 漢城期 貯藏施設 擴散의 動因 - 단면 플라스크형 저장수혈을 중심으로」, 『百濟研究』 63, 충남대학교 백제연구소, pp.151-153.

같은 대규모 취락이 존재하지만, 아직 백제 중앙이 직접 운영하는 관영 시설이라고 해석할 정도의 규모를 갖춘 유적이 확인되지는 않았다.[49] 단면 플라스크형 수혈은 인천 남촌동 고래실골 유적(2기), 인천 구월동 6지점 유적(2기) 등 한 유적에서 적은 수량으로 발견되는 양상이다.

마지막으로, 현재 경기 서부 지역에서 백제토기 상위 기종(세, 반, 기대, 삼족배) 또한 경기 남부에 비해 그 수량이 적고 산발적으로 분포하는 양상을 보인다.[50] 경기 남부 지역 화성 석우리 먹실 유적에서만 삼족기(편) 7점, 기대(편) 22점 등 다량의 백제토기 상위기종이 출토되는 것과는 다른 모습이다. 예외적으로 고양 멱절산 토성의 경우, 흑색마연토기를 포함한 세류, 삼족기, 기대 등 다양한 백제토기 상위기종이 발견되었는데 이는 백제 성곽이라는 특수한 성격에서 비롯된 것으로 보인다. 백제토기 상위기종이 출토되는 유적의 분포를 통해 볼 때, 백제가 경기 서부 지역을 운영할 때 서해 연안 수운 교통로에 인접한 지역을 주목했던 것으로 보인다. 인천 운남동 패총 유적은 입지상 수운 교통로의 기항지였던 것으로 보이며 고양 멱절산 토성은 백제 중앙이 축조한 성곽으로 한강 북안의 산지에서 수운 교통로를 조망·감시하는 기능을 수행했을 것이다.

4. 나가며

이상 본고에서는 원삼국~백제 한성기 시흥 지역 유적의 특징을 살펴보고 지역 집단과 백제와의 관계를 고찰하였다. 시흥 지역의 생활 유적은 사주식 주거지, 이형토기 분포권이라는 측면에서 한강 하류·서해안 북부

---

[49] 송만영(2021b), p.30.
[50] 인천 구월동 6지점 2호 수혈, 인천 검단 원당동 18지점 2호 수혈, 인천 운남동 패총, 고양 멱절산 토성 등에서 백제토기 상위기종이 확인되었다.

지역과 공통점을 지닌다. 한편으로는 오이도 유적에서 드러나듯이, 시흥 지역이 이른 시기부터 경기 남부·호서 지역과 연결되는 교통로에서 결절점 역할을 수행하였다. 분묘 유적 측면에서 시흥 지역은 분구묘 분포권의 외곽지대로서 한강 하류역·서해안 북부 지역에 비해 유적 연대가 늦고 유물의 위상도 떨어지는 모습을 보인다. 한편 은행동·계수동 유적의 이중 구연호 부장 사례를 통해서는 호서·호남 지역과의 연결성을 생각해볼 수 있다. 시흥 지역의 생활·분묘 유적을 종합하면, 원삼국시대 이래 기본적으로 경기 서부권의 문화를 공유하면서도 경기 남부~충청 이남 등 여러 지역과의 교류했던 모습을 도출할 수 있다.

3장에서는 백제와의 관계를 중심으로 유적 변화상을 서술하고 백제의 경기 서부 지역 진출 방식을 추정하였다. 시흥 지역에선 3세기 후반부터 대규모 취락이 등장하였는데, 해당 취락에서는 승문계 타날문 취사용기, 백제토기 등을 사용하며 백제 중앙과 토기 문화를 공유했던 것으로 보인다. 분묘 유적의 경우 4세기 중엽 이후 분구묘 전통이 중단되었고, 5세기대 능곡동에서 석실묘가 축조되면서 부장품의 종류 또한 변화하였다. 능곡동 석실묘에서는 백제 중앙의 석실묘와 구조적인 공통점이 확인되고 장제 측면에서 방두정이 출토되는 등, 백제 중앙의 묘장제와 강하게 연결된 모습이 드러난다.

이상의 생활 유적, 분묘 유적 양상은 백제가 서해 연안을 확보하기 위해 경기 서부 지역으로 진출했을 때 시흥 지역에 주목했음을 시사한다. 즉 백제는 김포 등 한강 하류역의 유력한 세력을 의식하고 시흥 일대의 지역 집단과 먼저 관계를 맺어 경기 서부 지역에 진출하였다. 이는 백제가 기존 전통적인 기반을 지닌 세력이 아닌 그 외곽의 지역 집단을 신흥 세력으로 육성하는 전략으로도 해석할 수 있다. 4세기 후반부터 백제는 경기 서부 지역의 분묘 전통이 단절될 정도의 영향력을 행사했다. 이때 경기 서부 지역은 남부 지역에 비해 부장용 위세품, 저장용 단면 플라스크형 수혈, 백제토기 상위 기종과 같은 특수한 성격의 유구·유물이 상대적으로 적게 확인되고 있다. 이에 백제가 경기 서부 지역을 남부 지역과는 다른 방식으로 운영했을 가능성이 높다고 판단된다.

   시흥 지역은 경기 서부 지역 중 여러 지역의 문화상이 교차하는 지역이자 백제가 경기 서해안으로 진출할 때 시흥 세력으로서 주목했던 지역에 해당한다. 앞으로도 활발한 지역 조사·연구가 진행되어서 고대 시흥 지역의 역사상이 더욱 구체적으로 드러나기를 기대한다.

참고문헌

【자료】

『三國志』,『三國史記』,『承政院日記』(국사편찬위원회 한국사데이터베이스)
「大東輿地圖」,「海東地圖」(서울대학교 규장각한국학연구원 원문검색서비스)

高麗文化財研究院(2009),『安山 新吉洞 遺蹟(Ⅱ)』.
경기문화재연구원(2010),『始興 陵谷洞遺蹟』.
기전문화재연구원(2007),『華城 石隅里 먹실遺蹟』.
백두문화재연구원(2020),『인천 남촌동 고래실골 유적』.
서울대학교박물관(2003),『烏耳島 - 오이도 추가단지내 주거밀집지역 문화재 시굴 및 발굴조사 보고서』.
서울대학교박물관(2013),『시흥 오이도유적』.
中央文化財研究院(2012),『始興 牧甘洞·鳥南洞 遺蹟』.
한강문화재연구원(2014),『인천 구월동 유적』.
한겨레문화재연구원(2017),『시흥 은행동·계수동 유적』.
韓國文化遺産研究院(2012),『烏山 內三美洞 遺蹟』.
한신대학교박물관(2018),『龍仁 古林洞 原三國·百濟 聚落』.
한양문화재연구원(2019),『始興 梅花洞 遺蹟』.

【논저】

권오영(2009),「원삼국기 한강유역 정치체의 존재양태와 백제국가의 통합양상」,『고고학』 8-2, 중부고고학회.
吉井秀夫(2001),「무령왕릉의 목관」,『百濟 斯麻王 - 무령왕릉 발굴 그 30년의 발자취』, 국립공주박물관.
김기옥(2013),「Ⅳ. 고찰」,『김포 운양동 유적 Ⅰ』, 한강문화재연구원.
김길식(2014),「2~3世紀 漢江 下流域 鐵製武器의 系統과 武器의 集中流入 背景 - 김포 운양동 유적 철제무기를 중심으로-」,『百濟文化』 50, 공주대학교 백제문화연구소.
김낙중(2016),「분묘 출토 토기로 살펴본 마한의 성장과 지역성」,『헤리티지 : 역사와 과학』 49, 국립문화재연구원.
김무중(2006),「마한 지역 낙랑계 유물의 전개 양상」,『낙랑 문화 연구』, 동북아역사재단.
김무중(2016),「中部地方 橫穴式石室墓의 構造와 埋葬方法」,『한국고고학전국대회 발표문』

40, 한국고고학회.
김성남·우정연(2004), 「오이도 원삼국토기의 성격」, 『百濟研究』 40, 충남대학교 백제연구소.
김왕국(2016), 「百濟 漢城期 貯藏施設 擴散의 動因 - 단면 플라스크형 저장수혈을 중심으로」, 『百濟研究』 63, 충남대학교 백제연구소.
김장석(2014), 「중부지역 격자문타날토기와 U자형토기의 등장」, 『韓國考古學報』 90, 한국고고학회.
박경신(2022), 「경기 서부지역 (원)삼국시대 지역정치체의 동향」, 『고대 역사속의 부천과 우휴모탁국 학술대회』, 부천시·부천문화원·부천향토문화연구소.
박순발(2013), 「유물상으로 본 백제의 영역화 과정」, 『백제, 마한과 하나되다』, 한성백제박물관.
박신영(2019), 「백제 한성기 횡혈식석실묘의 도입과 확산 과정」, 『百濟研究』 70, 충남대학교 백제연구소.
박중국(2013), 「백제 한성양식토기의 분포현황 검토 - 중부지역을 중심으로」, 『漢江考古』 9, 한강문화재연구원.
서현주(2016), 「마한 토기의 지역성과 그 의미」, 『先史와 古代』 50, 한국고대학회.
송만영(2013), 『중부지방 취락고고학 연구』, 서경문화사.
송만영(2016), 「한강 하류 마한 취락의 편년과 전개 과정」, 『崇實史學』 36, 숭실사학회.
宋滿榮(2021a), 「한강 하류 분구묘 부장 토기의 변화와 의미」, 『韓國上古史學報』 111, 한국상고사학회.
송만영(2021b), 「한강 하류 분구묘 분포권의 주거와 취락 위계」, 『古文化』 98, 한국대학박물관협회.
송만영(2021c), 「한강 하류 분구묘 분포권 지역정치체의 동향과 성격」, 『崇實史學』 47, 숭실사학회.
송만영(2022), 「한강 하류역 분구묘 분포권의 무덤 위계」, 『고고학』 21-1, 중부고고학회.
이혁희(2013), 「한성백제기 토성의 축조기법과 그 의미」, 『韓國考古學報』 89, 한국고고학회.
이혁희(2023), 「백제 한성기 지방성에 대하여」, 『한성백제의 도성과 지방성』, 백제학연구총서 쟁점백제사21, 한성백제박물관.
李賢惠(1994), 「三韓의 對外交易體系」, 『李基白先生古稀紀念 韓國史學論叢(上)』, 一潮閣.
이현혜(1997), 「3세기 馬韓과 伯濟國」, 『백제의 중앙과 지방』, 백제연구총서, 충남대학교 백제연구소.
임동민(2021), 「고대 황해 교섭·교류 항로와 경기만」, 『百濟學報』 38, 백제학회.
정지영(2021), 「원삼국~백제 한성기 경안천유역 취락의 변천과 지역성」, 『百濟學報』 35, 백제학회.
지혜(2019), 「김포·인천지역 마한 분구묘의 시공간적 특성」, 한신대학교 대학원 석사학위논문.

차윤환(2013), 「한강 중·하류 유역에 위치한 정치체의 존재양상 - 묘제를 중심으로」, 『古文化』 82, 한국대학박물관협회.

한지선(2013), 「漢城百濟期 聚落과 土器遺物群의 變遷樣相 - 서울·경기권 편년수립을 위하여」, 『중앙고고연구』 12, 중앙문화재연구원.

한지선·강동석(2021), 「중부지역 원삼국시대~백제 취락과 인구변동」, 『인구변동의 고고학 : 중부고고학회 학술대회논문집』, 중부고고학회.

韓志瑄(2024), 「백제의 화성·오산 일대 진출과 지역 장악」, 『百濟學報』 48, 백제학회.

홍보식(2009), 「考古資料로 본 新羅의 漢江流域 支配 方式」, 『百濟研究』 50, 충남대학교 백제연구소.

조선초기 시흥 사족 가문의 존재 양상

김 원 혁

1. 들어가며

　조선시대 사족(양반)은 중앙과 지방의 지배층으로 강고하게 자리잡았다. 이들은 지방사회에서는 독서인이자 예비 관료층이었고, 과거에 급제하면 한양에 머물며 중앙관료로 활약하였다. 관료가 되어서는 한양에서만 생활하지 않고 지방 수령이나 관찰사 등 외직에도 빈번히 보임되었기 때문에 지방사회와도 밀접한 연관을 가졌다. 또한 조선시대 정치 공간에서는 다양한 정치적 사건으로 인해 관료의 체직과 그로 인한 낙향이 빈번하였다. 이들은 본향, 처향, 외향 그리고 그 외 지역으로도 낙향하였으며 사회·경제적인 이유에서 여러 선택지로 나아갔다.
　사족들은 기본적으로 지방에 기반을 마련하였는데 이러한 전통은 고려시대로 거슬러 올라가 볼 수 있다. 고려 건국 세력은 신라하대부터 형성된 광범위한 지방 세력이었고, 이들을 포섭하였던 고려왕조는 지방 세력을 효과적으로 받아들이면서도 견제해야 했다. 대표적인 사례가 본관제로 여러 지역공동체를 본관으로 규정하고 유력세력에 대해서는 토성을 분정하여 행정체제를 재편하였다.[1] 이들은 향리로서 지방사회의 지배층이었으며 지방행정을 담당하였는데, 과거에 급제하거나 행정적인 능력 및 공훈을 인정받아 관료로 진출할 수 있었다. 하지만 중앙관료직은 언제나 유지되지 않았고, 누대의 고관 가문이라고 하더라도 관료로 능력을 인정받거나 급제자를 배출하지 못하면 언제든지 중앙관료 사회에서 탈락하였다.[2] 이처럼 중앙과 지방의 출입이 빈번하였던 고려시대 관료들은 중앙의 항구적인 기반을 마련할 수 없었던 반면, 지방사회에서는 지배세력으로서 사회·경제적으로 우월적인 지위를 가질 수 있었기에 본인이나 친족의 본관 지역에 기반을 두었다.

이러한 고려시대의 본관제와 지방사회의 역동성은 조선 건국 이후에도 유지된 것으로 보인다. 한양이라는 공간은 정치와 행정의 새로운 중심지였지만 이곳에서 항구적으로 가문을 유지한 경우는 거의 없었다. 퇴직 후에는 본인의 기반을 마련할 수 있는 여러 지역으로 이거(移居)하였고, 후손들이 다시 급제나 음서를 통해 중앙관료로 나아갔다.

이러한 조선초기 사족에 대한 선행연구들은 그 형성과 분화, 향촌 사회의 동향 등 다양한 영역에서 진행되었다. 사족의 기원과 형성에 대한 연구는 선학들에 의해 깊이 논의되었고,[3] 신분·계급·계층으로서의 규정

---

1) 蔡雄錫(2000), 『高麗時代의 國家와 地方社會 -'本貫制'의 施行과 地方支配秩序-』, 서울 : 서울대학교출판부, p.85.
2) 고려전기 재추의 출신을 분석한 박재우의 연구에서는 본인대 처음으로 재추에 진출한 인물의 비율이 모든 왕대 50% 내외의 비율을 차지했다고 밝혔다(박재우(2015), 「고려전기 宰樞의 출신과 국정회의에서의 위상」, 『東方學志』 172, pp.49-52.). 또한 고려시대 중앙관료에 관한 존 던컨의 연구에서는 고려시대 유력가문의 중앙관직 진출에 대해서, 고려전기는 가장 주요한 가문(4명 이상의 관원이나 2명 이상의 재추를 배출한 가문)의 재추 비율이 40%, 고려후기는 가장 주요한 가문(10명 이상의 관원이나 6명 이상의 재추/명예직 배출가문)의 재추 비율이 23%를 차지한다고 밝혔다(존 B. 던컨(2013), 김범 역, 『조선 왕조의 기원』, 서울 : 너머북스, p.89 ; p.108.). 즉 언제나 새로운 가문 출신의 인물이 중앙정치의 최고위층으로 성장할 수 있었고, 반대로 세를 잃을 수도 있었던 사회였다.
3) 鄭杜熙(1977), 「高麗末期의 添設職」, 『震檀學報』 44 ; 동(1990), 「高麗末 新興武人勢力의 成長과 添設職 設置」, 『李載龒博士還曆紀念韓國史學論叢』, 한울 ; 동(1992), 「朝鮮前期

에 관한 연구도 진전되었다.⁴⁾ 이와 함께 사족의 구조와 사회적 배경에 관한 연구를 통해 조선초 사족들이 성장해 갔던 상이 그려지기 시작하였다.⁵⁾ 또한 각 지역의 지리지, 사마방목, 문과방목, 향안 등을 통해 사족의 동향을 파악하는 연구들이 이루어지면서 지역별 사례가 축적됨에 따라 분야의 깊이가 더해갔다.⁶⁾

支配勢力의 形成과 變遷 - 그 研究史的인 成果와 課題」, 『韓國社會發展史論』, 一潮閣 ; 李泰鎭(1979), 「14·15세기 농업기술의 발달과 신흥사족」, 『東洋學』 9 ; 동(1989), 『韓國社會史研究』, 지식산업사 재수록) ; 李成茂(1980), 「兩班層의 成立過程」, 『朝鮮初期兩班研究』, 一潮閣 ; 동(1995), 「15세기 양반론」, 『朝鮮兩班社會研究』, 一潮閣 ; 劉承源(1987), 「士大夫階層과 良賤身分制」, 『朝鮮初期身分制研究』, 乙酉文化社 ; 李樹健(1984), 「高麗後期 支配勢力과 土姓」, 『韓國中世社會史研究』, 一潮閣 ; 동(1994), 「麗末鮮初 土姓吏族의 성장과 분화 - 安東權氏를 중심으로」, 『이기백선생고희기념 한국사학논총』 上, 一潮閣 ; 김성우(2000), 「조선시대 '사족'의 개념과 기원에 대한 검토」, 『조선후기사 연구의 현황과 과제』, 창작과비평사 ; 동(2001), 『조선중기 국가와 사족』, 역사비평사 ; 정재훈(2015), 「조선중기 사족의 위상」, 『朝鮮時代史學報』 73.

4) 해당 영역에 대해서는 1970년대부터 송준호, 유승원, 이성무, 한영우, Edward W. Wagner 등을 중심으로 본격적인 논의가 이루어졌다. 해당 연구사는 韓嬉淑(2009), 「朝鮮初期 良賤制論의 정립과 그 의미 - 劉承源의 『朝鮮初期身分制研究』를 중심으로」, 『韓國史研究』 146 참고.

5) 오종록·박진우(1990), 「고려 말 조선 초 향촌사회질서의 재편」, 『역사와 현실』 3 ; 이해준(1996), 「사족 조직과 촌락민 조직」, 『조선시기 촌락사회사』, 민족문화사 ; 崔種鐸(1998), 「麗末鮮初 鄕村支配勢力 研究」, 연세대학교 박사학위논문 ; 崔珍玉(2003), 「조선전기 서울사족을 통해 본 중앙정치세력의 동향」, 『朝鮮時代史學報』 27 ; 채웅석(2005), 「고려말 조선초기 향촌사회의 변화와 지배질서의 재편」, 『중세사회의 변화와 조선 건국』, 혜안 ; 최선혜(2007), 『조선전기 지방사족과 국가』, 경인문화사.

6) 이하 연구들은 조선초기 특정 지역의 사족 동향을 본격적으로 살핀 대표적인 연구들이다. 이러한 연구 외에도 조선초기 사족의 동향을 다룬 연구들이 있을 것이지만, 필자의 공부가 단천하여 모두 검토하지 못하고 대표적인 연구만을 정리하였다. 鄭震英(1985), 「朝鮮前期 安東府 在地士族의 鄕村支配」, 『大丘史學』 27 ; (1998, 『조선시대향촌사회사』, 한길사 재수록) ; 崔先惠(1994), 「高麗末·朝鮮初 地方勢力의 動向과 觀察使의 派遣」, 『震檀學報』 78 ; 崔珍玉(1998), 「朝鮮時代 서울의 士族 研究」, 『朝鮮時代史學報』 6 ; 張東杓(1999), 「조선중기 함안지역 재지사족층의 형성과 향촌지배」, 『釜山史學』 37 ; 동(2000), 「조선중기 고성지역 재지사족의 형성과 발전」, 『지역과역사』 6 ; 李揆大(2003), 「朝鮮前期 邑治 城隍祭와 主導勢力 - 嶺東地域 事例를 中心으로」, 『역사민속학』 17 ; 동(2009), 「조선초기 강릉지방 재지사족과

특히 사족의 형성과 관련하여 이수건의 연구는 선구적이라고 인정되어 많은 연구의 토대가 되었다. 그는 14세기 말부터 재경관인, 재지사족, 재지이족이 구분되기 시작하였고, 특히 지방사족의 경우 첨설직(添設職)과 같은 산직(散職) 수여 여부에 따라 사족과 이족으로 분화되었다고 보았다.7) 그런데 고려시대 지배층은 지방에서는 향리였으며 중앙으로 진출하면 중앙관료가 되었다. 즉 같은 가문 내에서 중앙진출과 낙향을 반복했다. 그리하여 중앙관료를 지낸 인물이 낙향한 경우 과거 관료를 지냈다는 의식과 기억을 통해 그 가계는 자연스레 사족화했을 것이다. 따라서 '첨설직의 소유 여부가 사족과 이족으로 분화되는 기준이 되었는가', 혹은 '사족과 이족으로 나누어졌던 과정'에 대해서는 보다 면밀한 검토가 필요할 것이다. 이 때문에 조선초 사족층의 동향 역시 자료상의 한계가 명확하지

사원세력의 갈등」, 『조선시기 향촌사회 연구』, 신구문화사 ; 지두환(2004), 「조선전기 집성촌과 사족의 동향」, 『조선시대 경기북부지역 集姓村과 士族』, 국민대학교 출판부 ; 동(2011), 「朝鮮前期 士族勢力의 形成과 變遷 - 沙溪 金長生 집안을 中心으로」, 『韓國思想과 文化』 59 ; 동(2013), 「朝鮮前期 竹山安氏 士族 동향 - 별제공파를 중심으로」, 『한국학논총』 39 ; 朴賢淳(2003), 「15-16세기 예안현 사족층의 성장과 향촌사회의 재편」, 『朝鮮時代史學報』 26 ; 朴洪甲(2004), 「朝鮮初期 密陽 在地勢力의 淸道移住와 定着過程 - 密陽朴氏 嘯皐公派를 중심으로」, 『白山學報』 70(2012, 『조선조 사족사회의 전개』, 일지사 재수록) ; 林鎬敏(2004), 「조선전기 강릉지방 사족가문의 형성에 대한 고찰」, 『嶺東文化』 9 ; 박헌순(2005), 「조선전기 수원지역 사족(士族)의 재향활동(在鄕活動)」, 『水原文化史硏究』 7 ; 이종서(2007), 「고려~조선전기 鶴城李氏의 지역 내 위상과 역할」, 『한일관계사연구』 28 ; 김경수(2010), 「조선시대 홍성지역 재지세력의 형성과 추이」, 『朝鮮時代史學報』 53 ; 오경택(2010), 「朝鮮時代 全州圈의 士族 硏究 序說」, 『한국학논총』 34 ; 김경옥(2016), 「조선전기 나주지방 재지세력의 동향과 김해김씨(시중공파)의 위상」, 『호남문화연구』 59 ; 박용국(2017), 「조선초기 함평 개평리의 사족 형성 연구」, 『歷史敎育論集』 64 ; 동(2021), 「고려말 조선초 진주지역 '父老'의 존재와 성격」, 『嶺南學』 77 ; 동(2022), 「조선 초·중기 진주 동면의 右族 거주 里坊에 대한 연구」, 『嶺南學』 81 ; 동(2022), 「조선 초기 李叔蕃의 삶과 함양지역」, 『東方漢文學會』 92 ; 홍제연(2018), 「여말선초 錦山지역의 재지세력과 신진사대부의 정착」, 『전북사학』 52 ; 김영모(2019), 「조선전기 보령지방의 사족형성」, 『충청학과 충청문화』 26 ; 정재훈(2019), 「조선전기 태사묘太師廟의 변화」, 『국학연구』 39.

7) 李樹健(1984), 『韓國中世社會史硏究』, 서울 : 一潮閣, pp.342-343.

만, 그럼에도 불구하고 다각도로 살펴볼 필요성이 있다.

한편 사족들의 권력도 결국 관직과 관을 중심으로 형성되었기에, 지배층을 파악하는 데 중앙 정치세력의 동향에 대해서 파악할 필요가 있다. 조선전기의 중앙 정치세력과 관련하여서는 훈구(勳舊)와 사림(士林)이라고 하는 두 정치세력의 권력투쟁에 대해 학계의 많은 관심을 받아왔다. 특히 훈구와 사림이라는 대별되는 정치세력을 중심으로 이 시대의 정치사를 설명하려는 초기 연구들이 있었고, 이후 훈구와 사림은 학문적·혈연적으로 구분할 수 없는 집단이라는 견해가 제기되면서 정치구조, 정국의 양상, 세력 구성의 원리 등을 통해 당시의 정치사를 살펴보고자 하는 연구들이 이어졌다.8)

이처럼 조선전기 정치세력에 대하여 다양한 논의들이 이어졌음에도 가장 빈약한 연구 대상은 소위 훈구세력이라는 존재이다. 훈구와 사림이 혈연적으로 분리되지 않는 집단이었다는 점은 다양한 선행연구에서 규명되었지만,9) 정작 훈구라고 하는 정치세력의 기반이나 분화와 같은 실체는 분명하지 않다.

본 논문에서는 이러한 조선초기 중앙의 고위관료이자 전형적인 훈구세력으로 분류할 수 있는 시흥 지역의 사족 가문을 중심으로 그들의 존재 양상에 대해 살펴보고자 한다. 오늘날 시흥 지역은 조선시대 인천부(仁川府)의 동부 지역과 안산군(安山郡)의 서북 지역을 포함한 지역으로 조선시대에는 시흥이라는 이름으로 존재하지 않던 곳이지만, 한양과 인접한 지역으로 조선시대 유력한 가문들을 다수 배출하였다. 그중에서도 국초에

---

8) 조선전기 정치세력에 관한 연구사는 송웅섭(2019), 「지배 세력의 변동과 유교화」, 『고려에서 조선으로-여말선초, 단절인가 계승인가』, 서울 : 역사비평사 참조.

9) Edward W. wager(1980), 「李組 士林問題에 관한 再檢討」, 『全北史學』 4 ; 鄭杜熙(2000), 「朝鮮前期史 硏究의 爭點」, 『西江人文論叢』 13 ; 金範(1999), 「조선전기 院相 家門의 변천과 그 의미 - 勳舊勢力 파악의 한 사례연구」, 『史叢』 49 ; 宋雄燮(2001), 「中宗代 己卯士林의 構成과 出身背景」, 『韓國史論』 45.

중앙관료로 활약하며 공훈을 세운 대표적인 가문으로 안성이씨(安城李氏) 이숙번가(李叔蕃家), 진주강씨(晉州姜氏) 강희맹가(姜希孟家), 진양하씨(晉陽河氏) 하연가(河演家)가 지금의 시흥 지역에 정착하였다. 이처럼 여러 대신 가문들이 한곳에 정착하여 세를 이룬 사례는 흔하지 않다. 또한 위의 가문과 인물들에 대한 중앙관계 자료와 문집 자료들은 상대적으로 풍부하다. 따라서 이 가문들의 가계와 입향 그리고 재지 거주 양상을 분석함으로써 조선초기 사족의 동향을 다각적으로 살펴볼 수 있으리라 생각된다.

2. 조선초기 사족과 시흥 지역의 동향

2.1. 여말선초 사족의 동향과 별업

고려시대 원간섭기 이후 충렬왕대부터 공민왕대까지 고려의 왕자들은 원에서 질자로 일정 기간 거류해야 했기에 국내에서의 지지세력이 미약했다. 따라서 고려의 국왕들은 원에서부터 함께 생활하였던 시종신을 우대하는 한편 국내의 취약한 기반을 보완하기 위해 재추를 비롯한 여러 관료들과 적극적으로 협력하면서 이들을 자신의 측근 세력으로 만들고자 노력하였다.[10] 그리하여 이 시기 원에서 호종하였던 신하들이 재추직으로 나아가거나, 환관이나 천계 출신 인물들이 득세하기도 한다. 그러면서도 고려시대 사로 진출의 주요 수단인 과거 급제와 무공을 통해 여전히 많은 인물들이 중앙관료로 나아갔으며, 새로운 가문 출신의 인물들이 관료군으로 진입하고 구신 가문의 인물들이 도태되기도 하였다. 특히 홍건적과 왜구 등 지속적인 외침으로 군공을 통해 성장하였던 많은 무신들이 관료로

---

10) 李益柱(1988), 「高麗 忠烈王代의 政治狀況과 政治勢力의 性格」, 『韓國史論』 18, pp.167-169 참조.

진출하였다.

이 과정에서 무공을 세운 이들에게 보상해야 했으나, 조정의 재정은 넉넉하지 않았고 관직의 수도 제한되었다. 그 결과 무공을 세운 이들에게 정원 외의 첨설직(添設職)을 남발하면서 품관층이 확대되었다.11) 관인층의 확대는 곧 지배세력의 확대를 의미하였고 조선 건국 이후 확대된 관인층과 관인의 혈족들은 사족층으로 성장했다. 그럼에도 관직의 수는 한정적이었기에 모든 사족층이 관직에 나아갈 수 있었던 것은 아니며, 그로 인하여 산직을 소유하며 혼인과 상속에 따라 다양한 지역에 거주하게 되었다. 또 여말선초 다양한 정치적 사건에 따라 많은 관료들이 지방으로 나아갔으며, 퇴직할 연령이 되어 치사한 후에도 낙향하여 지방에 머물게 되었다.

이러한 중앙관료들은 낙향할 곳을 결정할 때 경제적인 요인을 주로 고려하였던 것으로 보인다. 본인이 상속받을 수 있는 재산의 양에 따라 본향으로 갈 수도 있고 처향이나 외향으로 갈 수도 있었다.12) 조선전기까지도 고려시대 솔서혼의 영향을 받아 처가로 장가를 가는 경우가 많았는데, 남성은 처가에서 자녀를 낳고 계속 살아갈 수도 있었기에 처가와의 친연성을 가질 수 있었고, 그 자녀는 외가와의 친연성을 가질 수 있었다. 한편 국초에 공훈을 세운 공신집단과 그 자손들은 국가에서 내려준 경기지역의 사패지를 따라 입향하기도 하였다.13) 이러한 사패지는 후손들에게 상속되었고 상속받은 후손들이 세거하였다. 교하지역의 윤번(尹璠) 가문은 사패지를 받아 선영을 꾸렸고 그 후손들이 정착하였던 대표적인 사례라고 할 수 있다.14)

---

11) 鄭杜熙(1977), 「高麗末期의 添設職」, 『震檀學報』 44, p.41. 참조.
12) 노명호(2008), 「가족과 여성」, 『한국사길잡이』上, 서울 : 지식산업사, p.257.
13) 조선초 사패지에 관하여는 이숙경(2001), 「조선초기 賜牌田의 확대와 田制의 변화」, 『韓國史學報』 11 참고.
14) 지두환(2004), 「조선전기 집성촌과 사족의 동향」, 『조선시대 경기북부지역 集成村

조선전기 관료들은 분산된 여러 토지에 별업(別業)을 지어 기거하였다. 여러 경로를 통해 원지(遠地)의 별업을 소유하기도 하였지만, 평소 관료 생활을 해야 했기 때문에 한양에서 수십 리 이내의 비교적 가까운 거리에 별업을 두고 여가를 보냈던 것으로 보인다. 마포에 위치한 신숙주(申叔舟)의 담담정(淡淡亭), 노량진(鷺梁津)에 위치한 노한(盧閈)의 효사정(孝思亭), 두모포(豆毛浦)에 위치한 한명회(韓明澮)의 압구정(狎鷗亭) 등이 대표적이다. 한성 주변의 명승지들은 그 소유자에서도 알 수 있듯 중앙 고관이었기 때문에 관청에 출사하여 업무를 보기도 하였지만 왕이 수시로 불러서 정사를 논할 수 있었다. 따라서 한성에서 너무 멀리 떨어진 곳에 머물 수 없었다. 한명회가 압구정을 지을 때 성종은 「압구정시」를 하사하였는데, 이때 조정 관료들은 '상공이 퇴청하거나 임금께서 불러서 접견할 때 강호(江湖)와 대궐이 매우 가까운 거리에 있어서 당나라의 하지장(賀知章)이 완전히 벼슬을 버린 것에 비할 바가 아니다.'고 표현하였다.[15]

위 사례들은 한성과 매우 가까운 위치에 있었고 이보다 조금 더 먼 경기지역에도 많은 별업이 지어졌다. 특히 경기 지역은 과전(科田)이나 공신으로서 절수한 사패지를 중심으로 본인의 별업과 농장을 경영했다고 추정된다. 이때의 입지도 필마로 다녀올 수 있는 가까운 거리에 형성되었다. 고려말 이색이 남긴 「조씨임정기(趙氏林亭記)」에는 개경의 인근 지역이었던 평주 지역에 대해 묘사하면서 '경읍(京邑)과의 거리가 매우 가까워 사대부의 별서(別墅)가 많았고 벼슬을 하든 하지 않든 왕래가 편하였다.'고 전한다. 특히 충렬왕대 재상이었던 조인규(趙仁規)의 아들들이 관청 일의 여가에 조인규를 보기 위해 필마로 평주 지역을 드나들었다고 한다.[16] 즉 여말부터 경기 지역에 지어졌던 많은 별업 역시 조관(朝官)이 도읍까지

과 士族』, 서울 : 국민대학교출판부, pp.62-66.
15) 『四佳集』, 「四佳文集」 卷5, 御製狎鷗亭詩序.
16) 『牧隱藁』, 「牧隱文藁」 卷3, 趙氏林亭記.

필마로 왕래할 수 있는 위치에 있었다고 추정된다.

이러한 별업들은 자연스레 본인이 소유하고 있었던 전토에서 형성되었고, 특히 경기지역을 중심으로 가문의 새로운 묘역과 세거지가 형성되었다. 강희맹은 서울 근교의 교하노씨, 순흥안씨의 별업 형성에 관하여 그의 문집인 『사숙재집(私淑齋集)』에 서술해 두었다. 노량진 일대는 교하노씨(交河盧氏) 노한가(盧閈家)의 세장지였고, 노한은 모친상을 당하자 노량진에 안장하고 삼년상을 마치고 나서 여막을 집으로 만들어서 살아갔다고 한다.17) 인근 지역인 금양현(현재 금천구 독산동)에는 순흥안씨(順興安氏) 양도공파(良度公派) 묘역이 조성되었다. 이 묘역은 안순(安純)이 부친 안경공(安景恭)의 묘를 쓰며 처음 조성되었다고 전하는데, 안순은 이곳에서 3년상을 치렀고 노한의 경우와 같이 여막을 집으로 만들어서 살기 시작했다고 한다.18)

2.2. 시흥의 성씨와 사족

몇몇 중앙의 고관들은 한성과 가까운 거리에 있는 시흥에 다양한 경로로 토지를 얻어 세거하였다. 시흥은 과거 인천부와 안산군의 일부로 구성되었기 때문에 양 지역의 지리지를 통해 성씨와 사족들에 대한 정보를 살펴볼 수 있다.

〈표 1〉은 조선시대 지리지 읍지에 등장하는 인천도호부(仁川都護府)의 성씨와 인물에 관한 내용을 정리한 것이다. 먼저 인천은 조선 건국초 부평도호부(富平都護府) 소속 군으로『세종실록』「지리지」(이하『세지』)에 등장한다. 이후 세조대 정희왕후(貞熹王后)의 외향이라는 이유로 도호부로 승격되며 성장을 거듭했다.19) 『세지』에서는 해당 고을의 성씨를 토성,

---

17) 『私淑齋集』 卷8, 「記」, 孝思亭記.
18) 『私淑齋集』 卷11, 「衿陽雜錄」, 衿陽雜錄跋.

〈표 1〉 조선시대 지리지 읍지에 등장하는 인천의 성씨 및 인물

도서 지명	『世宗實錄』 「地理志」	『新增東國輿地 勝覽』	『東國輿地志』	『輿地圖書』	『仁川府邑誌』
姓氏	土姓：李·貢·河· 蔡·全·門 來姓：朴(唐城) 亡來姓：崔(貞州)	本府：李·貢·河· 蔡·全·門·朴(唐城) ·崔(貞州) 梨浦：房	-	貢·門·河· 蔡·李	李·貢·河·蔡·全·門
人物	-	李許謙, 李翰, 李子 淵, 李資諒, 李資仁, 李資玄, 李頔, 李公 壽, 蔡寶文, 李仁老, 李之氐, 李藏用, 李 穎, 李光縉, 李文和, 蔡壽	李許謙, 李子 淵, 李資諒, 李 資仁, 李資玄, 李預, 李頔 流寓：河友明	孝子, 忠臣, 烈女	孝子, 烈女, 忠臣, 名宦
塚墓	-	河演, 李則	河演, 李則	-	權盼, 韓堰, 韓準, 韓汝 瀷, 李克正, 丘從直, 李 自健, 朴慶新, 金升卿, 李繼禎, 李汝發, 李晩榮, 李世翊, 趙正萬, 權大運, 金在魯, 鄭始成, 鄭壽期, 鄭羽良, 鄭翬良, 鄭遠達, 金致仁, 朴宗德, 洪秉纘, 徐鼎修

내성(來姓), 망래성(亡來姓) 등으로 구분하였다. 여기서 고려시대부터 존재하였던 지역의 토성으로 이(李), 공(貢), 하(河), 채(蔡), 전(全) 문(門)씨, 유입된 성씨로 당성박씨(唐城朴氏), 유입되었지만『세지』편찬 당시 망성이었던 정주최씨(貞州崔氏)를 살펴볼 수 있다.

『신증동국여지승람』(이하『승람』) 단계에서는 고을 성씨의 구분이 사라지고 이포(梨浦)라는 지역의 방(房)씨가 등장하는데, 이포는 본래 부곡으로 세종대만 하더라도 오직 4호만이 거주할 정도로 작은 어촌이었다. 이러한 이포 부곡은『승람』단계에서 부곡이 소멸되고 인천부 관할로 편입되면서 토성이었던 방씨를 기록하였던 것으로 보인다. 또 인물에 대한 정보도 등장하는데, 인천을 본관으로 하는 대표적인 거족이었던 이씨와 채씨

---

19) 『世祖實錄』卷18, 5年 11月 5日 癸未條.

인물들로 구성되었다. 한편 총묘라는 새로운 항목이 등장하고 중앙에서 고관을 역임한 하연과 이칙(李則)의 묘가 인천 지역에 들어선 것을 확인할 수 있다.

17세기 유형원의 사찬 지리지인『동국여지지』(이하『여지지』)에서는 비록 지역 성씨를 기록하지 않았지만, 인물과 총묘에 대해 새로운 정보를 기록하였다. 우선 인물은 고려조의 재상급 인물들을 축약해서 기록하였다는 특징이 있는데, 인물 선정의 기준은 알 수 없다. 다만『승람』과 중복되는 인물들이기에『승람』을 참고하였을 가능성이 높으며, 『승람』이 편찬된 성종대 이후 새롭게 인천으로 유입되어 우거한 하우명(河友明)을 기록하였다. 아울러 그의 거주지를 소래산 아래라고 밝혔는데, 현재의 시흥 지역 일대라는 점이 주목되고 인천의 토성이었던 하씨와는 다른 새로운 계통의 하씨라는 점이 특징이라고 할 수 있다.

『승람』편찬 이후, 최초로 간행된 18세기 관찬 지리지인『여지도서』(이하『도서』) 단계에서는 기존에 보였던 성씨들 중 공·문·하·채·이씨만이 기록되고 전·박·최·방씨가 세를 잃어가며 기록에서 탈락한 것으로 보인다. 그러는 한편 인천을 본관으로 한 고관 인물들은 별도로 기록하지 않고 효자, 충신, 열녀 등에 대해서만 인물조에 기록하였는데,『승람』에 기재되어 있는 내용은 췌록하지 않는다고 밝혔다.[20] 따라서『승람』에서 보이는 이문화(李文和), 채수(蔡壽)와 같은 조선전기 재상급 관원 외에도, 이후 고관들이 있었겠지만 지침에 따라 별도로 기술되지 않았던 것으로 보인다.[21]

---

20) 『輿地圖書』, 京畿道 仁川 人物.
21) 한편 인천과 접하고 있는 부평지역『도서』人物條를 보면, 『승람』의 고려조 인물이 그대로 기록되었음을 알 수 있다. 김우철은『도서』의 편찬이 일률적인 원칙을 가지고 작성된 것이 아니라고 보았는데(김우철(2007), 「조선후기『輿地圖書』에 나타난 인천 지역의 姓氏와 人物」, 『인천학연구』 6, p.250.), 이는『도서』의 편찬 방식에 기인한 것으로 보인다.『도서』의 편찬은 중앙에서 각 고을로 편찬 지침을

19세기 말 읍지 단계에서는 다시 전(全)씨가 등장하는데, 아마도 조선전기 편찬되었던 『세지』나 『승람』을 참고하여 비록 亡姓이 되었을지라도 옛 토성으로서 기록하였던 것으로 추정된다. 한편 『도서』 인물조에서 열녀, 효자, 충신 등에 대해서만 다룬 체제를 이어서, 지역 출신 고관이나 명신들에 대해서는 별도로 기록하지 않았다. 그러면서도 2품 이상 대신급 관원들의 묘를 다수 표기하고 있는 점이 주목되는데, 『승람』에 기록된 것은 별도로 기록하지 않는다는 세주를 달았던 것으로 보아 하연과 이칙 이후의 2품 이상 고관들의 묘를 수록한 듯하다.

특히 이들 관인들의 묘소 위치를 기록했는데, 현재 시흥 지역인 전반(田反)지역의 구종직(丘從直), 이극정(李克正), 권대운(權大運), 김치인(金致仁)의 묘, 황등천(黃等川)의 서정수(徐鼎修)의 묘가 확인된다. 이들 중 조선초기 인물들인 구종직과 이극정을 살펴볼 수 있지만, 이들은 『승람』에서 누락된 것인지, 아니면 이장을 통해 이곳에 묘를 썼는지 알 수 없다. 구종직의 경우 아버지 구양선, 어머니 등의 장지 정보는 없고, 본인 대부터 호천리 부흥산 아래 토란동(土卵洞, 현 무지내동)에 부인 온양정씨(溫陽鄭氏)와 함께 복장되었다고 추정된다.[22]

안산 지역의 토성에 대해서도 『세지』 단계에서 확인이 가능하다. 토성으로 김, 안, 방, 망성으로 임(林)이 있었고 19세기 말 읍지단계까지 변화 없이 이어진다.

내리고 각 지방에서 읍지를 작성하여 중앙으로 올린 후 편집하는 과정을 거쳤기 때문이다(양윤정(2013), 「18세기 「여지도서」편찬과 군현지도의 발달」, 『奎章閣』 43, p.13.). 이 과정에서 각 고을의 작성자에 따라 편찬 지침을 성실하게 따르기도 하고 그렇지 않기도 하였을 것이며 그에 따라 내용이 달라졌다고 추정된다. 다만 현전하는 『도서』(국사편찬위원회 영인본)는 누락된 군현이 많고, 고을별 수록 내용, 글자체의 차이 등이 있기에 중앙에서 편집을 거친 印本의 형태인지는 알 수 없다. 다만 『승정원일기』에서는 印本과 寫本을 제작하였다고 전하는데(『承政院日記』 英祖 41年 12月 8日 己酉條), 이후 개정과 편찬 범례를 정하였다는 기록이 있는 것으로 보아 대대적인 편집과정을 거치긴 하였을 것이다.
22) 『平海丘氏大同譜』 卷1(1917, 국립중앙도서관).

〈표 2〉 조선시대 지리지·읍지에 등장하는 안산의 성씨 및 인물

도서 지명	『世宗實錄』 「地理志」	『新增東國輿地勝覽』	『東國輿地志』	『輿地圖書』	『安山郡邑誌』
姓氏	土姓：金·安·方 亡姓：林	金·安·林·方	-	金·安·林·方	金·安·林·方
人物	-	金殷傳	金殷傳	高麗金殷傳, 本朝孝子, 烈女	高麗金殷傳, 本朝孝子, 忠臣, 烈女
塚墓	-	姜希孟	姜希孟, 柳自新, 韓浚謙, 張維	姜希孟, 韓浚謙, 張維, 金瑬	姜希孟, 韓浚謙, 張維, 金瑬

　안산의 인물은 고려전기 안산김씨(安山金氏)를 일으켰던 김은부(金殷傅)가『승람』에 등장한 이래로 읍지 단계까지 계속 나타난다. 인천지역의 지리지 및 읍지와 비교해 보았을 때, 인천부의『도서』단계에서 효자, 열녀 등의 충효의 현창 대상 인물들이 추가된 것은 유사한 경향이지만 인천부의 고려조 인물들이 탈락했던 것과 달리 안산군의 김은부는 지속적으로 등장한다.

　한편『승람』에서 처음 강희맹의 묘소를 기록한 이래『여지지』에서는 대신급 관원이자 국구(國舅)였던 유자신(柳自新), 한준겸(韓浚謙), 장유(張維)의 묘소가 추가되었다.『도서』에서는 광해군의 장인이었던 유자신이 인조반정으로 관작이 추탈되면서 묘총조에서 빠지게 되었고 인조대 정국을 주도했던 김류(金瑬)의 묘소가 추가 기록된 것을 살펴볼 수 있다. 김류의 묘소를 제외하고 강희맹, 유자신, 한준겸, 장유의 묘소는 군 서쪽 20리 밖에 있다고 기록되었는데,[23] 현재 시흥에 소재하며 모두 안산 지역의 토성이 아니었다는 점에서 해당 인물 대를 전후로 하여 외부에서 유입되었던 것으로 보인다.

　인천과 안산은『세지』단계에서 같은 군 단위로 편제되었지만 인구 규모를 비교해 보면 인천이 1,412명, 안산이 588명으로 3배가량 차이 났으며, 19세기 말 읍지에서는 인천이 20,189명, 안산이 11,529명으로 1만 명

---

23)『東國輿地志』安山郡.

가량 차이 났다. 더구나 인천은 이씨와 채씨와 같은 고려시대부터 조선전기까지 거족으로 인정받는 가문이 존재하였지만, 안산은 고려전기 재추를 몇 차례 배출했던 김씨가 유력가문으로 있었을 뿐 조선전기 현달하거나 뚜렷한 행적을 남긴 인물이 없었다.24) 그에 따라 인물 기록에서 고관으로 현달한 인물에 대한 격차가 났던 것으로 보인다.

3. 시흥의 사족 가문 정착과 존재 양상

3.1. 시흥의 초기 입향 사족 가문

3.1.1. 안성이씨 이숙번가와 사패지 직곶 입향

가장 먼저 기록에서 확인되는 조선초기 시흥의 입향 사족은 안성이씨 이숙번가다. 안성이씨는 나말여초부터 안성지역에 세거하며 상당한 경제력도 갖춘 가문이었다고 추정되는데,25) 족보 및 연대기 자료에서는 시조 이중선(李仲宣)대부터 기록을 확인할 수 있다. 이중선의 가계는 안성의 호장을 역임하였고 향직을 대대로 물려주었던 것으로 보아 전형적인 향리 가계였던 것으로 보인다.26) 그러면서도 여느 향리 가계와 마찬가지로 급제를 통해 중앙관료로 진출하기도 하였다. 그러나 시조 이중선으로부터

---

24) 成俔의 『慵齋叢話』에서는 조선시대 거족 가문들에 대해 언급하였는데, 인천의 巨族으로 이씨와 채씨두 성을 꼽은 반면 안산지역의 거족에 대해서는 별도의 언급을 하지 않았다(『慵齋叢話』 卷10).
25) 남동신의 연구에서는 고려초 인물인 慧炤國師 鼎賢(972~1054)이 안성이씨임을 밝혔는데, 그의 부모가 紫袈裟 1천 벌, 普賢菩薩 5백 탱을 서원하였던 만큼 상당한 재력을 소유했다고 추정된다(남동신(2011), 「七長寺慧炤國師碑銘을 통해 본 鼎賢의 生涯와 思想」, 『한국중세사학회』 30, p.491 참조).
26) 『高麗史』 卷97, 「열전」10 李永傳.

<표 3> 이숙번의 가계

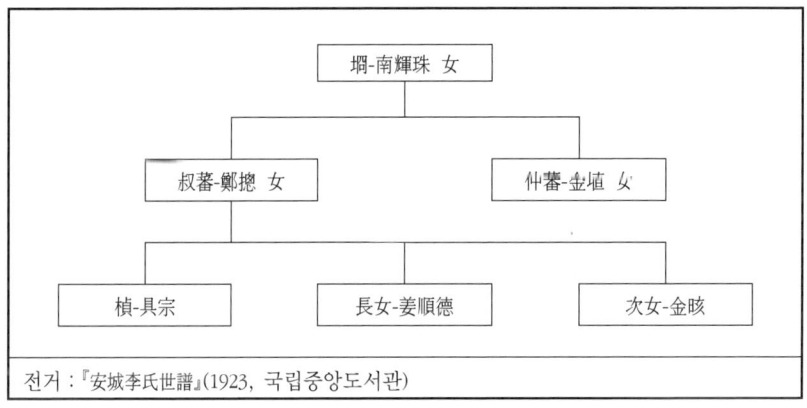

전거 : 『安城李氏世譜』(1923, 국립중앙도서관)

9세손 이숙번까지 이어지는 과정이 세보의 가계가 실전된 계보가 있는 만큼 분명하지는 않은 부분이 있다.27) 이숙번의 부친인 이경(李坰)은 『안성이씨세보(安城李氏世譜)』에서 문과에 급제하여 문하시중을 역임했다고 나오지만 『고려사』 등의 기록에서 급제 여부나 행적을 전하지 않는다. 안성이씨 가문이 본격적으로 중앙 정계에서 활약했던 시기는 이숙번이 태조 2년(1393) 과거에 급제하여 중앙관료로 진출하면서부터였다.28) 따라서 시조 이중선의 아들 이영(李永)이 고려 예종대 현달한 이후 여말이 되어서

---

27) 이숙번의 가계에 대한 박용국의 연구에서는 이숙번의 증조부 李禧代에 이부시랑이 되어 중앙관료 가문의 기반을 만들었다고 보았다(박용국(2022), 「조선 초기 李叔蕃의 삶과 함양지역」, 『東方漢文學』 92, p.284.). 그런데 이희에 대한 연대기 기록은 공민왕 23년(1374) 검교중랑장으로 水戰의 필요성을 상언한 기록이 전부이다. 이에 대해 공민왕은 초야의 신하이면서 중앙의 백관보다 좋은 계책을 냈다고 평가하며 楊廣道安撫使를 제수하고 倭人追捕萬戶를 겸하도록 하였다. 그는 하급직인 중랑장이자 검교직에 있었는데, 중앙군직임에도 초야의 신하라는 평가하였다. 따라서 이희는 당시 빈번한 외침 속에서 군공을 세워 첨설직으로서 검교직을 수여받은 지방세력으로 추정되며, 양광도안무 겸 왜인추포만호 직의 수여는 그의 근거지였던 안성지역에서 왜인방어 역할에 힘쓰라는 표창으로서의 성격이 짙다.

28) 이숙번의 중앙관으로서의 생애는 박용국, 위의 논문 참고.

야 중앙관료를 배출하였기에, 사실상 새롭게 부상하였던 신진가문이라고 할 수 있다.

이숙번은 청주정씨(淸州鄭氏) 정총(鄭摠)의 여식과 혼인하였는데 정총은 조선 개국공신이자 재상의 반열에 올랐기에 그의 처가는 좋은 배경으로 작용하였을 것이다. 이숙번은 태종의 신임을 얻으며 중앙관료로 빠르게 승진하여 의정부 찬성의 자리에 오르면서 관료로서도 현달하였다. 그러면서 여러 지역의 토지를 소유했다고 기록에 전한다. 우선 관료로서 한양의 집을 소유하였고, 어머니 영양남씨(英陽南氏)로부터 물려받은 함양 토지, 사패지로 받은 안산 토지, 연안부(延安府) 농장 등이 확인된다.

시흥과 관련하여서는 사패지로 절수한 안산 직곶(職串)의 토지가 주목된다.29) 이숙번은 지안산군사(知安山郡事)로 있으면서 왕자의 난에 공훈을 세우며 정사공신(定社功臣)에 책봉되었는데, 이때 안산 지역의 군사력을 동원하여 태종이 집권하는 데 결정적인 역할을 하였다. 이숙번은 공신책봉 이후 전지 150결을 절수한 것으로 보아 직곶의 전토는 150결의 전토 중 일부였을 것으로 추정된다.30)

이숙번은 태종의 신임 하에 권세가 급격하게 높아졌으나, 무례한 언사와 행동으로 물의를 일으켰다. 태종 16년(1416)에는 여러 날 가뭄이 지속되는 와중에 이숙번 홀로 입시하지 않았고 박은(朴訔)의 우의정 승진에 대한 불만을 내비쳤던 언사가 알려지면서, 여러 신료들이 평소 무례한 언행과 불충한 행동들을 고발하는 상소를 한꺼번에 올렸다. 그 결과 외방으로의 긴 유배 생활이 시작되었다. 전 신료들이 이숙번에 대해 유배로 그쳐서는 안 되며 국문해야 한다는 상소를 올렸지만, 태종은 이숙번이 평소 광망하긴 하지만 나라에 공이 있으며 '내가 자식과 같이 여긴다(予視之如子)'는 말로 그를 옹호했다.31) 결국 태종의 무마로 국문은 시행되지 않았고 태종

---

29) 『晉山世稿』 坤, 「晉山世稿續集」, 安山別業重修記.
30) 『太祖實錄』 卷15, 7年 10月 1日 癸卯條.

은 이숙번에게 유배지를 선택하게 해주었다. 이숙번은 본인의 농장이 있는 연안부로 가고자 하여 그곳에 안치되었다. 태종은 혼자 지낼 이숙번이 염려되어 가솔들과 함께 살게 해주었고 유배지를 지키던 사람들까지 없애는 특전을 내려주기도 하였다.32) 외방 부처이긴 하지만 사실상 본인의 사유지에서 가족들과 함께 전원생활을 하였던 것이다.

그러나 이숙번의 고초는 여기서 끝나지 않았다. 당시 세자였던 양녕대군(讓寧大君)에게 향응을 제공하고 청탁하였던 구종수(具宗秀)·구종지(具宗之) 형제의 일이 발각되는 과정에서 이숙번이 유배지에서 사사롭게 구종지와 소식을 주고받은 사실이 드러났다. 그리하여 연안부에서 경상도 함양으로 추방되었다.33) 함양은 어머니 영양남씨의 토지가 있던 곳이었다. 어머니 영양남씨는 본래 칠원윤씨가(漆原尹氏家)로 시집을 가 윤자당(尹子當)을 낳았고 곧 과부가 되었는데 이 시기 거주하였던 곳이 함양이었다.34)

이후 세종 21년(1439) 정월이 되어야 유배에서 풀려나 외방에서 자유롭게 살 수 있게 되었다.35) 이숙번이 외방 부처에서 풀려나기 직전 세종 20년 12월 헌릉 비문의 착오 문제가 있었는데 당시 일을 잘 아는 이숙번에게 자문하고자 그를 상경하게 하였다. 이를 계기로 한양에 머물게 되는 시간이 길어지자, 대간은 한양에 이른지 여러 날이고 자주 예궐하는 것이 옳지 못하니 속히 돌려보내길 주청하였다.36) 세종은 얼마 되지 않아 대간의 요구와는 반대로 외방 부처를 풀어주고 편한 대로 살도록 해주었다.

이때는 이숙번의 만년으로 이미 병들어 쇠약해진 시기였고, 자손들이 거주하던 안산지역에 머물게 되었던 것으로 보인다. 이에 대해 대간들은

---

31) 『太宗實錄』 卷31, 16年 6月 21日 辛巳條.
32) 『太宗實錄』 卷31, 16年 7月 17日 甲子條.
33) 『太宗實錄』 卷33, 17年 3月 4日 庚寅條.
34) 『慵齋叢話』 卷7.
35) 『世宗實錄』 卷84, 21年 正月 13日 壬辰條.
36) 『世宗實錄』 卷83, 20年 12月 24日 甲戌條.

죄인을 경성 밖(京城外)에 머물게 할 수 없고, 안산은 서울과 가까운 거리이기에 먼 곳으로 돌려보내야 한다고 주장했다. 이숙번이 머물렀던 안산을 경성 밖이라고 표현했지만 경성과 지근거리의 밖이라는 의미로, 죄인이 도성과 궁궐로 쉽게 접근하게 둬서는 안 된다는 논리였다. 이에 대해 세종은 도승지였던 김돈에게 이숙번이 문제되었던 사건을 일일이 열거하면서 그 실상을 따져보면 과오가 심한 것이 아니고 죄가 없는 것도 있다고 할 만큼 이숙번에 대해 우호적인 태도를 보였다.37) 그러면서 대간의 논리를 적당히 무마시키고 이숙번을 안산에 머물도록 허용해주었다.

이숙번은 여전히 본인의 사패지가 있는 안산에서 만년을 보내며, 언제 있을지 모를 국왕의 자문에 신속하게 응할 수 있었다. 다만 안산으로 돌아온 이후 출사하지 못하고 약 1년 2개월 동안 머물다 사망하였다. 그는 일찍이 안산에 어머니의 묘소를 썼고 본인 역시도 안산에 묘를 쓰면서, 공훈을 세워 나라로부터 받은 토지에 세장지를 구성하고자 했던 것으로 보인다.

조선후기로 가면서 이숙번의 후손들은 쇠미해져 안산의 세장지에 대한 관리가 제대로 되지 않았던 것으로 보인다. 정조대 죽산(竹山)의 유생이었던 이숙번의 14대손 이윤국(李潤國)은 후손이 쇠잔해져 장지를 잃어버렸다 다시 찾았고 외외손인 안동권씨가의 무덤과 풍수상으로 배치가 되기에 권씨가의 묘를 이장해 달라는 상소를 올렸다.38) 이러한 이윤국의 상소 내용에서 결국 이숙번의 자손들은 본인들의 본향이었던 안성 지역으로 돌아갔고, 안산의 토지는 이숙번가에서 외손가로 상속되었다는 사실을 확인할 수 있다. 이숙번의 아들인 이정(李禎)과 그 자손들은 크게 현달하지 못하였고, 다른 척족 가문의 땅이 되어버린 안산 선산에 소홀해졌던 것이다.

---

37) 『世宗實錄』 卷83, 20年 12月 7日 丁巳條.
38) 『日省錄』 正祖 19年 閏2月 19日.

3.1.2. 진주강씨 강희맹가와 별업 직곶 입향

〈표 4〉 강희맹의 가계

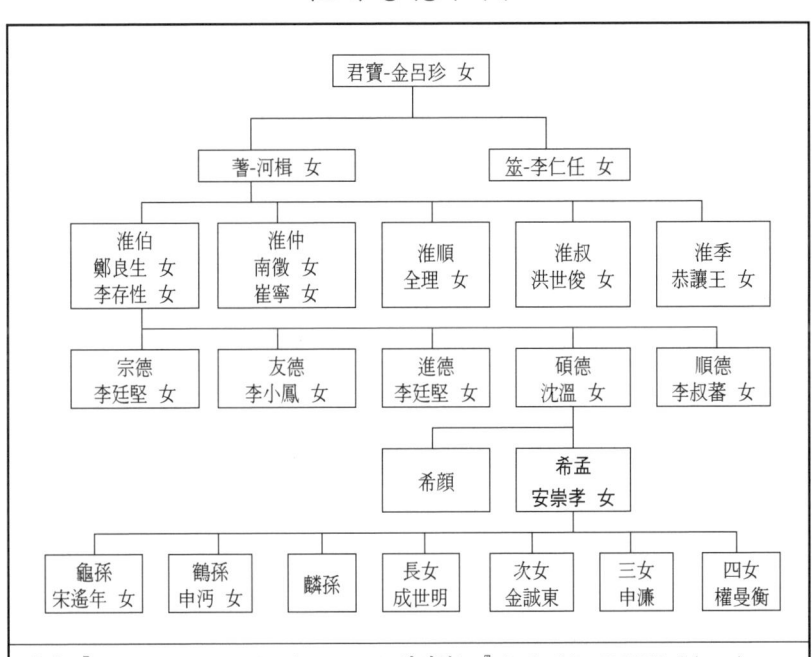

전거:『晉州姜氏初刊南漢譜』乾(1685, 海誠社 영인본);『晉州姜氏博士公派世譜』全(1991)

　진주강씨 강희맹가는 꽤 이른 시기부터 중앙으로 진출하였던 가문이었다. 현조 가운데 중앙관으로 처음 진출했던 인물은 강희맹의 8대조 강계용(姜啓庸)으로 추정된다.[39]『고려사』에는 강계용부터 그의 증손 강창귀(姜昌貴)에 대한 기록이 전하지 않지만, 당대의 다른 기록에는 모두 중앙관을 역임했다고 나온다.[40] 이후 강창귀의 아들이자 강희맹의 고조 강군보(姜君

---

39) 『晉州姜氏初刊南漢譜』에는 강계용의 선대부터 중앙관으로 활약했다고 서술되었지만 [『晉州姜氏初刊南漢譜』乾(1685, 海誠社 영인본)], 권근의 서술에는 처음 중앙관을 역임한 인물로 강계용을 꼽았다. 강계용가의 인물, 관력, 통혼 등에 대한 연구로는 韓忠熙(2003),「朝鮮前期 晉州姜氏 啓庸派 家系硏究」,『朝鮮史硏究』12가 참고된다.
40) 權近은 姜昌貴의 손자 姜蓍의 행장을 작성하며 그 가계에 대해 서술하였는데

寶)가 문과 급제 후 첨서밀직사사(簽書密直司事)에 오르면서 중앙관료사회에 두각을 나타냈다.[41] 강군보가 중앙관으로서 큰 행적을 남긴 것은 아니었지만, 그 관력으로 보아 강군보대에 비교적 현달하면서 중앙관으로서 어느 정도 기반을 다졌던 것으로 보인다.

이러한 기반을 바탕으로 강군보의 아들인 강시(姜蓍)와 강서(姜筮) 모두 찬성사를 역임하면서 재상가로서 명성을 이어갔던 것으로 보인다. 그들은 각각 하즙(河楫)·이인임(李仁任)의 여식과 혼인하면서 중앙관료 집안과 인척 관계를 맺었다. 혼인 당시 강서의 처가였던 이인임가는 누대 재상가로 중앙관료사회에서 영향력이 가장 큰 가문 중 하나였기에 현달하는 데 긍정적인 영향을 주었을 것이다. 강시의 처가인 하즙가는 혼인 당시 재상가는 아닐 확률이 높지만, 하즙이 최종적으로 찬성사에 올랐기에 마찬가지로 현달하는 데 뒷받침이 되었을 것이다.

강시의 자식들은 조부, 외조부 모두 재상을 지냈기에 좋은 배경을 가지고 사로로 진출할 수 있었지만 여말의 정치적 혼란 속에서 순탄하지 못했다.[42] 강시의 5남이었던 강회계(姜淮季)는 정창부원군(定昌府院君) 왕요(王瑤)의 여식과 혼인하였는데 정창부원군 왕요가 공양왕으로 즉위하면서 부마가 되고 곧이어 세자 시학이 되었다.[43] 공양왕의 사돈이 된 강시는

중앙관으로 활약하던 당시의 일화를 전했다(『陽村集』 卷39, 「墓誌類」 有明朝鮮國贈諡恭穆姜公墓誌銘). 위 기록은 후대의 기록이 아니라 당대 함께 살았던 인물에 의한 서술이기에 신빙성이 높은 기록이다. 선대의 중앙관력이 연대기 자료에 등장하지 않는 이유는 하급관료였기 때문으로 추정된다.

41) 『高麗史』에는 그의 행적이 거의 드러나지 않지만 우왕3(1377) 첨서밀직사사로서 광통보제선사 비문각인과 관련하여 연대 상언하였던 기록이 전한다(『牧隱藁』 卷14, 「牧隱文藁」 卷14, 廣通普濟禪寺碑銘). 한편 『晉州姜氏初刊南漢譜』에는 정당문학이 최고 관력으로 서술되어있는데(『晉州姜氏初刊南漢譜』 乾(1685, 海誠社 영인본)], 실직인지 치사직 혹은 추증직인지 확언할 수 없지만 하급 재추로서 최종 관력을 마감했던 것으로 보인다.

42) 여말선초의 진주강씨 가문에 대해서는 강제훈(2007), 「조선초기 家系繼承 논의를 통해본 姜希孟家의 정치적 성장」, 『朝鮮時代史學報』 42 참고.

43) 『高麗史』 卷45, 「世家」 45 恭讓王 2年 正月條 ; 『高麗史』 卷91, 「列傳」 4 公主 敬和宮主條.

왕실의 인척으로서 '여러 장상은 왕씨를 위해 전하를 옹립한 것이 아니고 화를 면하고자 함이니, 그들을 믿지 말고 스스로 지킬 방도를 도모하시라.'고 직언하기도 했다.[44] 이 발언은 곧바로 공양왕 옹립에 참여한 이성계 등에게 알려져 무고죄에 처해지려다 공양왕의 옹호로 무마되었다. 맏이 강회백도 세자 사부가 되어 왕실과 밀접한 연관을 맺게 되었는데,[45] 정몽주와 뜻을 함께하여 조준을 탄핵하였지만 정몽주가 살해된 이후 진양으로 유배가면서 가문이 기울었다.[46]

오래지 않아 공양왕이 폐위되고, 강시와 그 자식들 역시도 정치적으로 실각하였다. 강시는 직첩을 회수당하고 외방으로 쫓겨났고 강회백은 재차 장을 맞고 귀양갔으며 차남인 강회중도 진양에 유배되었다.[47] 공양왕의 부마였던 강회계는 다른 부마 우성범(禹成範)과 함께 참수되었다.[48] 그럼에도 불구하고 강회백은 조선 조정에 다시 등용되는데, 강회백은 이미 태조가 즉위하기 전 태조에게 마음이 기울었던 것으로 보인다.

> 은택이 백성에게 점차 이르니 대화(大和)가 길러지고
> 원기를 조절하여 태평성대를 이루니 옥돌에 티 한 점 없는 것 같네.
> 왕실을 부지하여 공로가 비길 곳 없고
> 병사들을 훈련시켜 수고로움이 더욱 많네.
> 나라에 몸 바치는 고결한 충정은 해와 달처럼 높이 걸렸고
> 시폐를 바로잡고 공적을 쌓아 산과 강에 맹세하였네.
> 푸른 유막의 막하에서 서로 뜻이 맞으니
> 원컨대 무기를 갖추고 말 타고 나가 병졸들의 행렬을 이끄소서.

---

44) 『高麗史』卷116, 「列傳」29 沈德符條.
45) 『高麗史』卷45, 「世家」45 恭讓王 2年 2月條.
46) 『高麗史』卷46, 「世家」46 恭讓王 4年 5月條 ; 『高麗史』卷117, 「列傳」30 姜淮伯條.
47) 『太祖實錄』卷1, 元年 7月 28日 丁未條.
48) 『高麗史』卷46, 「世家」46 恭讓王 4年 7月條.

송헌(松軒) 시중(侍中)에게 올리다.[49]

위의 시는 이성계에 바치는 강회백의 시이다.[50] 이성계가 즉위하기 전 시중일 때 그의 공덕을 찬양한 내용으로, 첫 번째와 두 번째 구에서는 흡사 군왕의 공덕을 찬양할 때와 같은 내용이 등장한다. 고택(膏澤)이 백성에게 이른다는 것은 『맹자』,『서경』,『주역』 등에서 군왕의 덕을 칭송하며 등장하는 용어이고 그로 말미암아 대화(大和)를 이루었다는 것은 이성계가 군왕에 버금갈 만큼 공적을 이루어냈던 것을 의미하였다. 또 그러한 공적으로 태평성대를 이뤘다고 칭송했다.

이러한 강회백의 표현은 이성계를 왕으로 추대하려는 데 동의하지는 않더라도, 이성계의 공적이 군왕이 이뤄낼 수 있는 성과에 필적한다는 의미이다. 그의 행장에서는 동생 강회계가 참살의 화를 당하였지만 본인은 근신하고 명망이 높아 죄를 면했고 태조에 의해 발탁되었다고 전한다.[51] 이는 이성계에게 민심이 기우는 상황에서 고려 왕실의 척족으로서 왕실을 적극적으로 보호하기보다는 유보적인 태도를 견지했다고 볼 수 있다. 이후 태조 7년(1398) 동북면도순문사(東北面都巡問使)로 재발탁된 강회백은 얼마 지나지 않아 46세의 나이로 병사하고 만다. 그러나 조선 조정이 강회백을 기용했기에, 그 자손은 전조의 폐신(嬖臣) 집안이 아니라 새 왕조의 일원으로 활약할 수 있었다.

강회백의 자식들은 재상직에 오르지 못했지만 청요직으로 진출하였다.

---

49) 『晉山世稿』乾, 上松軒侍中, "膏澤漸民養大和, 調元玉燭瑩無瑕, 扶持王室功無右, 訓鍊戎兵辦益多, 許國純忠懸日月, 匡時壯績誓山河, 碧油帳下如相許, 願備前驅行負戈."
50) 해당 시는 조선후기 진양하씨가에서 편찬한 하즙의 문집 『晉陽聯藁』「松軒集」에도 수록되어 있다(『晉陽聯藁』,「松軒集」, 憶松軒侍中). 그러나 이는 하즙의 호와 이성계의 호가 같았던 것에서 비롯된 후손들의 오해로, 시중이라는 벼슬 이름과 군공이 기술되었던 점에서 이성계를 위한 강회백의 헌시로 보는 것이 타당하다.
51) 『晉山世稿』乾,「通亭」, 通亭先生 都巡問使 姜公行狀.

넷째 아들인 강석덕은 심온(沈溫)의 사위가 되면서 세종과 동서가 되었고, 음보로 출사하여 대사헌과 지돈녕부사를 역임하였다. 이후 그의 아들인 강희안과 강희맹이 급제하며 문인 관료 가문으로 이름을 떨치게 된다.

강희안과 강희맹 형제는 모두 문장, 그림, 글씨로 당대 이름이 났었다. 그러나 강희안과 강희맹의 인생은 그게 달랐다. 강희안은 아버지 강석덕이 중앙관료로 재직하였음에도 본향이었던 진주에서 유년시절을 보냈던 것으로 추정된다. 그가 남긴 글 곳곳에서 고향인 진주로 돌아가고자 하는 심정을 포착할 수 있다.52) 말년에 질병으로 벼슬 생활의 무상함을 토로했던 그는 한양 남악 어딘가에 거처하며 여생을 보냈고, 비교적 이른 나이인 46세에 인수부윤(仁壽府尹)으로 졸하였다. 또한 대를 이을 자식이 없었기에 동생 강희맹의 차남 강학손(姜鶴孫)으로 후사를 이었다.

강희안이 비교적 단명하고 불운한 삶을 살았던 반면, 동생 강희맹은 오랜 관료 생활로 현달하였고 순탄한 삶을 살았다. 강희맹은 2살의 어린 나이에 숙부인 강순덕의 후사를 잇기 위해 양자로 입적하였다.53) 정경부인 이씨는 이숙번의 여식이었고 강희맹의 양부였던 강순덕은 사로 진출 이후 이숙번의 후광으로 빠른 승직을 이룰 수 있었다.54) 강희맹은 친모가 외척가문인 청송심씨였고 양모가 태종의 수족과 같았던 이숙번의 여식이었다는 점에서 당대 최고의 배경을 가졌다고 할 수 있다.

강희맹은 양자로 강순덕가에 입적하였지만 3세 때부터 조모 이씨의 손에 의해 양육되었다고 전한다.55) 10세 때는 외조모 안씨를 따라 연창위(延昌尉) 안맹담(安孟聃)의 별업이 있던 동호(東湖)의 저자도(楮子島)에 유람

---

52) 『晉山世稿』乾,「仁齋」, 憶晉陽 ; 景醇寄詩步韻答之 ; 植竹 ; 病瘳和友人所寄前賢韻 ; 寄頤叟 憶田園 ; 次徐剛中韻 ; 姪南恢求畫作菁川靑鶴洞兩圖因題其上.
53) 『私淑齋集』卷6,「祭文」, 祭養母貞敬大夫人李氏文.
54) 강순덕은 관료로 진출한 지 다섯 달 만에 3번 직을 옮겨 주부가 되었는데, 이것은 이숙번의 공로로 인한 것이라고 전한다(『太宗實錄』卷30 15年 7月 17日 壬子條).
55) 『私淑齋集』卷7,「行狀」, 先祖考正憲大夫東北面都巡問使通亭先生姜公行狀.

간 기록으로 보아 서울의 친가와 외가에서 두루 자랐던 것으로 보인다.[56] 형인 강희안과는 다르게 진주를 그리워하며 낙향하고자 하는 마음을 담은 기록이 존재하지 않고, 다만 진주를 옛 선조의 집이 있었던 곳으로 표현한 점도 이러한 성장 배경에 기인한 것으로 보인다.[57]

그리하여 진주와 같은 본향으로 낙향을 꿈꾸기보다는 한양 인근 지역에서 별업을 짓고 전원생활을 즐겼던 것으로 보인다. 강희맹은 고양, 금양, 안산 등 경기 일대에 여러 별업들을 경영하였다. 특히 안산 지역의 별업은 강희맹가가 대대로 세장지와 세거지로 삼았던 곳으로 주목되는데, 당시의 상속 관행에 대해서 잘 알 수 있다. 강희맹의 후손인 강극성(姜克誠)이 남긴 『진산세고속집(晉山世稿續集)』「안산별업중수기(安山別業重修記)」에서는 어떠한 경로를 통해 안산의 전토가 강희맹가로 들어왔는지 자세하게 전한다.

고조부이신 진산군(晉山君) 문량공(文良公)을 경기도 안산군의 직곶리(職串里)에 장사지내시니 양가(養家) 감찰공(監察公)의 땅을 따른 것이다. … 감찰공의 휘(諱)는 순덕(順德)이니 안성군(安城君) 이숙번(李叔蕃) 공의 사위이다. 안성군은 국초에 나라의 큰 공이 있어 안산 직곶의 한 지역을 절수하여 채마밭으로 삼았기에 옛집과 남기신 전토가 지금도 있다. … 문량공의 사위는 동지(同知) 김성동(金誠東)으로 그 묘는 감찰공의 묘 왼편 그리고 숙헌공(肅憲公)의 묘 오른편에 위치하였다. 감찰공은 같은 진주강씨였기에 동지 김성동의 부인 강씨를 어려서부터 아껴 전택을 주었다. 그 후 동지와 부인이 모두 일찍 돌아가시고 자식들이 장성해서

---

56) 강제훈의 연구에서는 강희맹이 어린시절 수원의 光敎山, 衿州山 등에서 수학하였던 점에서 서울 내지는 경기권에서 생활했다고 보았다(강제훈(2008), 「조선초기 문신 姜希孟의 관직생활」, 『한국인물사연구』 9).
57) 『私淑齋集』 卷2, 「七言律詩」, 送人歸晉陽.

는 의논하여 안성군의 옛집을 숙헌공에게 팔고자 하여 숙헌공이 다시 샀다.58)

이숙번의 직곶 토지는 맏사위였던 강순덕에게 상속되었고, 강순덕의 양자였던 강희맹에게로 이어졌나. 이 과정에서 강순덕은 특별히 아끼던 손녀인 강희맹의 차녀에게 상속하여 주길 강희맹에게 당부하였던 것으로 보인다. 그리하여 강희맹의 차녀와 김성동의 자손들에게 토지가 상속되었다가, 어떠한 이유에서인지 안성군 이숙번의 옛집을 외숙인 숙헌공 강귀손(姜龜孫)에게 팔면서 다시 진주강씨가로 돌아왔다.

한편 이숙번의 부인이었던 정씨는 사위인 강순덕가로 상속된 재산에 대해 소유권을 주장하며 집안의 내홍이 일어나기도 한다. 단종 즉위년(1452) 정씨는 남편과 딸이 모두 죽자 사위인 강순덕에게 분재 문권을 가져와서 고치고자 하였는데, 강순덕은 이를 거부하면서 분쟁이 일어났고 정씨가 상언을 하면서 조정 전체로 논의가 확대된다. 정씨는 상언에서 강순덕이 강희맹 등의 조카에게 노비를 마음대로 분급하고 자기 자식들에게는 그 재산이 돌아가지 않았다고 불만을 표출했다. 강순덕가로 상속된 재산 중에는 부인 정씨가 친정으로부터 상속받은 재산도 있었기 때문에, 이를 되찾아오고자 하였던 것으로 보인다.

이러한 쟁송은 토지처분의 권리를 누가 가지는지, 그리고 강순덕이 윤리적으로 문제가 없는지를 중심으로 견해가 분분하였다. 최종 처결은 강순덕이 부모의 명령을 따르지 않은 죄에 대해서는 별도로 처리하고,

---

58) 『晉山世稿』坤,「晉山世稿續集」安山別業重修記, "高祖父晉山君文良公, 葬于京畿安山郡之 職串里, 從良家監察公之隴也. … 監察公諱順德, 乃安城君李公諱叔蕃之壻也. 安城有大功於 國初, 折安山職串一面爲采地. 故世以爲業, 而舊宅遺田今亦尙在矣. … 文良公之壻, 曰, 同知金公誠童之墓, 在監察公之墓, 在監察公之左, 肅憲公之右. 監察公以晉山之故, 幼撫同知 夫人姜氏, 屬以田宅. 其後同知與夫人皆早世, 諸孤旣長, 義賣安城之舊宅于肅憲公, 公遂買 焉."

정씨가 물려준 재산은 정씨의 뜻대로 하며 이숙번이 물려준 노비와 농사(農舍)는 정씨가 생전에 가지고 있다가 사후에 이숙번이 남긴 문건에 의해 처리하도록 하였다.59) 그리하여 직곶의 땅은 정씨 생전에는 다시 이숙번가로 돌아갔을 테지만, 정씨는 연로하였기 때문에 곧 강순덕가로 돌아왔던 것으로 보인다. 그리하여 강순덕과 부인 안성이씨가 최초로 직곶에 묘를 쓴 이래로,60) 그 후손들이 세장지로 삼고 그 주변에 세거하게 되었다고 한다.61)

또 다른 별업인 금양 토지는 처가인 순흥안씨가에서 상속받았지만, 강희맹 본인은 이곳을 본가의 장지로 희망하지 않았다. 금양 별업에는 장인인 안숭효와 그 선대 묘가 이미 모셔졌고 순흥안씨 후손들도 이곳에 대대로 복장하였다. 수사적인 표현일 수는 있겠지만 애초에 상속받은 전지는 100무(畝) 정도였다고 할 만큼 넉넉한 땅은 아니었다.62) 그리하여 자신이 상속받은 다른 지역으로 눈을 돌렸고 그곳이 바로 직곶이었던 것으로 보인다. 부인 안씨는 강희맹보다 앞서 사망하였는데, 성종 13년(1482)에 죽고 이듬해 정월에 연성 직곶에 복장하였다.63) 강희맹은 부인 안씨의 장례를 치르고 안산 별업에 머무르며 허망함을 토로하였다.64) 그리고 부인을 장사지낸 지 20일 만에 병환으로 사망하였고 부인과 함께 직곶에 합장되었다.

안성이씨로부터 물려받은 직곶 땅은 진주강씨에게도 상속되었지만, 강희맹의 사위들에게도 상속된다. 강희맹의 차녀와 혼인하였던 김성동은

---

59) 『端宗實錄』 卷4, 卽位年 11月 5日 癸亥條.
60) 『晉山世稿』 坤, 「晉山世稿續集」 安山別業重修記 ; 『國譯 私淑齋全集』 권10, 「記」 水月庵記.
61) 『蓮城齋志』, 「蓮城齋志序」, "蓮城之職串鄕, 卽私淑齋姜文良先生, 菟裘之地, 而因以爲巾潟之藏也. 自此累世亦繼而卜宅, 環于左右."
62) 『私淑齋集』 卷11, 「衿陽雜錄」, 衿陽雜錄跋.
63) 『私淑齋集』 卷7, 「行狀」, 夫人安氏行狀.
64) 『國譯 私淑齋全集』 卷9, 因葬室人往安山別業偶吟書壁上.

안동김씨 가문의 인물인데, 그의 고조부인 김사형은 개국공신이었고 부친은 좌의정을 지낸 김질(金礩)로 세조대 유력대신으로 활약하였다. 김성동가는 본래 포천을 기반으로 한 사족가문이었다. 김사형부터 김질까지의 묘소가 모두 포천 내촌(內村)에 있고 김질의 본가도 내촌에 있었다.[65] 그 역시도 중앙관료였기 때문에 남대문 근처에 있앙 집에서 기거하였는데 그가 이른 나이에 요절하였고,[66] 포천을 떠나 강희맹가로부터 상속받은 직곶으로 복장하였던 것으로 보인다.

강희맹의 또다른 사위 권만형(權曼衡)에게도 직곶의 땅이 상속되었다. 권만형의 아버지는 좌참찬을 지낸 권감(權瑊)으로 광주(光州) 언주리(彦州里) 청담(靑潭)에 대대로 복장하며 세거했던 것으로 보이는데,[67] 권만형은 강희맹으로부터 상속받은 직곶에 복장하였다. 기록에는 등장하지 않지만 현재 권만형과 그 후손의 묘역은 김성동가 묘역과 접해 있다. 그리하여 진주강씨, 안동김씨, 안동권씨의 묘역이 연접한 형태를 보인다. 권만형의 후손들은 직곶을 중심으로 크게 번성하였는데, 강희맹이 전당홍(錢塘紅)을 가져와 심은 관곡지도 관리해오고 있으며 묘역도 직곶 여러 지역에 분포한다. 그 때문에 앞서 서술한 안성이씨가의 묘역을 침범하는 사건이 발생하여 분쟁이 일어나기도 하였다.

3.1.3. 진양하씨 하연가와 소래 입향

진양하씨 하연가는 본래 진주지역의 세거 성씨였는데, 하연의 증조 하즙(河楫)이 급제하여 찬성사에 이르면서 가세가 흥하기 시작하였다.

---

[65] 김질의 동생이었던 김작의 졸기에는 抱川 雙谷에 본가가 있었다고 전하는데(『成宗實錄』 卷215, 19年 4月 28日 辛酉條), 쌍곡은 지금의 내촌면 일대다.
[66] 『慵齋叢話』 卷8.
[67] 『寒水齋集』 31, 「墓表」, 先祖參判府君墓表.

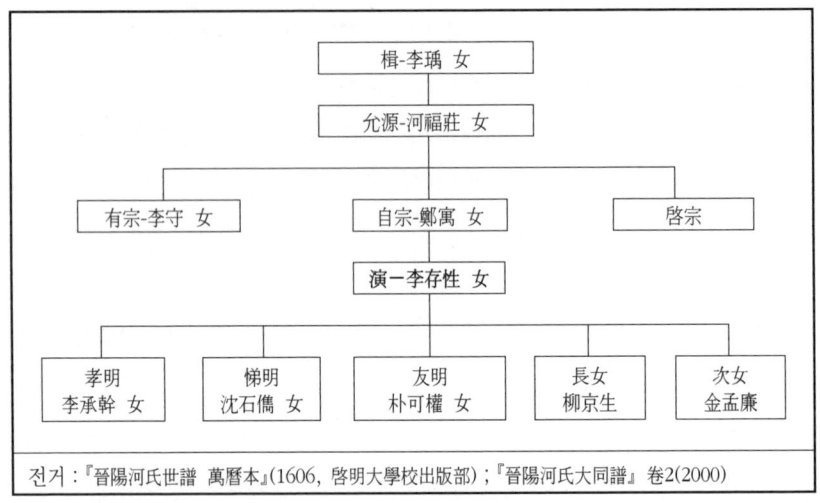

〈표 5〉 하연의 가계

전거:『晉陽河氏世譜 萬曆本』(1606, 啓明大學校出版部);『晉陽河氏大同譜』卷2(2000)

하즙은 철성부원군(鐵城府院君) 이우(李瑀)의 여식과 혼인하면서 당시 재상가였던 고성이씨(固城李氏) 가문의 사위가 되었다. 그의 아들 하윤원(河允源)도 급제하여 홍건적의 난에서 개경 수복의 공으로 공신이 되었으며, 우왕대 대사헌을 역임하고 진산군에 봉해졌다. 하윤원은 자식으로 하유종(河有宗), 하자종(河自宗), 하계종(河啓宗)을 두었는데 조선 건국 이후 河自宗이 중앙관료로 진출하였지만 현달하지는 못하였다.

하즙과 하윤원대 현달하였기에 개경에서 생활하였고 상경종사하던 다른 관료들과 교류하였으며 그 가족들은 낙향 후에도 그 관계를 유지하였다. 하윤원의 첫째 아들인 하유종은 행적이 자세히 드러나지 않는 인물인데, 정도전의『삼봉집(三峰集)』에는 진주의 하유종 집에서 그와 교유하였던 기록이 전한다.[68] 이때는 1380년으로 정도전이 유배에서 풀려나 초야에서 자유롭게 지내던 시절로 평소에 친분이 있었던 하유종의 집을 방문하여 함께 노닐었다. 하유종의 중앙관직은 알 수 없지만 선대 중앙관료로서

---

68)『三峯集』卷1,「賦」, 梅川賦.

개경에 거주하였고, 경산부사라는 외직을 지낸 것이 확인되기에 하급 중앙관 역시 역임했다고 추정된다.69) 정도전은 개경의 성균관 박사로 재직하였기에 당시 처음 교유한 이후 친분을 유지하였던 것으로 보인다. 그런데 선대부터 재상을 역임하고 중앙관료로 활약하였던 가문과 그 인물이 낙향하고 있다는 사실이 **주목된다**.

그러한 사실은 하유종의 동생 하자종의 행적에서 원인을 유추해 볼 수 있다. 하자종은 정몽주, 길재 등과 깊이 교유하였던 것으로 그 기록에 나온다. 하자종의 집은 하즙대부터 송악산 동쪽 기슭에 있어서 정몽주의 집과 가까운 거리였다. 또한 "도가 같고 뜻이 합치되었다(道同志合)"라고 표현할 만큼 가깝게 지내던 사이였다. 창왕 원년에는 길재(吉再)와 고려 왕실의 위태로움을 논의하였던 것에서 하자종의 정치적 태도는 한층 선명해진다.70) 정몽주는 역성혁명에 반대를 표했던 인물이고 길재는 낙향하여 출사를 거부했던 인물로, 이들과 교유하며 뜻을 함께했던 것으로 보인다. 하자종은 태조의 건국에 반대한 두문동(杜門洞) 72현 중 하나로 기록된 만큼 당시 조선 건국을 반대하는 대표적인 인사로 인식되었던 것 같다.71)

그러나 하자종은 역성혁명에 반대하여 적극적인 태도를 취하지는 않았고 다른 형제인 하유종, 하계종과 일찍이 중앙관직을 버리고 진주에 낙향하여 지냈다. 하자종의 장인이었던 정우(鄭寓)도 우현보, 이색 등의 당여로 지목받아 유배당하는 고초를 겪었던 것에서 일가의 성향이 드러나지만, 정우와는 반대로 특별한 처벌을 받은 기록은 없다.72) 즉 하자종 일가의 지향은 길재와 같이 조선 건국에 동조하지 않고 지방에 은거하며 지내는 것이었다.

---

69) 『新增東國輿地勝覽』 卷3, 「慶尙道」, 晉州牧.
70) 『敬齋集』 卷4, 「附錄」, 年譜.
71) 『騎牛集』 卷2, 「附錄」, 杜門洞七十二賢錄.
72) 『太祖實錄』 卷1, 元年 11月 5日 丁未條.

이와 관련하여 하자종의 아들이었던 하연의 연보에는 수양산의 백이고사, 불사이군, 고려왕실에 대한 걱정 등과 관련된 일화들을 다수 수록했다는 점이 주목된다. 특히 9세에 백이전을 읽고 비평한 하연을 하자종이 기특하게 여겼다고 기록하였는데, 이는 하자종가가 충(忠)을 지향했다는 점을 드러내고자 하는 의도로 보인다. 그리하여 여러 후손들의 행장에는 선대 가계를 설명하면서 하자종이 진주로 낙향하여 다시는 벼슬에 나가지 않았다고 기록되고 전승되었다.[73]

그렇지만 실제 하자종은 태종대 다시 출사하였다. 조선 조정은 고려의 유신(遺臣)들이 출사하도록 지속적으로 노력하였고, 하자종도 조정의 출사 요청에 응하였던 것으로 추정된다. 하자종이 출사하기에 앞서 그의 아들인 하연이 태조 5년(1396)에 과거에 급제하며 먼저 중앙관료로 진출하였다. 하연도 가문의 지향과 마찬가지로 진주의 향곡에 은거하고자 하였지만 그의 재능을 알아본 강회백의 권유로 중앙관료 생활을 시작한다.

하연은 과거 급제 이듬해인 태조 6년(1397) 상경하여 한양의 주동(鑄洞)에 자리를 잡으며 관료생활을 시작한다. 이후 부친인 하자종도 태종대 출사를 위해 상경하였고, 하자종의 모든 자식들이 관료생활을 위해 한양으로 올라왔다고 전한다.[74] 감찰을 지낸 하척(河滌, 河啓宗 子)도 주동에서 살았다는 기록으로 보아,[75] 하자종의 형제를 비롯한 진양하씨 일가는 주동을 중심으로 한양살이를 시작했다고 추정된다.

하자종은 만년에 벼슬을 그만두고 진주로 낙향하지 않고 돈의문(敦義門) 밖 어딘가에서 살았고, 하연도 부모와 가까운 곳에서 봉양하고자 돈의문 밖 하자종 집 근처로 이사하면서 그곳에 정착하였던 것 같다.

---

73) 『國譯 暮軒集』, 「暮軒河先生文集世系圖」; 『謙齋集』 卷8, 「行狀」執義台溪河公行狀; 『葛庵集』 卷28, 「行狀」謙齋先生河公行狀.
74) 『敬齋集』 卷4, 「附錄」, 年譜.
75) 『響山集』 卷15, 「墓碣銘」 淸白吏陝川郡守河公墓碣銘.

한편 하연의 삼남인 하우명이 하연의 대를 이었는데, 하우명이 부모를 모시게 된 까닭을 '장방(長房)'이라고 한 것에서 형들이 요절하였거나 대가 끊겼다고 추정된다.76) 이후 하우명은 소래 지역에 하연의 묘를 썼다. 하지만 소래 지역의 땅을 어떠한 경로로 소유했는지 전하는 기록이 없고 하연의 삼년상이 끝나고 바로 모친을 모시고 소래산 별업으로 갔다는 기록으로 추정해보면 이미 소래산에 하씨가문의 토지가 있었던 것으로 보인다.77)

하우명이 특히 소래 지역으로 부모의 묘를 복장하고 이거하였던 까닭에는 인근에 세거하였던 진주강씨와의 친연성도 작용하였을 것이다. 강희맹의 증조부 강시는 하즙의 딸과 혼인했고 조부인 강회백과 하연은 동서지간이었다. 강희맹은 이러한 두 가문의 관계를 '덩쿨이 서로 얽힌 것(樛葛相纏)'과 같다고 표현할 만큼, 양 가문은 각별한 사이였다.

> 일찍이 표질(表姪) 하연의 사람됨을 크게 여기시고, 나의 막내동생을 시집보냈다. 하공이 일찍이 진주 산곡에 집을 짓고자 하니 공께서 경계하길, "그대는 좋은 관직에 올라 국가의 큰 재상이 될 것이니 향리에서 늙어 죽지 않을 것이다."라고 하며 서울로 가라고 권하였다. 후에 그 말이 모두 적중되었으니, 내가 들은 말이 여전히 귀에 있다.78)

위 기록은 강희맹이 조모 이씨의 슬하에서 자랄 때 들은 내용으로 강회백과 하연의 인연에 대해서 말해준다. 강회백은 공양왕의 외척집안이었기 때문에 공양왕이 실각한 이후 진양으로 유배가면서 하연과의 만남이 성사

---

76) 『敬齋集』 卷5, 「附錄」, 妥眞堂奉安文.
77) 『私淑齋集』 卷8, 「記」, 蘇萊河中樞旌門記.
78) 『私淑齋集』 卷7, 「行狀」, 先祖考正憲大夫東北面都巡問使通亭先生姜公行狀, "嘗器表姪河演之爲人, 以吾季妹妻之. 河公治第晉曲, 公戒云:'子當踐歟美官, 爲國大相, 非終老鄕曲者', 勸令之京. 後其言無一不中者, 希孟聞命在耳."

된다. 전술하였듯이 이때 하연의 됨됨이를 상당히 높게 평가하였고, 부인의 가문인 이존성가와의 혼인을 주선하여 진양하씨와 인척이 된다. 또 강회백은 향리에 기거하려던 하연을 진작시켜 서울로 이끌었던 점에서 하연을 중앙관료로 성장시켰던 장본인이었다. 강회백은 식견을 발휘하여 하연의 그릇을 알아보았고, 또 그에게 현달하도록 독려했기에 은인같은 존재였다.

이러한 하연가와 강회백가의 인연은 강희맹대에도 이어진다. 세종 29년(1447) 하연이 주관한 과거에서 강희맹은 장원으로 합격하였다. 조선 건국 이후 고려시대의 좌주 - 문생관계가 희미해졌지만 좌주의 명칭이 남아있었고, 고시관과 급제자가 술자리를 베풀어 찾아보기도 하고 장례에서도 각별하게 제를 올렸다.79) 강희맹 역시도 아직 잔존하던 좌주-문생의 분위기에서 하연에게 가르침을 받았고 늘 본받고자 하였다고 전한다.80)

하연은 자신의 증조부 하즙으로부터 이어진 강씨가문과의 혈연적 인연을 강조하기도 하였다. 하연과 강희맹은 모두 중앙관료로 오래 재직하였기에 왕래가 적지 않았고, 혹 강희맹이 하연의 집에 있을 때면 가묘로 불러 함께 참배하게 하며, "또한 너의 조상이다."라고 말해주었다.81) 하연이 사망하고 조정에서는 효자를 현창하는 사업을 펼치는데, 하우명의 행적이 조정에 알려져 정문을 세웠다. 이때 강희맹은 하우명과 왕래하면서 정문 건립에 관심을 가지고 정문기도 직접 작성하였다.82)

---

79) 『慵齋叢話』 卷7.
80) 『私淑齋集』 卷7, 「行狀」, 先祖考正憲大夫東北面都巡問使通亭先生姜公行狀.
81) 『私淑齋集』 卷8, 「記」, 蘇萊河中樞旌門記.
82) 위의 자료.

3.2 시흥 사족 가문의 존재 양상

3.2.1. 별업과 농장 경영

일찍이 시흥으로 입향한 사족 가문들은 성기 일대의 공간에 별업과 농장을 경영하였다. 이들은 중앙관료로 고관을 지냈기 때문에 한성 내부나 한성과 매우 가까운 곳에 본가를 두고 평소 관료 생활을 하였으며, 그 여가에 별업에서 머물고 농장을 경영하였던 것으로 보인다. 경기지역을 벗어난 원지의 별업과 농장도 확인되는데, 이러한 원지의 경우 관료로 활약하던 시기에는 잘 드러나지 않는다. 반면 관직에 물러난 경우에는 한양도성에 멀리 떨어진 곳에 기거하였던 것이 확인된다.

강희맹의 한양 집은 숭례문 밖의 순청동(巡廳洞)에 위치하였다.[83] 순청이 숭례문 바로 앞에 있으므로 도성과 매우 인접한 지역에 거주하였다고 할 수 있다. 그러면서도 그는 한양 인근의 별업을 소유하였는데 고양, 금양, 안산 등에 분포하였다. 이들 지역은 모두 상속을 통해 강희맹의 소유로 들어온 것으로 보인다.

먼저 고양 별업에 대해서는 강희맹이 낙직(落職)하고 머물렀다는 기록이 전한다.[84] 낙직이라는 표현에서 알 수 있듯이 이 시기는 관료로서 과실이 있어서 직에서 물러난 때였다고 추정된다. 강희맹은 두 차례 파직되었는데, 첫 번째는 문종 원년(1451) 예조좌랑으로 있으면서 영릉 소상제 문제로 파직당하였고,[85] 두 번째는 세조 13년(1467) 예조판서로 있으면서 세조와 평소 불화를 겪었는데 이시애의 난을 평정하고 돌아온 장수들의 위로연

---

83) 『新增東國輿地勝覽』 卷3, 「東國輿地備考」, 漢城府.
84) 『國譯 私淑齋全集』 卷4, 落職歸高陽村舍剛中贈詩以慰步韻答謝十首 ; 落職在高陽別業龜孫送政目感而有作.
85) 『文宗實錄』 卷7, 元年 5月 19日 丙辰條.

문제가 빌미가 되어 파직되었다.86) 낙직 후 고양 별업에서 지은 시에서는 '오래도록 부끄럽게 벼슬 생활을 하였다.'고 하였던 점에서 두 번째 파직을 당하였던 44세에 고양에 머물렀다고 추정된다.87)

  고양 별업의 위치는 정확히 비정할 수 없지만, 고양이 한양의 서쪽에 접하고 강희맹 역시 한양과 지척이라고 표현하였던 만큼 강희맹의 한양 집에서 지리적으로 가까이 있었다고 추정되며 그 덕분에 어렵지 않게 한양 본가와 왕래하였다. 고양 별업은 부인인 순흥안씨와 관련되었던 것으로 보인다. 부인 안씨의 외증조는 한산이씨(韓山李氏) 이종학(李鍾學)으로 대대로 그의 자손들은 고양에 거주하였다. 외조부모인 이숙무(李叔畝)와 경혜옹주(敬惠翁主) 역시 고양에 복장(卜葬)하였던 것으로 보아 고양 별업은 한산이씨에서 순흥안씨가로 상속되었다고 추정된다. 더구나 안씨의 부친인 안숭효는 문종 즉위년(1450) 부인상을 당하였는데, 막내아들 안해(安該)가 5세밖에 되지 않아 강희맹에게 양육을 맡겼고 누이의 집에서 성장하였으며 혼사까지 모두 강희맹이 책임졌다.88) 부인 안씨에게도 기본적으로 상속이 이루어졌겠지만, 안숭효가 안해의 양육을 부탁하면서 어느 정도의 전토가 강희맹가로 전해졌을 가능성이 있다. 또 고양 별업은 강희맹이 경영했던 다른 별업과는 다르게, 강희맹 없이 부인인 안씨가 홀로 가서 머물기도 했을 만큼 안씨가문과 밀접하게 연관을 가졌을 것으로 추정된다.89)

  강희맹의 또 다른 별업은『금양잡록(衿陽雜錄)』의 배경이 되었던 금양(衿陽) 지역에 있었다. 강희맹은 많은 별업들 중에서 금양 별업에서 남긴 기록이 많고, 그의 농서인『금양잡록』의 명칭도 이곳을 따왔을 만큼 전원

---

86)『太祖實錄』卷43, 13年 9月 20日 壬午條.
87) 박경안(2002),「강희맹(1424~1483)의 농장(農莊)에 관하여」,『역사와 현실』46, pp.117-118. 참조.
88)『私淑齋集』卷6,「祭文」, 祭岳父觀察使安公文.
89)『私淑齋集』卷3,「五言古詩」, 書懷.

생활의 많은 시간을 보낸 공간이었다. 아들인 강귀손이 작성한 『금양잡록』의 발문에서는 강희맹이 공무를 마치고 미복차림으로 금양과 본가를 수시로 왕래하였다고 전한다.90) 앞서 고양 별업에 머물렀던 시기를 세조 13년 두 번째 파직당하였을 무렵으로 추정하였는데, 같은 해 금양 별업에서도 지은 글귀가 있었던 점에서 강희맹은 여러 별업으로 옮기다녔던 것으로 보인다.

금양 별업은 본래 부인의 조부 안순(安純)의 소유였는데, 안순은 아버지 안경공(安景恭)을 이곳에 장사지냈고 여막살이 하던 곳을 개조하여 퇴거하였다. 이후 안순은 아들인 안숭효에게 상속하였고 다시 안숭효는 강희맹에게 상속했다고 전한다.91) 앞서 고양 별업과 마찬가지로 강희맹 처가의 재산이 상속되었다는 특징이 있다.

강희맹은 금양 지역에서 많은 시간을 머물렀지만, 현재의 시흥지역이었던 안산(연성)에도 별업을 소유하였다. 강희맹의 문집인 『사숙재집』에서는 안산과 연성의 별업 및 촌사들에 대한 기록을 전하는데 아마도 같은 공간으로 생각된다. 앞서 고양 별업과 금양 별업의 사례처럼 한 곳의 별업에만 계속하여 머물렀던 것이 아니라, 별업들 간 왕래도 빈번했던 것으로 보인다. 금양과 안산 양읍은 지리적으로도 인접한 지역이었기에 강희맹은 의복을 챙겨 한해 여러 번 왕복하며 지냈던 기록을 남겼다.92) 뿐만 아니라 두 별업을 모두 토구지(菟裘地)로 묘사한 만큼 만년을 금양과 연성에서 보내고자 하였던 것으로 보인다.93)

강희맹의 『금양잡록』에서는 금양 지역에서 머물며 주변의 농사짓는 노인들과 농법에 대해서 나눈 대화로 화재를 풀어가는 경우가 많다. 실제

---

90) 『私淑齋集』 卷11, 「衿陽雜錄」, 衿陽雜錄跋.
91) 『私淑齋集』 卷11, 「衿陽雜錄」, 衿陽雜錄跋.
92) 『國譯 私淑齋全集』 권8, 贈姜進士三首.
93) 『私淑齋集』 卷1, 「七言絶句」, 次仁齋韻 ; 『國譯 私淑齋全集』 권8, 連城村舍寓吟 二首.

그는 농장으로 가서 농업에 대한 지식을 습득하고 그것을 글로 남겨 후세에 전하고자 하였다. 이러한 그의 농장 경영을 통한 농업 지식 습득은 금양 지역에서만 한정되었던 것이 아니었고 다양한 별업에서도 이루어졌다.

> 봄에 내리는 가랑비 실로 부슬부슬 오고
> 양쪽에서 들려오는 개구리 소리 작은 집에 들리네.
> 논에 들어찬 맑은 물 평평하여 적막하고
> 성긴 울타리의 채마밭은 어지러이 풀 우거졌네.
> 고요하고 가련히도 떨어진 꽃술은 숲 밖으로 나왔고
> 한가롭게 향기나는 풀 밟으며 언덕 동쪽을 지나네.
> 거미는 왕래가 끊겨 문밖 거리는 적막하고
> 농사 이야기로 아침저녁 시골 늙은이를 모으네.
>   연성 시골집에서 떠오르는 생각을 읊음[94]

위 기록에서는 안산에서 행했던 농장 경영의 일면을 살펴볼 수 있다. 당시 안산 별업의 규모가 어느 정도 되었는지는 정확히 알 수 없지만, 논농사와 채마밭의 경영하면서 한가로이 거닐기도 하고, 시골 늙은이들을 모아 농사일에 대해 정보를 나눴던 것을 확인할 수 있다. 비록 남은 기록이 소략하지만 안산을 비롯한 다른 별업에서의 경험 역시『금양잡록』작성에 영향을 주었던 것을 알 수 있다.

그런데 위의 사례처럼 한양과 가까운 경기지역에 별업 경영하였을 뿐 아니라 원지에도 별업을 소유하였으며 이러한 원지의 별업은 관료에서 벗어난 시기에 드러난다. 앞서 서술하였듯이 이숙번은 황해도 연안부와

---

94) 『國譯 私淑齋全集』卷8, 連城村舍寓吟 二首. "毛空春雨正濛濛, 兩部蛙聲一畝宮, 白水稻田平漠漠, 疏籬菜圃亂茸茸, 靜憐落蘂穿林外, 閑踏芳蕪過岸東, 車馬絶來門巷寂, 農談旦夕集村翁."

경남 함양에서 오랜 유배생활을 하였다. 이러한 두 지역은 모두 이숙번이 소유한 토지가 있던 곳이다. 연안부는 별업이라고 칭해지지 않고 농장(農莊), 농사(農舍)라고 지칭한 것에서 농업 경영만을 목적으로 소유한 지역으로 보인다. 이숙번이 어떠한 경로로 연안부 농장을 소유하게 되었는지는 알 수 없지만 당시 농장을 소유하고 자개 경작을 통한 농장의 확대가 일어나고 있었던 시기라는 점에서,95) 이숙번도 원지에 농장 경영을 통해 부를 증식시키고 있었던 것으로 보인다. 그러나 이곳은 한양과 멀리 떨어진 지역이었기 때문에 본인이 직접 경영하지는 못했던 것으로 보이고, 공신으로 분급받은 노비 노동력과 대리인을 통해 경작되었던 것으로 보인다.

전술하였듯 이후 이숙번은 다시 한번 물의를 일으켜 어머니 영양남씨의 토지가 있는 함양 지역으로 이배된다. 이후 함양 토지는 진주강씨 강순덕과 혼인하였던 장녀에게로 상속되었고, 다시 강순덕가에 양자로 입적하였던 강희맹에게로 상속되었다. 강희맹은 함양 별업이나 촌사에 머물렀던 기록을 전하는데, 그 시기는 출사하기 전 학업을 닦았을 때와 성종 5년(1474) 양부(養父)인 강순덕의 상을 당하였을 때이다.96) 강희맹의 양부 강순덕은 부인 안성이씨 집안으로부터 물려받은 함양에 기거하면서 만년을 보내다 사망하였고, 장례를 치르기 위해 강희맹이 가솔들을 이끌고 함양으로 갔다고 전한다.

이러한 함양 전토의 규모에 대해서는 구체적으로 알 수는 없지만, 이숙번의 안부를 묻는 태종과 신상(申商)의 대화에서 그 규모가 적지 않았다고 추측할 수 있다. 이숙번이 함양으로 이배된 이후에도 조정 신료들은 지속적으로 이숙번을 국문하고자 상서하였지만 태종은 이러한 요구로부터 이숙번을 보호한다. 태종은 감사(監司) 신상에게 이숙번의 지내는 형편이

---

95) 조선전기 작개제와 농장 경영에 대해서는 김건태(1993),「16세기 양반가의 '작개제'」,『역사와 현실』9 참고.
96)『私淑齋集』卷8,「序」, 送兪修撰歸養序.

어떠한지를 물었고, 이에 대해 신상은 이숙번이 기거하는 곳은 풍족하다고 답변하였다.97) 풍족하다는 표현이 상대적일 수는 있지만 함양의 토지는 이숙번이 살아가기에 부족함이 없을 만큼의 경제력을 제공했던 것으로 보인다.

하연가에서 경영하였던 농장도 존재하는데 하연은 한양집 외에 양주(楊州) 풍양(豊壤)에 농장을 소유했다고 전한다. 풍양 지역은 경기지역이긴 하지만 한양에서 비교적 먼 지역이었기에 여가를 즐기기 위한 별업이라기 보다는 이숙번가의 연안부 전토처럼 농장으로 경영되었던 것으로 보인다. 하연은 풍양 농장으로 농우를 마련하여 보냈는데, 지금의 중랑천인 충량포(忠良浦)에서 떨어져 죽었다고 한다.98) 이러한 풍양 지역의 땅이 어떠한 경로로 하연가로 들어왔는지 알 수 없으나 양친 하자종과 진주정씨 부인을 이곳에 복장하였던 것에서 선대의 토지와 관련이 있다고 추정된다.

3.2.2. 강학 활동과 유학 진흥

강희맹은 농업에 관심이 많은 관료였지만, 그 역시도 급제자였기에 유학적 소양을 겸비한 인물이었다. 그는 급제하기 전 함양에서 공부하고자 하여 함께 강론할 선비를 찾았지만 이때 향학(鄕學)이 쇠퇴하여 적을 둔 자도 수십 인밖에 되지 않았고 모두 어리석고 비루한 자들뿐이라고 기록하였다.99) 일찍이 이러한 지방 학문의 쇠퇴를 목도하였던 강희맹은 금양과 연성 지역을 강학의 공간으로 마련하고자 하였다.

---

97) 『世宗實錄』 卷4, 元年 5月 9日 癸丑條.
98) 『敬齋集』 卷1, 「詩」, 送牛豊壤農莊, 至忠良浦, 橋破牛墜而死, 送成均館以皮買酒, 以肉爲肴, 爲諸生一慰良辰.
99) 『私淑齋集』 卷8, 「序」, 送兪修撰歸養序.

나는 의복을 가지고 금양(衿陽)과 연성(蓮城) 양읍 간 왕래하길 한해 세 번이나 하였지만 와서 배우고자 하는 사람이 없었다. 아! 열집에도 반드시 최선을 다하고 신실한 사람이 있는데 어찌 도읍과 가까운 대읍에 이처럼 인재가 없는가? 나는 벗을 모으는 문장이 부족하지 않은데 이에 이르게 되었다. 병신년(丙申年) 나는 금양에 있었다. 그런데 허름한 차림새로 찾아온 자가 있었으니 향진사 강맹돌(姜孟突)이었다. 그는 스스로 말하길 죽은 병조정랑 강회지의 맏아들이라고 하였다. … 그는 『중용(中庸)』과 『초사(楚辭)』에 대해 가르침 받기를 청하였고 그 의문과 논변은 스승과 제자가 모두 성장할 만하였으니 참으로 훌륭한 선비였다.100)

위의 자료에서는 강희맹이 금양과 연성 일대를 왕래하며 후학을 기르고자 하였고 큰 규모는 아니지만 강학의 공간이 마련된 것을 확인할 수 있다. 그는 공자가 논하였던 것과 같이 아주 작은 시골에도 성실한 자가 있지만 금양과 연성은 그보다 훨씬 큰 규모였음에도 학업을 닦는 인물이 없음을 한탄하였다. 또 증자가 말하였던 '군자는 문장으로 벗을 모으는 것(君子以文會友)'처럼 본인의 문장에 자부심을 가지고 있었다. 그럼에도 자신에게 학업을 배우러 오는 지역의 인재들이 없었다고 한탄하였다. 그러한 상황에서 향진사인 강맹돌이 배움을 청하였고, 그를 가르치면서 별업은 강학의 공간이 되었다. 다만 강맹돌이라는 인물 이외의 다른 제자의 기록은 전하지 않는다. 급제 출신이자 당시 최고의 문장가 중 하나로 평가받았으며 중앙의 고관을 지냈던 인물에게 배움을 구하러 오지 않는 상황은 강학에 대한 지역의 분위기가 조성되지 않았던 것을

---

100) 『國譯 私淑齋全集』 卷8, 贈姜進士三首, "景醇持服往來, 衿陽蓮城兩邑之間, 歲三周而無與來學者. 噫十室尙有忠信, 豈近都大邑, 如是其無人哉. 將非某會友之文劣, 而以至此也. 丙申夏景醇在衿陽 有以褐屬來謁者云, 鄕進士姜氏孟突也. 自言故兵曹正郞晦之之胤也. … 請受中庸、楚辭兩書, 其疑問論辨, 亦足以相長, 眞佳士也."

의미한다.

다른 지역의 상황도 비슷하였다. 하연이 작성하였던 진주향교(晉州鄕校) 「사교당기문(四敎堂記文)」에는 당시 진주향교에는 제대로 된 강당이 없을 만큼 환경이 열악하였다.[101] 강희맹의 4대손 강극성이 작성한 「안산신교기(安山新校記)」에는 선조 2년(1569)에 새로운 향교를 짓기 전까지 구향교의 사당이 비루하고 학교가 폐하여졌다고 표현할 만큼 강학 분위기는 조성되지 못하였던 것으로 보인다.[102]

이러한 향학의 분위기를 쇄신하고 강학에 대한 의욕을 고취하기 위해, 진양하씨가와 진주강씨가는 향교에 관심을 기울였다. 진양하씨들은 강당이 없던 진주향교에 사재를 털어 강당을 짓고 사교당(四敎堂)이라 이름하였다. 그리고 그 기문 작성을 중앙의 고관을 지내고 있는 하연에게 부탁하였다. 하연은 비록 한양에서 관료생활을 하였지만 고향의 강당 건립에 힘을 보탰다. 그는 강당의 건립으로 여러 생도들이 강독하는 데 편리해지고 그로 인해 향학이 흥기하리라 기대하였다.[103]

안산 신향교의 기문을 작성한 강극성은 명종 20년(1565) 이량(李樑)의 당여로 지목받아 문외출송을 당하여 연성 본가에 머물렀다.[104] 이 당시 그는 39세로 삼사의 관직을 두루 역임하고 정3품 군자감정으로 있으면서 고관 진출을 목전에 두었기에, 연성 본가에서 왕이 다시 불러주기를 고대했다.[105] 그렇지만 10년이 지나서야 겨우 직첩을 돌려받을 만큼 오랜 시간 향촌에서 늙어갔다. 그는 판서나 정승을 지낸 인물은 아니었지만 중앙의 요직을 지냈던 인물로 촌사에 기거하는 보기 드문 인물이었다.

강극성은 중앙관료 생활을 오래하였기에 고향집 인근의 향교에 관심을

---

101) 『敬齋集』 卷3, 「記」, 晉州鄕校四敎堂記文.
102) 『晉山世稿』 坤, 「晉山世稿續集」 券2, 安山新敎記.
103) 『敬齋集』 卷3, 「記」, 晉州鄕校四敎堂記文.
104) 『明宗實錄』 卷31, 20年 正月 7日 乙巳條.
105) 『晉山世稿』 坤, 「晉山世稿續集」 券2, 諼成.

가질 수 없지만 퇴거 이후 안산 향교가 쇠퇴하자 개탄했다고 고백한다.106) 그러던 중 안산 군수가 의욕적으로 새향교를 건립하려 하였고, 본인도 향로(鄕老)로서 기문을 작성하면서 뜻을 보탰다. 그는 향교건립의 공을 안산군수가 군정을 잘하여 잉름(剩廩)의 곡식으로 조성할 수 있었다고 했지만, 향교건립은 군수의 의지와 군의 재정만으로 조성할 수 있는 사업이 아니었다. 따라서 지역 유력자들의 물적, 심적 도움이 필요했고 지역의 유력 사족 가문으로 기문 작성을 맡은 강극성가가 향교 건립에 많은 도움을 주었던 것으로 보인다.

3.2.3. 영당 건립과 효의 실천

고려말 사대부들은 성리학을 체화하면서 성리학에서 강조하는 여러 가지 사상적 요소들을 실천하고자 노력하였다. '효(孝)'라는 개념 역시 유학 혹은 성리학에서 가장 핵심적인 개념 중 하나로서, 유자라면 당연하게 실천해야 할 요소였다고 할 수 있다. 이러한 효의 실천은 부모가 살아있을 때 봉양하고 뜻을 저버리지 않는 것뿐만 아니라, 사망 이후에도 부모를 기리는 것까지 이어졌다.

이러한 부모에 대한 추모는 영당 건립으로 나타났다. 고려시대부터 조선시대까지 많은 가문에서는 원찰을 중심으로 초상을 봉안하는 영당을 건립하였고 후손들도 지속적으로 초상을 봉안했다.107) 진양하씨 집안에서도 진주지역에 영당(影堂)을 만들어 봉안하였다. 하연의 선대는 본래 진주 응석(凝石)에 영당이 있었다고 전하는데, 이곳은 하연의 증조부인 하즙과 조부인 하윤원의 영정을 봉안한 곳이었다.

---

106) 『晉山世稿』坤, 「晉山世稿續集」 券2, 安山新敎記.
107) 배창현(2021), 「조선시대 영당의 건립 경향과 예학 확산 이후의 변화」, 『건축역사연구』 30, pp.22-23. 참조.

하연은 부친 하자종의 영정을 응석 영당에 봉안하면서 대대적으로 중수하였다. 그는 앞서 진주향교 강당 건립에 신경썼던 것처럼, 꾸준하게 본향 진주 지역과의 네트워크를 유지하고 있었다. 그리고 자신의 본향에 영당을 중수하며 효를 실천하고자 노력하였다. 하연은 휴가를 내어 직접 진주로 내려가서 중수를 살폈다. 당시 그는 영의정으로 가문에서 가장 현달한 인물이었기에, 직접 영당 중수를 주도하였던 점은 지역사회에 모범이 되는 사례였다고 할 수 있다.

하연의 영당 중수 주도하에 많은 지역 친족들이 참여하였다. 지속적으로 제를 올려야 했던 영당에 내외 친족 700명이 참여하여 위토전(位土田)을 설치하고 보장고(寶藏庫)라 이름하였다.[108] 이러한 하연가의 영당 건립과 관련하여 고관들이 헌시를 작성하였는데, 하즙의 외손이었던 강석덕, 강맹경, 이명신부터 황보인, 김종서 등 정승급 관원들까지 다양하였다. 응석 영당은 다른 사대부가와 마찬가지로 하연가의 원찰에 지어졌던 것으로 보인다. 헌시에서 영당 건립을 사찰 개창과 등치하는데, 하연가도 원찰에 조상의 명복을 비는 업무를 맡겼던 것으로 보인다.[109]

그런데 하연의 아들인 하우명은 소래산 아래 부친의 묘를 쓰면서 이곳에 세거하였다. 하우명은 그림을 잘 그렸고 본인이 직접 부모의 초상화를 그리고, 진주 본가의 영당이 아닌 무덤 곁에 새롭게 영당을 짓고 부모의 초상화를 봉안하였다. 그리고 부친인 하연이 그랬던 것처럼 제전을 설치하여 영당의 제사가 끊기지 않길 바랐다.[110] 하연이 원찰을 크게 중수하여 영당을 관리하였던 것과는 달리, 하우명은 사찰에 관리를 맡기지 않고 본인이 직접 삭망(朔望)마다 진설하고 여러 계절의 좋은 음식이 나면 또한 이 영당에 바치며 효자로 이름이 났다. 그로 인해 조정에서 정문을 세우고 복호와

---

108) 『敬齋集』 卷1, 「詩」, 凝石影堂板上詩 ; 『國譯 暮軒集』, 「暮軒先生年譜」.
109) 『敬齋集』 卷5, 「附錄」, 凝石影堂詩帖.
110) 『敬齋集』 卷4, 「附錄」, 年譜.

사패위전을 주었다.111) 이처럼 영당을 짓고 본인이 직접 효행을 한 행위가 국가에 의해 칭송받고,『삼강행실도』에 실렸던 것은 그러한 행위가 당시 일반적인 것이 아니었고 국가적 의미부여가 이루어졌던 것을 말해준다.

고려시대 사대부가에서는 으레 여러 자식들 가운데 한 명이 출가하였고, 출가한 자식은 집안의 기복을 비는 행위를 도맡아 행하였다. 하연의 조부였던 하윤원대에도 그러하였는데, 하윤원의 형제 중 한 명인 승려 원규(元珪)가 확인된다. 원규는 돌아가신 어머니 철성군부인 이씨의 극락왕생과 아버지의 장수를 기원하며 법화경을 제작하였고,112) 아버지 하즙이 사망하자 직접 화장하는 등 진양하씨 집안에서도 불교적인 상장례가 행해졌다.113) 이후 후손 하연은 응석영당을 관리하기 위해 원찰을 중수하였는데, 이 역시 가문의 기복을 염두에 두었다고 생각된다. 그러나 하연의 아들인 하우명은 직접 영당을 관리하며 불교적 색채는 옅어지고, 이후에는 후손들이 직접 영당과 묘역을 관리하게 되었다. 이러한 모습에서 유교의 영향력이 증대되어 가던 변화상을 엿볼 수 있다.

한편 하연과 같이 중앙관료로 활약한 인물들은 휴가를 내서 원지의 고향으로 내려가서 참배하기 쉽지 않았을 것이다. 그 때문에 고향에 여러 친족이나 원찰을 통해 영당과 묘역을 관리하게 하였을 것이다. 반면 하우명은 관직을 맡고 있으면서도 한양과 가까운 거리에서 부모의 영당을 지킬 수 있었다. 이러한 하우명의 조상에 대한 효의 실천은 신실한 그의 태도에도 주목되지만, 본인이 직접 근기지역에 영당을 조성하고 관리하였던 점에서 선대와는 궤를 달리하는 것이었다.

이후 하우명의 종손이 끊어져 방계 후손인 세마(洗馬) 하혼(河渾)이 소래

---

111)『成宗實錄』卷31, 4年 6月 5日 甲子條 ;『國譯 暮軒集』卷3,「奉先立議」.
112)『白紙墨書 妙法蓮華經』卷7, 跋文.
113)『高麗史』卷112,「列傳」25, 河允源.

의 영당을 합천(陜川) 야로현(冶爐縣)으로 옮겼다고 전해진다. 이는 하우명의 후손대에서도 소래의 묘역과 영당을 관리했지만 후사가 끊기고 임진왜란을 거치면서 소래의 묘소와 영당을 유지하기 어려워지진 상황에서 기인한 것이다.

하우명의 고손으로 소래 묘역과 영당의 봉사손 하안수(河安壽)는 후손이 없었다. 그 때문에 봉사손에 대를 이을 사람을 찾았고 종질 하혼이 계자(繼子)로 봉사손이 되었다. 그러나 하혼은 친부모의 봉양을 위해 봉사손을 그만두고 환향하였다. 이내 다른 봉사손으로 이어졌지만 얼마 지나지 않아 소래의 종사가 끊어졌다. 어쩔 수 없이 다시 봉사손이 된 하혼은 소래지역의 정려문, 초상, 신주들을 모두 하혼 본인의 근거지로 옮겨왔다. 그 사이 임진왜란이 발발하고, 여러 지역의 하씨가의 묘역은 황폐해졌다. 하혼은 그 가문의 봉사손으로서 가만히 있을 수 없었고, 직접 양주와 소래지역으로 올라가 빼앗긴 사패위전을 되찾고 묘역을 복구하였다. 또 금천과 인천에 사는 하씨가 친족 중에서 몇 가구를 뽑아 위전과 노비들을 예속시켜 묘역을 관리하고 주기적으로 묘제를 지내도록 하였다.

소래 묘역의 풍경은 정려비와 영당이 옮겨가고 묘역만 남았지만, 하혼의 노력 덕에 진양하씨가에서 가장 현달했던 하연과 효를 실천했던 하연-하우명 부자의 성스러운 공간으로 이어졌다. 이후 정조대에는 하연의 13세손인 문의현(文義縣) 유생 하도(河櫂)가 하연 묘의 지근거리에 투장한 신씨 집안에 대해 상소를 올린다. 이 상소에서는 소래산 아래 아직도 영우(影宇)와 정려비(旌閭碑)가 남아있다고 언급하였다.[114] 이는 하혼의 묘역 중수 이래 현창을 위한 새로운 건물과 기념물이 건립되고 관리되었던 것을 말해준다.

가문 차원뿐만 아니라 조정에서도 소래지역에 관심을 끊지 않았다. 숙종, 영조, 정조도 하연의 묘에 제사를 돕게 하였다는 기록이 전할 만큼

---

114) 『日省錄』 正祖 17年 正月 14日.

조정에서도 하연 묘역에 관심을 기울였다. 즉 국가적차원에서 하연의 묘역과 하우명의 효행을 '지역사회에서 효를 실천한 표상'으로 기렸으며, 조선후기까지도 소래 묘역은 유학 사상의 실천 사례로 장려되고 선전되었던 것이다.

4. 나가며

본 논문에서는 조선초기 시흥의 사족 가문에 대해 살펴보고, 이를 통해 당대 지배층의 존재 양상에 대해 알아보고자 하였다. 조선시대 사족층이 어떠한 과정을 통해 형성되었는가에 대해서는 불명확한 면이 있다. 이러한 조선초기 사족의 동향을 살펴보기 위해 중앙의 고관을 지냈던 가문들이 집중적으로 세거하였던 시흥지역의 사례를 분석하고자 하였다.

조선시대 시흥은 금천구를 가리키는 말이었지만, 현재의 시흥 지역은 조선시대 인천과 안산의 일부에 해당한다. 이 지역은 한양도성에서 경계를 기준으로 대략 50~55리 정도되는 비교적 가까운 지역이었다.115) 중앙관료들은 관료 생활을 해야 했기에 시흥 지역에 상주하지 못하였지만 필마로 다녀갈 수 있을 정도의 위치였기에 별업을 짓거나 낙향의 대상지로 삼았다. 특히 경기 일대는 과전이 설치되거나, 국초의 공신들을 위해 사패지를 절수한 지역이었기에 시흥지역 역시도 중앙의 유력가문들이 세거지로 삼고 세장지를 구성하였던 곳이었다.

이러한 가문 중에 안성이씨(安城李氏) 이숙번가(李叔蕃家), 진주강씨(晉州

---

115) 현재 금천구 시흥동에 있었던 금천현 관아를 기준으로 노량진과 양화진이 각각 20리, 25리였고, 금천관아에서 인천부 경계까지 다시 15리 정도라고 기록되어 있으며, 노량진과 양화진에서 한양도성까지의 거리를 생각해 보면 대략 50~55리 정도로 추산해 볼 수 있다(『輿地圖書』 京畿道 衿川 徒路).

姜氏) 강희맹가(姜希孟家), 진양하씨(晉陽河氏) 하연가(河演家)는 중앙고관을 역임하였던 대표적인 시흥의 사족 가문이었다. 이들은 지방에 근거를 두기도 하였지만 국가로부터 사패지를 받거나 상속을 통해 시흥지역에 자리를 잡았다. 이숙번은 태종의 두터운 신임을 받았고 공신에 책봉되며 연성(蓮城) 직관(職串)의 전토를 사패지로 절수하였다. 이숙번대에 절수한 직곶의 전토는 강희맹가로 상속되고 이후 강희맹가와 그 사위가에게로도 상속되었다. 한편 하연가는 소래산 아래에 하연의 묘를 쓰면서 세거하게 되었다. 하연가가 어떠한 경로로 소래 일대의 땅을 소유하게 되었는지는 알 수 없지만, 하연의 묘를 쓰면서 인근 별업으로 이거했다는 기록에서 하연 생전에 진양하씨가에서 소유했던 것으로 보인다.

 이러한 가문들은 중앙의 유력가문이었기에 국가나 선대로부터 받은 여러 지역에 전토를 소유하고 그곳에서 별업 혹은 농장을 경영하였다. 이숙번은 안산(시흥), 연안, 함양 등지에 전토를 소유하였고, 강희맹은 고양, 금양, 안산(시흥)에 전토를 소유하였다. 하연도 소래(시흥)과 풍양 지역에 전토를 소유하며 농장을 경영하였다. 강희맹은 직곶의 별업에서 논과 채마밭을 기르고 지역 농부들과 농업 지식을 교류하였다. 그러면서도 치부의 대상이 아닌, 학자로서의 강학 공간으로 활용하고자 했다. 그러나 강학의 토대가 마련되지 않아 대대적인 교육의 장으로 활용되지는 못하였다. 진양하씨가와 진주강씨가에서는 이러한 분위기를 쇄신하기 위해 향교에 사재를 털어 강당을 짓거나, 향교 재건에 관심을 가지고 지원하기도 하였다. 한편 진양하씨가의 하우명은 소래산 아래 부모의 영당을 직접 짓고 대대로 이를 관리하도록 하였다. 당시 사찰을 중심으로 영당을 관리하였던 것과는 달리 본인이 직접 효를 실천하였다는 점에서 소래 일대의 공간은 효 실천의 장으로 기능하였다.

　　　　　＊　　　＊　　　＊

본 글의 2장과 3장의 강희맹가 서술은 『강희맹의 삶과 시흥』(서울 : 혜안), pp.113-154에 수정 및 보완되어 수록되었음을 밝혀 둔다.

참고문헌

【자료】

『高麗史』, 『太祖實錄』, 『太宗實錄』, 『世宗實錄』, 『文宗實錄』, 『端宗實錄』, 『世祖實錄』
『承政院日記』, 『日省錄』
『東國輿地志』(한국고전종합DB)
『新增東國輿地勝覽』(한국고전종합DB)
『安山郡邑志』(규장각한국학연구원, 古915.12-An81g)
『輿地圖書』(1973, 국사편찬위원회 영인본)
『仁川府邑誌』(규장각한국학연구원, 古915.12-In2b)
『葛庵集』(한국고전종합DB)
『謙齋集』(한국고전종합DB)
『敬齋集』(한국고전종합DB)
『國譯 暮軒集』(2018, 도서출판 술이)
『國譯 私淑齋全集』(2009, 신영사)
『騎牛集』(한국고전종합DB)
『牧隱集』(한국고전종합DB)
『私淑齋集』(한국고전종합DB)
『四佳集』(한국고전종합DB)
『三峯集』(한국고전종합DB)
『陽村集』(한국고전종합DB)
『蓮城齋志』(한국학중앙연구원 장서각, K2-5120)
『慵齋叢話』(한국고전종합DB)
『晉山世稿』(규장각한국학연구원, 奎6859)
『晉陽聯藁』(규장각한국학연구원, 古3422-43)
『寒水齋集』(한국고전종합DB)
『響山集』(한국고전종합DB)
『安城李氏世譜』(1923, 국립중앙도서관)
『晉陽河氏世譜』(1606, 啓明大學校出版部 영인본)
『晉陽河氏大同譜』(2000)
『晉州姜氏初刊南漢譜』(1685, 海誠社 영인본)
『晉州姜氏博士公派世譜』(1991)
『平海丘氏大同譜』(1917, 국립중앙도서관)

『白紙墨書 妙法蓮華經』(호림박물관)

【논저】

1. 단행본
李樹健(1984),『韓國中世社會史研究』, 서울 : 一潮閣.
蔡雄錫(2000),『高麗時代의 國家와 地方社會 -'本實制'의 施行과 地方支配秩序-』, 서울 : 서울
　　　대학교출판부.
존 B. 던컨(2003), 김범 역,『조선 왕조의 기원』, 서울 : 너머북스.

2. 논문
강제훈(2007),「조선초기 家系繼承 논의를 통해본 姜希孟家의 정치적 성장」,『朝鮮時代史學
　　　報』42.
강제훈(2008),「조선초기 문신 姜希孟의 관직생활」,『한국인물사연구』9.
김건태(1993),「16세기 양반가의 '작개제'」,『역사와 현실』9.
김우철(2007),「조선후기『輿地圖書』에 나타난 인천 지역의 姓氏와 人物」,『인천학연구』6.
남동신(2011),「七長寺慧炤國師碑銘을 통해 본 鼎賢의 生涯와 思想」,『한국중세사학회』30.
노명호(2008),「가족과 여성」,『한국사길잡이』上, 서울 : 지식산업사.
박경안(2002),「강희맹(1424~1483)의 농장(農莊)에 관하여」,『역사와 현실』46.
박용국(2022),「조선 초기 李叔蕃의 삶과 함양지역」,『東方漢文學』92.
박재우(2015),「고려전기 宰樞의 출신과 국정회의에서의 위상」,『東方學志』172.
배창현(2021),「조선시대 影堂의 건립 경향과 禮學 확산 이후의 변화」,『건축역사연구』30.
宋雄燮(2019),「지배 세력의 변동과 유교화」,『고려에서 조선으로 - 여말선초, 단절인가
　　　계승인가』, 서울 : 역사비평사.
양윤정(2013),「18세기「여지도서」편찬과 군현지도의 발달」,『奎章閣』43.
이숙경(2001),「조선초기 賜牌田의 확대와 田制의 변화」,『韓國史學報』11.
李益柱(1988),「高麗 忠烈王代의 政治狀況과 政治勢力의 性格」,『韓國史論』18.
鄭杜熙(1977),「高麗末期의 添設職」,『震檀學報』44.
지두환(2004),「조선전기 집성촌과 사족의 동향」,『조선시대 경기북부지역 集成村과
　　　士族』, 서울 : 국민대학교출판부.
韓忠熙(2003),「朝鮮前期 晉州姜氏 啓庸派 家系研究」,『朝鮮史研究』12.
韓嬉淑(2009),「朝鮮初期 良賤制論의 정립과 그 의미 - 劉承源의『朝鮮初期身分制研究』를
　　　중심으로」,『韓國史研究』146.

강희맹의 『금양잡록』 저술과 '사'(士)로서의 정체성

장 래 건

1. 들어가며

    강희맹(姜希孟, 1424~1483)은 유력한 관료이자 문장가였다. 스물네 살 되던 세종 29년(1447)에 문과에 급제한 그는 이후로 여러 요직을 역임했고, 왕실의 인척이자 공신으로서 정계에서 뚜렷한 존재감을 드러냈다.[1] 그런 강희맹의 주요 활동 무대는 물론 도성이었지만, 그 활동 반경이 도성에만 국한된다는 의미는 아니었다. 강희맹은 여러 지역에 농장을 소유했고 벼슬을 지내는 동안에도 종종 그곳을 방문했다. 그중에서도 특히 중요한 장소는 연성(蓮城)과 금양(衿陽)이었다.[2] 연성은 조선시대의 안산으로 오늘날에는 시흥시 하상동에 해당하는 곳이고, 금양은 조선시대 행정구역상 시흥에 속한 지역이었다. 그런 점에서 강희맹은 '시흥'과 인연이 깊은

---

1) 강희맹의 생애와 그의 가계에 관해서는 강제훈(2007), 「조선초기 家系繼承 논의를 통해 본 姜希孟家의 정치적 성장」, 『조선시대사학보』 42 ; 강제훈(2008), 「조선초기 문신 姜希孟의 관직생활」, 『한국인물사연구』 9를 참조하면 상세하다.
2) 박경안(2002), 「강희맹(1424~1483)의 농장에 관하여」, 『역사와 현실』 46. 이 연구는 강희맹의 문집 등을 검토해서 문헌에서 언급된 村숨들을 정리했다. 그에 따르면, 강희맹은 자신의 글에서 금양·고양·함양·안산·장단 등의 촌사를 언급했다고 한다.

인물이라고 해도 좋을 것이다.

강희맹이 연성과 금양 농장을 획득한 경로는 상속이었다. 연성 농장의 본래 소유주였던 이숙번은 강희맹의 양모인 이씨의 아버지이기도 했다. 강희맹은 본래 강석덕의 아들이었으나 세 살이 되기도 전에 백부 강순덕의 후사로 입양되었고(〈그림〉 1 참조), 강순덕은 이숙번의 딸인 이씨에게 장가들었다. 즉 안산 농장은 이숙번에게서 딸 이씨에게로, 다시 양자 강희맹에게로 상속된 것이다. 한편, 금양별업은 본래 여말선초의 문신 안순(安純, 1371~1440)이 마련한 별장이었다. 아버지의 별장을 상속한 안숭효(安崇孝, ?~1460)는 훗날 이곳을 사위인 강희맹에게 물려주었다. 다시 말해서 금양별업은 강희맹이 처가로부터 상속한 장소였다.

두 곳의 농장 중에서 강희맹이 좀 더 많은 시간을 보낸 곳은 금양별업이었다. 그는 관직 생활을 하는 중에도 종종 금양별업을 방문했고, 관직에서 물러나 있는 동안에도 금양에 머물렀다. 그런데 강희맹이 금양별업을 단순한 별장 정도로만 치부하지 않았다는 점을 눈여겨볼 필요가 있다. 그는 금양 지역의 농업에 깊은 관심을 기울였고, 그곳의 농업 현실을 바탕으로『금양잡록(衿陽雜錄)』을 저술하기도 했다. 그간의 연구가 강희맹의 농장에 유독 관심을 보인 것도 그의 삶에서 이런 '농학자'로서의 면모를 포착했기 때문이다. 그런 시야에서 보면 강희맹의 농장은 그 농학의 실험장이나 다름없었다.

그렇다면 강희맹은 농업에 얼마나 조예가 깊었는가. 그의 농학은 어떤 특징을 보여주는가. 종래의 연구들은 이런 질문에 대답하기 위해서 주로『금양잡록』을 검토해왔다. 실제로 이 책에는 금양 지역에서 재배된 곡식의 종류와 재배법, 지역 농민의 일상, 바람의 특징과 농요 등이 기록되었다.[3]

---

3) 현존하는『衿陽雜錄』은 ① 序(조위), ② 農家一, ③ 穀品, ④ 農談二, ⑤ 農者對三, ⑥ 諸風辨四, ⑦ 種穀宜五, ⑧ 選農謳, ⑨ 跋(강귀손)으로 구성되어 있으며, 중간된『사숙재집』의 제11권에 수록되어있다.

그런 점에서 그간의 농업사 연구가 이 책에 주목한 것은 결코 이상한 일이 아니다. 그간의 연구는 『금양잡록』의 구성과 내용을 분석해서 강희맹이 그 책을 지은 이유와 의도를 밝혀내기도 하고, 그 농법의 특징을 분석해 15세기 경기 지역 농업의 특징을 분석하기도 했다.4) 『금양잡록』에 수록된 곡식들이 당대에 어떻게 불렸는가를 국어학적으로 검토한 연구도 있다.5)

선행 연구들은 강희맹의 경세론과 『금양잡록』의 농업사적 가치를 보여주기에 부족함이 없다. 그러나 텍스트 그 자체에 주목하면 이야기가 달라진다. 기존의 연구들은 대부분 거시적인 사회 구조나 역사 발전을 의식하면서 강희맹의 농학을 소환했다. 강희맹의 농학은 국가의 농정(農政)을 보완하는 것이거나 일국사의 발전 과정으로서 합리적인 농업 발달을 보여주는 지표로 중시되었다. 하지만 텍스트를 세심히 살펴보면 그런 전제가 과연 엄밀히 논증된 것인지 의문이 생긴다. 정작 문헌의 제목이 왜 농정과 무관한 '잡록'(雜錄)으로 불렸는지,6) 출처(出處) 등 농업과 무관해 보이는 내용이 농서에 실린 이유가 무엇인지조차 알 수 없다. 따라서 이 글은 농업사의 발전 경로를 따라 『금양잡록』을 읽기보다 강희맹이 이 문헌을 왜 지었으며 당대인이 이 문헌을 어떻게 인식했는가에 집중하고 싶다.

필자가 이 글에서 궁금해하는 것은 이런 질문들이다. 강희맹의 농서는 어째서 '잡록'이라는 이름을 지니게 되었을까? 그는 이 '자질구레한 기록'에 어떤 내용을 담고 싶었을까? 과연 『금양잡록』은 강희맹의 어떤 정체성을 반영하고 있는가? 그 정체성은 이 문헌에서 얼마나 중요한 비중을 차지하

---

4) 김용섭(1988), 「『衿陽雜錄』과 『四時纂要抄』의 農業論」, 『조선후기 농학사연구』(김용섭 저), 일조각 ; 박경안(1999), 「姜希孟(1424~1483)의 家學과 農産經營論」, 『역사와 실학』 10·11 ; 이종봉(2010), 「『衿陽雜錄』의 농업기술과 농학」, 『한국민족문화』 36.
5) 이기문(1975), 「금양잡록의 곡명에 대하여」, 『동양학』 5.
6) 조위가 지은 서문을 보면 '강 문량공의 금양잡록'이라는 표현이 등장한다. 『금양잡록』은 이미 15세기부터 같은 이름으로 불렸음을 알 수 있다.

는가? 그 정체성과 농업 지식의 관계는 무엇인가? 그리고 동시대 사람들은 과연『금양잡록』을 어떤 텍스트로 인식했는가? 즉, 텍스트 그 자체가 저술되고 읽힌 역사적 맥락이야말로 이 글이 궁금해하는 지점들이다.[7]『금양잡록』이라는 텍스트 자체가 쓰이고 읽힌 맥락을 분석해서 저자의 저술 의도와 그 문헌에 대한 당대인의 생각을 파악해보려 한다.

〈표 1〉 강희맹의 혈연 및 혼인 관계망

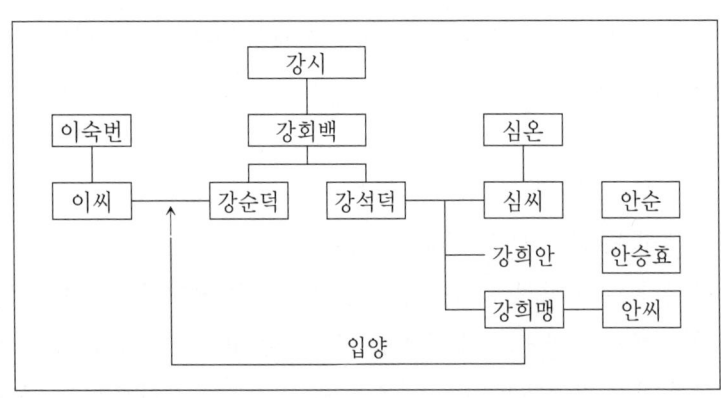

2. 당대인이 본『금양잡록』의 위상

그동안『금양잡록』을 검토한 연구들은 주로 농업에 관한 강희맹의 관심과 그 가학적 영향을 밝히려고 애썼다.『금양잡록』이 사찬(私撰) 농서라는

---

[7]『금양잡록』은 강희맹 사후에 다양한 형태로 전승된 것으로 보인다.『금양잡록』은 선조 14년(1581)에 내사된『농사직설』(규장각한국학연구원, 古貴9100-8)에 합간되었다. 17세기에 저술된『海東雜錄』에도『금양잡록』이 소개되었으나, 선조대 내사본『농사직설』에서 찾아볼 수 없는 내용이 들어있다. 염정섭은 이 사실들을 근거로『금양잡록』이 다양한 판본으로 전승되었으리라 추정했다(염정섭(2000),『조선시대 農書 편찬과 農法의 발달』, 서울대학교 박사학위논문, pp.26-27). 그런 점에서『금양잡록』이 후대에 어떻게 읽히고 유통되었는지도 별도의 연구를 통해 검토할 필요가 있다.

점을 고려하면 자연스러운 일이다. 대표적으로 김용섭은 강희맹이 농학에 조예가 깊은 가문에서 태어나 농서에 각별한 관심을 보였다고 설명했다. 『금양잡록』을 저술한 것도 농업에 대한 그의 개인적인 관심에서 비롯한 것이라 한다.8) 박경안도 같은 맥락에서 강희맹의 가학 전통을 분석했다. 그에 따르면, 강희맹의 승소부 상시(姜蓍)는 고려 말에 『원조정본농상집요(元朝正本農桑輯要)』를 간행했고, 생부 강석덕은 양잠(養蠶)에 관심을 기울인 이행(李行)에게서 배웠으며, 동복형인 강희안은 『양화소록(養花小錄)』을 지었다. '이생'(理生)에 관심을 두고 농업을 중시한 강희맹의 태도 역시 그런 가학 전통과 결코 무관하지 않았다.9) 이런 관점에서 보면, 『금양잡록』의 저술 동기는 농업에 대한 강희맹의 개인적인 관심일 뿐이었다.

그러나 선행 연구들이 『금양잡록』의 저술 의도까지 개인적인 것으로 치부한 것은 아니었다. 삼남(三南) 지방의 농법을 중심으로 편찬된 『농사직설』의 한계를 보완하여 소농 경영을 안정화하는 것이 『금양잡록』의 저술 목적이었다고 김용섭은 생각했다.10) 박경안은 김용섭의 견해를 바탕으로 『금양잡록』이 '이생'에 관심을 두는 합리적인 농업 경영을 구체화했다고 보았다. 그가 보기에 강희맹이 합리적인 농업 경영을 추구한 것은 "유교적 인본주의사회"를 구현하려는 의지의 표현이기도 했다.11) 이런 인식은 비교적 최근까지 이어졌다. 이종봉은 강희맹이 『금양잡록』을 지은 의도를 이렇게 이해했다. "중농이념을 통해 농업지식을 명확하게 전달하려 하였고, 이를 통해 농민층이 농업경영을 할 수밖에 없는 사유를 알리고자 하였다."12) 그렇게 보면 『금양잡록』의 가치는 단지 '사찬 농서' 정도에만 그치지 않는다. 비록 『금양잡록』을 저술한 원초적 동기는 농업에 대한

---

8) 김용섭(1988), p.82.
9) 박경안(1999), pp.355-357.
10) 김용섭(1988), pp.85-91.
11) 박경안(1999), p.377.
12) 이종봉(2010), p.13.

강희맹 개인의 관심이었지만, 그 지향점은 소농 사회의 안정과 유교화라는 국가 단위의 원대한 목표와 아무런 차이도 없다. 결국 선행 연구는 『금양잡록』을 일종의 '관학적 텍스트'로 읽어낸 것이다.

선행 연구가 아무런 근거도 없이 『금양잡록』을 '관학적 텍스트'로 읽어낸 것은 아니었다. 조위(曺偉, 1454~1503)가 쓴 『금양잡록』의 서문은 현대 연구자들의 시각과 유사한 관점을 보여준다.

> 강 문량공[姜希孟]의 『금양잡록』을 보면 여러 곡종(穀種)의 모양 차이와 알맞은 파종 시기, 공력을 들이는 선후의 순서가 모두 이치에 몹시 알맞고 빠진 곳이 없으니 참된 농가의 지침이다. (…) 비록 금양현 한 지역의 일만을 거론했으나 농사를 짓는 요령은 대부분 알 수 있다. (…) 유독 농사에 마음을 두고 근실하게 저술한 것이 이처럼 부지런하니 세상을 경륜하고 백성을 기르는 뜻이 깊고 원대하지 않은가?13)

조위는 『금양잡록』을 농사의 이치를 치밀하게 밝힌 농서로 규정하고 그로부터 '세상을 경륜하고 백성을 보살피려는' 강희맹의 원대한 포부를 읽어냈다. 『금양잡록』을 일종의 '경세서'로 이해한 것이다. 국가가 훗날에라도 이 책을 간행해서 농업을 장려하고 나라를 번영케 해야 한다는 조위의 바람은 그 점을 분명하게 보여준다.14) 하지만 특정한 인물이나 저작을 다소 긍정적으로 수식하는 서문의 기능을 고려하면 조위의 레토릭을 섣불리 당대인의 일반적인 인식으로 받아들여서는 곤란하다.

정작 『금양잡록』에 관한 당대인의 인식은 조위의 서문과 사뭇 달랐다.

---

13) 『금양잡록』, 「序」(曺偉). "今觀姜文良公衿陽雜錄一編 其諸穀品形樣之別 蒔種早晚之宜 先後用功之序 皆深得其理而靡所闕遺 眞農家之指南也 (…) 雖擧衿陽一縣之事 而爲農之要 槩可知也 (…) 而獨留意稼穡 拳拳著述 若是其勤 其經世養民之志 豈不深且遠哉."
14) 『금양잡록』, 「序」(曺偉).

조위는 농업에 대한 강희맹의 관심을 경세의 포부와 관련지었지만, 실록 졸기에서는 강희맹이 농정에 공헌한 내용을 찾아보기 어렵다. 단지 그가 경전과 전고에 해박하고 문장이 유려했음을 칭찬했을 뿐이다. 같은 기사 안에 그의 저술을 열거한 대목에서도 농서는 전혀 언급되지 않았다.15) 강희맹의 졸기는 바로 그 점에서 강희안의 것과 차이가 있다. 강희안의 졸기에는 "『양화소록』을 지어 세상을 경륜하는 뜻을 담았다"는 내용이 있다.16) 강희안 본인은 공무와 무관하게 여가 활동으로 꽃을 기르고 그 재배법을 기록했다고 고백했지만,17) 당대인들은 한 개인이 여가를 위해 쓴 화훼 재배 저술에서 "경륜의 뜻"을 읽어낸 것이다. 그런 사실과 비교해 보면, 농정과 더 밀도 높은 관련성을 지닌『금양잡록』이 강희맹의 저술에 전혀 언급되지 않은 것은 의외라고 할 만하다.

반대로 강희맹의 삶에서 문장력을 고평한 졸기의 내용이 어떤 의미를 지니는지도 검토할 필요가 있다. 오세현에 의하면, 18세기 조선의 지배층은 '사문'(斯文)을 곧 도학으로 이해하고 문장의 가치를 폄훼했지만 15세기 조선 문인들은 달랐다. 15세기의 문인들에게도 도덕은 중요한 것이었지만, 그들은 문장이 지닌 현실적 효용성과 사문 진작에 기여하는 공로를 부정하지 않았다.18) '동국'(東國)의 시화(詩話)를 모은 서거정의『동인시화(東人詩話)』에도 "시(詩)라는 것은 작은 기예지만 간혹 세교(世敎)에 관계되는 경우가 있으니 군자가 취해야 할 것이 있다"고 했다.19) 이런 사례들은 경세의 측면에서 문장이 지닌 효용성을 중시한 것이다.

---

15) 『성종실록』 권151, 성종 14년(1483) 2월 18일 辛巳.
16) 『세조실록』 권34, 세조 10년(1464) 10월 9일 己丑.
17) 『晉山世藁』(규장각한국학연구원, 奎6859) 권4, 「養花小錄」. "正統己巳仲秋 余以吏部郎 秩滿 陞授副知敦寧 敦寧 無治事之任 朝參之後 定省之餘 悉屛他事 日以養花爲事."
18) 오세현(2017), 「文章의 역할을 통해 본 15세기 斯文의 성격」, 『사학연구』 127.
19) 『東人詩話』(국립중앙도서관, 한古朝45-가57) 권下. "詩者小技 然或有關於世敎 君子宜有所取之."

당대의 역사적 맥락에 비추어볼 때, 강희맹의 문장을 고평한 것도 『양화소록』에 담긴 '경륜의 뜻'을 칭송한 이유와 그리 다르지 않았음을 알 수 있다. 즉, 덕행과 마찬가지로 경세가로서의 업적은 당시에 인물 평가의 중요한 요소 중 하나였다. 그렇다면 강희맹의 삶에서 그의 농학이 전혀 거론되지 않은 것은 의미심장하다. 당대인들은 『금양잡록』을 의미 있는 경세서로 이해하지 않은 것이다. 뒤집어 생각하면, 조위가 그 누구도 거론하지 않는 『금양잡록』을 훌륭한 경세서로 규정하려 한 것은 도리어 '경륜의 뜻'이 인물이나 저작의 가치를 평가하는 데 그만큼 중요한 잣대였음을 보여주는 것이다. 다시 말해서 조위는 『금양잡록』을 유의미한 텍스트로 자리매김하기 위해 당대 관인들이 중시했던 지식의 평가 기준에 맞추어 서문을 작성한 것이다.

실록 줄기의 단편적인 내용만으로 당대인의 『금양잡록』 인식을 단정할 수 없다는 반론도 가능하기는 하다. 그러나 당대인이 인정한 강희맹의 공로가 농정이 아닌 문장이었음은 의심의 여지가 없다. 조위 본인조차 강희맹의 삶이 농업과 거리가 멀었음을 인정했다. 그에 따르면, 강희맹은 명문가의 자제로 직접 농사를 지어본 적이 없다. 관직에 나아간 뒤로도 문장 능력을 인정받아 대각(臺閣)의 직임을 맡았을 뿐 권농(勸農)의 직분을 수행한 적도 없다.[20] 더구나 강희맹의 행장과 신도비명, 「사숙재집서」 그 어디에서도 강희맹이 농정에 기여한 행적을 찾을 수 없다. 『금양잡록』은 언급조차 되지 않았다.[21] 특히 신도비명과 「사숙재집서」를 찬술한 서거정은 강희맹을 가장 잘 안다고 자부할 만큼 그와 아주 친밀한 인물이었다.[22] 그런 서거정조차 『금양잡록』을 강희맹의 삶에서 중요한 저작으로

---

20) 『금양잡록』, 「序」(曺偉). "公以蟬聯世冑 長於紈綺 農未嘗親也 早以文章 出入臺閣 未嘗一帶勸農之職."

21) 『私淑齋集』 권11 附錄, 「私淑齋先生文良姜公行狀」; 「推忠定難翊戴 純誠明亮佐理功臣 崇政大夫 議政府左贊成兼知經筵 春秋館事 判義禁府事 晉山君 贈諡文良姜公神道碑銘」; 『사숙재집』 序, 「私淑齋集舊序」.

인정하지 않았다.

『금양잡록』은 심지어 성종의 왕명으로 편찬된 강희맹의 문집『사숙재집(私淑齋集)』에도 들지 못했다.23) 성종 14년(1483) 2월에 강희맹이 사망하자 국왕은 서거정에게 그의 유고집을 간행하게 했다.24) 강희맹의 시(詩)와 문(文)을 영원토록 전하기 위해서였다.25) 하지만『금양잡록』은 문집 편찬자들의 눈에 들지 못했다. 성종 22년(1491)에 조위가 쓴 서문은 이 점을 지적했다. "공의 시·문은 이미 임금의 칭찬을 받아 간행하라는 명령이 있었지만, 이 기록만은 세상에 아직 전해지지 못했다."26) 흥미로운 사실은 아들 강귀손(姜龜孫)이 강희맹의 문집을 간행하는 작업에 참여했다는 것이다. 그것은 서거정이 쓴「사숙재집서」를 통해서 확인할 수 있다. "사자(嗣子)인 귀손이 약간의 편을 모아서 내게 보여주며 한마디 말을 청했다." 강귀손이 강희맹의 문집을 편집하는 데 관여했음을 알려주는 대목이다. 그렇다면 강희맹의 아들인 강귀손도『금양잡록』을 문집에서 배제했다는 결론을 내릴 수 있다.

강귀손은 왜『금양잡록』을 강희맹의 문집에서 배제했을까? 일단『금양잡록』이 세상 사람들에게 보여주기에 부적절한 텍스트였을 가능성은 크지 않다.『금양잡록』중「선농구(選農謳)」를 보면 강희맹 본인이 농요를 지은 경위와 의도를 상세히 부연했는데, 여기에는 누군가 이 글을 읽을 것이라

---

22) 『사숙재집』序,「私淑齋集舊序」. "居正與先生周旋館閣 終始凡四十年 知先生最深."
23) 오늘날 전하는『사숙재집』에는『금양잡록』이 들어있다. 그러나 이 판본은 1805년(순조 5)에 重刊된 것으로 그 구성은 성종 때 간행된 초간본과 차이가 있다. 본래 17권 4책으로 간행된 초간본이 중간되면서 12권 5책으로 구성이 변했다는 사실은 중간 당시에『사숙재집』이 대폭 편집되었음을 보여준다.『금양잡록』이 문집에 포함된 것도 바로 중간 단계에서였다.『사숙재집』의 간행 경위에 관해서는 신승운(1995),「成宗朝 文士養成과 文集編刊」,『한국문헌정보학회지』28, pp.347-349 참조.
24) 『성종실록』권152, 성종 14년(1483) 3월 20일 壬子.
25) 『사숙재집』序,「私淑齋集舊序」.
26) 『금양잡록』,「序」(曹偉). "公之詩文 已被睿獎 命鋟諸梓 獨此錄未傳於世."

는 전제가 놓여있다.27) 더구나 『금양잡록』의 서문을 쓴 조위는 훗날 이 책이 간행되어 나라에 보탬이 되기를 소망했고, 강귀손 본인부터 『금양잡록』에 발문을 썼다. 조위의 서문(성종 22년)과 강귀손의 발문(성종 23년)이 서로 비슷한 시기에 작성된 것을 보면, 조위가 강귀손의 부탁으로 서문을 썼을 것으로 보인다. 따라서 강귀손이 의도적으로 『금양잡록』의 유포를 막았다고 판단할 이유는 없다.

오히려 강귀손은 『금양잡록』을 굳이 강희맹의 문집에 수록해야 할 이유가 없다고 생각했을 가능성이 크다. 조선 후기와 달리 전기에는 문집 간행이 대단히 특별한 일이었고, 그만큼 작자의 글 중에서도 엄선된 작품만을 수록했다.28) 『금양잡록』이 문집에서 배제된 것은 당대인들이 보기에 그 저술이 강희맹의 전체 작품 안에서 지니는 위상이 그만큼 낮았기 때문이다. 특히나 농법의 채집과 보급이 그 시대의 중요한 국가 과제였음에도 농업 지식을 담은 『금양잡록』이 동시대의 관료와 학자들에게 주목받지 못했다는 점이 중요하다. 그런 맥락에서 보면, 『금양잡록』은 관학적인 차원에서 저술된 경세서라기보다 다른 목적에서 저술된 저서일 가능성도 배제하기 어렵다.

요컨대, 15세기 조선의 문인들은 강희맹의 『금양잡록』을 그리 중요한 텍스트로 인식하지 않았다. 이 사실은 책 서문에 실린 조위의 레토릭을 문면 그대로 받아들여서는 곤란하다는 점을 일깨워준다. 그렇다면 강희맹이 『금양잡록』을 지은 의도나 배경, 당대인이 생각한 그 책의 가치는 조위의 레토릭에 충실한 현대 연구자의 평가와도 사뭇 달랐을 개연성이 매우 크다. 강희맹이 정말로 『농사직설』을 보완하여 소농 경영을 안정시키고자 이 책을 저술했는지는 더 면밀하게 따져보아야 한다.

---

27) 『금양잡록』, 「選農謳」.
28) 김윤제(2005), 「조선시대 문집 간행과 성리학」, 『한국사시민강좌』 37, pp.84-85.

3. 금양별업 경영을 위한 농서

강귀손은 비록 『금양잡록』을 『사숙재집』에 싣지는 않았으나 전승할 만한 가치가 있는 것으로 여겼다. 그 저작에 별도의 서(序)·발문(跋文)이 붙었다는 점, 발문의 저자가 강귀손 본인이라는 점에서 그것을 짐작할 수 있다. 중요한 것은 그 책을 전승할 만하다고 여긴 이유다. 그것은 『금양잡록』이 어떤 의도에서 누구를 위해 저술되었는가 하는 문제와도 맞물려 있다. 그 단서는 『금양잡록』의 뒷면에 붙은 강귀손의 발문에서 발견할 수 있다.

강귀손의 발문은 내용에 따라 크게 세 부분으로 나뉜다. 첫 단락이 금양별업의 유래를 서술한 것이라면, 두 번째 단락은 『금양잡록』에 관한 소개다. 마지막 단락에서는 선대의 구업(舊業)에 관한 강귀손의 생각이 드러난다. 그중에서 『금양잡록』과 관련하여 가장 많은 관심을 받은 대목은 단연 두 번째 단락이다.

> 선군(先君:강희맹)께서는 퇴청하신 여가에 농부의 옷차림[黃冠野服]으로 왕래하여 돌아다니면서 촌로(村老)들과 농사에 관해 이야기를 나누셨는데, 씨를 뿌리고 밭을 갈고 김을 매는 방법, 알맞은 농사 시기[早晩]와 토질[乾濕]에 관해서 오묘한 이치를 탐구하여 밝히지 않은 것이 없으셨다. 또 농요를 채집해서 가사를 지으셨는데, 농사를 지어 일 년 내내 애쓰는 고단함을 매우 상세하게 형용하고 그 의도를 다 밝히셨다. 「농자대」, 「종곡의」 등의 편은 은연중에 진퇴(進退)와 행장(行藏)의 기미를 살피셨으니 비단 농가의 지침만이 아니다. 아, 선군께서 일찍이 재상의 반열에 올라 묘당(廟堂)에 계셨으나 마음을 농지[畎畝]에 두지 않은 적이 없으셔서 농사일을 잘 아셨으니 책을 저술한 취지가 심오하지 않은가.[29]

이 단락을 보면, 강희맹이 개인적으로 농업에 관심이 많았다는 선행 연구의 설명은 타당하다. 그러나 『금양잡록』을 저술한 맥락을 파악하려면 좀 더 많은 대답이 필요하다. 선행 연구는 강희맹이 여러 지역에 농장을 소유했던 사실을 밝혀냈지만,[30] 정작 강희맹이 농업 지식을 채록한 대상 지역은 오직 금양현뿐이다. 단순히 강희맹이 농업에 관심이 많아서 『금양잡록』을 지었다면, 왜 굳이 금양현의 농법만을 채록했을까? 설령 『금양잡록』이 『농사직설』의 지역적 한계를 보완하고자 저술되었다고 하더라도 같은 질문에 답하기는 쉽지 않다. 『금양잡록』을 저술한 이유를 파악하기 위해서는 차라리 첫 번째 단락과 세 번째 단락을 유심히 읽을 필요가 있다.

[가] 금양별업은 나의 외증조 찬성 안(安) 정숙공(靖肅公 : 安純)이 개척하신 곳이다. 정숙공께서 그 선친이신 흥녕부원군[安景恭]을 금주산(衿州山) 서쪽에 장사지내시고 여막을 고쳐서 집을 지으셨다가 치사(致仕)하여 이곳으로 물러나 거처하셨다. (…) 돌아가실 때 그곳을 관찰공[安崇孝]에게 전하셨고, 마침내 나의 선친께 이르렀다. (…) 정숙공의 성대한 문벌은 한때 칭송을 받았으나 가산에 주력하지 않아서 전토는 100묘(畝)에 불과하고 토지도 비옥하지 않아 농사를 지어도 남는 곡식이 없었다. 다만 구업(舊業)의 송추상재(松楸桑梓)를 나무꾼이 침범하지 못하게 하였으니 이곳이 '만송강'(萬松岡)이라고 하는 것이다.[31]

---

29) 『금양잡록』, 「跋」(姜龜孫). "先君於公退之暇 黃冠野服 往來逍遙 與村翁談農 凡播種耕耨之方 早晚燥濕之宜 靡不燭其理而究其妙 又採農謠 制爲歌詞 其服田力穡 終歲勤勤之苦 極其形容而盡其意 如農者對種穀宜等篇 隱然有審進退行藏之機 非但農家之指南而已 噫 先君早登宰輔 處廟堂之上 而未嘗不游心畎畝 深知稼穡之事 其著書之旨 豈淺淺也哉."
30) 박경안(2002), pp.109-126.
31) 『금양잡록』, 「跋」(姜龜孫). "衿陽別業 我外曾祖贊成靖肅安公所闢也 靖肅葬皇考興寧府院

[나] 옛날에 당나라 이위공(李衛公)이 평천십리장(平泉十里莊)을 가지고 자손들에게 이런 훈계를 남겼다. "감히 꽃 한 포기 돌 하나라도 남에게 준다면 내 자손이 아니다." 무릇 전원(田園)과 제택(第宅)을 가지고 자손을 위해 계획을 세우는 자라면 누군들 그것을 대대로 지켜서 무궁히 전해지기를 바라지 않겠는가. 그러나 선열(先烈)로부터 이어받아서 다른 사람에게 넘겨주지 않은 자는 드물었다. 이 별업은 정숙공으로부터 선친에 이르기까지 삼대가 재상이 되어 여생을 보내신 곳이다. 귀손은 불초한 몸으로 대부의 반열에 오른 뒤로 비록 선인(先人)들이 황무지를 일군 것만큼은 하지 못하더라도 공경히 파종하고 수확하는 데 힘쓰리라.32)

[가]는 금양별업의 승계 과정을 소상히 알려준다. 그곳을 처음 마련한 인물은 강희맹 처(妻) 안씨(安氏)의 조부인 안순(安純)이었다. 안순은 아버지 안경공(安景恭)의 묘를 금천에 조성하고 그 곁에 별업을 지었다. 이 별업은 안순 사후에 그 아들 안숭효를 거쳐 강희맹에게 상속되었다. 주목할 것은 그곳에 비옥하지 않은 100묘(畝) 가량의 전토가 있었다는 것이다.33) 금양별업이 단지 선영(先塋)과 가옥만이 아니라 일정한 규모의 전토

君於衿州山西支 因廬爲家 仍寧致仕 退居于此 (…) 及其歿也 傳之我外祖觀察公 而遂及我先君 (…) 靖肅門閥之盛 稱美一時 而不事産業 田不過百畝 而土且不肥 農無餘粟 但以舊業松楸桑梓 不爲樵斧所害 此所謂萬松岡也."

32) 『금양잡록』, 「跋」(姜龜孫), "昔唐李衛公 以平泉十里莊 遺戒子孫曰 敢以一花一石與人者 非吾子孫 夫人之有田園第宅爲子計者 孰不欲世守而傳之無窮歟 然能克紹前烈 不爲他人是有者鮮矣 是業也 自靖肅逮先正 三世爲卿相之莵裘 龜孫亦以無似 獲忝大夫之後 縱不能匹休於前人之敷菑 祗以肯播肯穫自勉焉."

33) 이종봉은 조선이 중국의 토지 면적 단위인 '畝'가 아니라 '結負'를 사용했음을 지적하고 강귀손의 발문에 등장하는 "百畝"가 일정한 면적에 대한 수사적 표현이라고 주장했다(이종봉(2010), pp.15-16). 강희맹이 100畝 정도 규모의 田土를 소농의 지표로 설정했다는 김용섭의 주장을 비판한 것인데, 매우 타당한 견해라고 생각한다.

까지 딸린 농장이었음을 알 수 있다.

한편, [나]에서는 강귀손이 금양별업을 어떻게 인식했는지를 파악할 수 있다. 그는 외증조부 안순 이래로 3대가 이어온 별업을 대대로 지켜나가고 싶은 소망을 드러냈다. 본인이 가꾼 평천장(平泉莊)을 자손들이 대대손손 지켜가기를 당부했던 당나라 재상 이유덕의 말을 인용한 것도 바로 그런 맥락에서다. 그러면서 이런 말을 덧붙였다. "비록 선인들처럼 황무지를 개간하지는 못하더라도 공경히 파종하고 수확하려고 스스로 애쓰리라." 대대로 농장을 경영한 선조의 행적을 이어받겠다는 의지를 읽을 수 있는 대목이다.

[가]와 [나] 두 단락을 종합하면 강귀손의 의도는 좀 더 분명해진다. 안순 때부터 대대로 전수된 금양별업은 강귀손 집안의 근거지가 되었다. 그곳을 경영하는 일은 선대의 행적을 이어받고 그들의 터전을 지켜나가는 일이기도 했다. 무엇보다 중요한 것은 이 글이 『금양잡록』에 부친 발문이라는 사실이다. 강귀손은 『금양잡록』을 독립적인 문헌으로 인식하지 않고 금양별업과 긴밀하게 관련된 농서로 이해했다. 이런 사실들을 종합해보면, 『금양잡록』은 단순히 농학적인 관심으로 금양현의 농법과 풍속을 정리한 텍스트가 아니었다. 어디까지나 금양별업의 경영을 전제로 저술된 텍스트였다. 즉, 『금양잡록』은 금양별업을 경영하는 데 참고할 만한 정보를 모아 기록한 저술이었던 것이다. 그렇다면 이 문헌은 기본적으로 금양별업이라는 장소를 전제로 그 별업을 경영하는 이들을 위해 저술되었다고 할 수 있다.

발문에 담긴 강귀손의 생각으로 강희맹의 의도를 읽어낼 수 있는지 반문할 수도 있다. 실제로 『금양잡록』에서 강희맹이 선대의 터전을 계승해야 한다는 생각을 직접 드러낸 대목은 찾아볼 수 없다. 그러나 강희맹은 자신의 호를 '만송강'(萬松岡)으로 삼을 정도로 금양별업을 각별하게 여겼다.[34] 이 '만송강'은 금양별업이 위치한 장소를 가리키는 표현인데, 그

유래는 강귀손이 『금양잡록』에 쓴 발문에 보인다. 인용문 [개의 말미에는 다음과 같은 문장이 있다. "구업(舊業)의 '송추상재'(松楸桑梓)를 나무꾼이 훼손하지 못하게 했으니 이곳이 이른바 '만송강'이다."35) 여기서 "구업"(舊業)은 선대로부터 전수된 별업, 즉 금양별업을 가리킨다. '송추'(松楸)와 '상재'(桑梓)를 함께 언급한 것은 그곳에 선영과 가택이 함께 있었음을 시사한다. 강희맹이 그런 만송강을 호로 삼은 것은 그에게 금양별업이 여느 농장보다도 각별했기 때문이다.

『금양잡록』의 내용을 보면 강희맹이 금양별업의 경영을 전제로 이 책을 저술했다는 것이 좀 더 분명해진다. 「농가」(農家)에 그는 이렇게 적었다. "무릇 선비는 뜻을 얻으면 만종(萬鍾)의 녹을 향유하고 뜻을 얻지 못하면 자신의 힘으로 먹고 살아갈 뿐이다. 자신의 힘으로 먹고 살아가는 것은 농사를 버려두고는 자급할 수 없다."36) 관직에 나아가면 녹봉을 받지만 그렇지 않으면 농사를 지어 스스로 삶을 이어갈 수밖에 없다는 의미다. 「농자대(農者對)」에 따르면, "세상의 버림을 받은" 강희맹은 출사를 포기하고 농업에 종사하려는 계획을 세웠다. 이때 그가 농업의 기반으로 선택한 장소는 바로 금양별업이었다.37) 즉 강희맹은 출사하지 않은 사(士)의 경제적 기반이 자급이라고 생각했고, 본인은 그 자급의 기반으로 금양별업을 택한 것이다. 그런 면에서 『금양잡록』에 제시된 농업 지식은 '금양별업을 통한 자급'이라는 목적에 맞게 채록된 것이다.

---

34) 『사숙재집』 권11 附錄, 「私淑齋先生文良姜公行狀」. "公嘗自號私淑齋 或號雲松居士 或號 無爲子 或號菊塢 或號萬松岡云."
35) 『금양잡록』, 「跋」(姜龜孫). "以舊業松楸桑梓 不爲樵斧所害 此所謂萬松岡也."
36) 『금양잡록』, 「農家一」. "夫士得志則享有萬鍾 不得則食其力而已 食力者 捨農無以自給."
37) 「농자대」가 실제 있었던 일을 기록한 것인지, 특정한 상황을 가정해서 본인의 생각을 기록한 것인지는 알 수 없다. 하지만 「농자대」가 사실적인 기록인가는 여기에서 그리 중요하지 않다. 설령 창작된 이야기라 하더라도 벼슬에서 물러나 정착하려 한 장소가 금양별업으로 설정되었다는 점이 중요하다. 금양별업이 강희맹에게 각별한 장소였음을 보여주는 대목이기 때문이다.

『금양잡록』이 금양별업의 경영을 전제로 저술되었다는 점은 「농담(農談)」을 통해서도 짐작할 수 있다. 「농담」에서 주목할 곳은 강희맹 본인이 습득한 벼농사 정보를 기술한 대목이다. 조선시대에 벼는 가장 중요한 농작물이었고, 수전 농업에 상대적으로 더 많은 관심을 기울인 것도 그런 이유에서였다. 농업 지식의 수집에서도 벼농사에 관한 정보는 그만큼 중요할 수밖에 없었다. 그 중요성에 비해서 「농담」의 내용은 소략한 편이다. 『농사직설』에는 올벼와 늦벼의 재배법을 따로 기록했고, 수경법(水耕法)뿐 아니라 건경법(乾耕法)과 묘종법(苗種法)도 상세히 기록했다.38) 반면 「농담」에서는 벼를 이르게 파종하여 수경으로 재배하는 방법만 기록했을 뿐이다. 그나마 채록된 벼 재배 정보도 강희맹의 직접 체험을 중심으로 서술되었다. 강희맹 본인의 진술에 의하면, 「농담」의 벼 재배 정보는 그가 금양 농장에서 "집 앞의 척박한 전토에 농사를 지으며" 그 지역의 노농(老農)에게 채록한 것이었다.39) 이런 사실은 강희맹이 농업 지식을 채록한 의도가 금양별업을 경영하는 데 있었음을 보여준다. 그렇게 보면 여러 곳에 농장을 소유한 강희맹이 유독 금양현의 농업만을 탐구한 이유도 좀 더 분명해진다.

물론 강희맹이 금양별업에 벼를 재배하면서 『농사직설』을 참고했을 가능성을 배제하기는 어렵다. 『농사직설』은 올벼를 수경으로 재배할 때는 정월에 거름을 내고 2월 상순에 논갈이하도록 소개했는데, 강희맹도 "2월 보름 전에 땅이 풀리는 대로 물을 대고 논을 갈아 파종했다."40) 그러나 강희맹이 채택한 도작법은 현지 농민으로부터 공감을 얻지 못했다. 2월 보름 전의 파종이 이르다는 마을 사람들의 지적에 강희맹은 걱정을 감추지

---

38) 『農事直說』, 「種稻」.
39) 『금양잡록』, 「農談二」.
40) 『금양잡록』, 「農談二」. "余到莊 治門前薄田 二月望前 土脈初開 畜水耕種 里人皆曰 播種太早 當不立苗 余以是爲懼 呼老農問之."

못했다. 그는 결국 노농에게 자문하고 그에게 습득한 벼 재배 방법을 상세히 기록했다. 흥미롭게도 노농이 일러준 재배법은 정식화된 농법이 아니라 기후와 상황에 따라 대단히 가변적인 방법이었다. 강희맹이 노농의 말을 상세히 채록했던 것도 다양한 경험에 의존할 수밖에 없는 농사의 특성을 고려한 결과였다. 달리 생각하면 강희맹이 현지 노농이 경험을 존중한 것도 금양별업이라는 특정한 장소에서 농업을 영위했기 때문이다. 즉, 강희맹은 금양별업의 경영을 전제로 노농의 경험을 채록한 것이다.

여기에서 반문할 수도 있다. 금양현만의 농업 조건과 현지 농법을 채록했으니 결과적으로 삼남 농법 위주인『농사직설』을 일부 보완했다고도 볼 수 있지 않은가? 결과만 놓고 보면 그렇게 볼 여지도 분명히 존재한다. 선조대에『금양잡록』을『농사직설』과 합간(合刊)한 것도 같은 시야에서였을 것이다. 그러나 그것은 어디까지나 후대인의 생각일 뿐이다. 100년 뒤 사람들의 생각을 곧 강희맹의 생각으로 소급하는 것은 적절하지 않다. 정작『금양잡록』중 그 어느 곳에서도『농사직설』을 보완하겠다는 문제의식을 발견하기 어렵다. 실제로「농담」에 수록한 벼 재배법만 보아도『농사직설』의 설명이나 다른 지역의 도작법과 비교하거나 종합하려는 모습은 나타나지 않는다. 이미 지적했듯이 강희맹은 여러 곳에 농장을 소유했으면서도 정작 여러 지역의 다양한 농사 경험을 수집할 생각은 없었던 것이다. 오히려 강희맹의 관심사는 금양별업을 경영하는 데 적합한 농법을 습득하는 데 있었다.

금양별업의 경영은 강희맹에게 어째서 중요했을까? 금양별업은 그 '처족'(妻族)[41]이 여러 세대에 걸쳐 이어온 기반이었기 때문이다. 그만큼 강희맹에게 처족과의 관계는 중요했다. 선행 연구들은 강희맹이 맺고 있던

---

41) 조선 후기의 '族'은 주로 부계 혈연 집단을 특정하여 가리키지만, 조선 전기에는 그렇지 않았다. 조선 전기 '族'의 구조는 이종서(2009),『고려·조선의 친족용어와 혈연의식』, 신구문화사, p.178 참조.

관계망 안에서 주로 동성(同姓) 친속과의 관계만을 강조하는 경향이 있다. 강희맹의 농학을 강시 이래의 '가학'(家學)으로 본다든지,42) 강씨(姜氏)의 동성(同姓) 집단을 하나의 '가'(家)로 상정하고 그 '가'를 독자적 정치세력의 단위로 파악한 연구는 대표적인 사례다.43) 물론 강희맹이 동성 친속들을 각별하게 생각한 것은 사실이다.44) 다만 17세기 초까지 양측적 친속 구조가 남아있었다는 지적을 고려하면,45) 강희맹의 인적 관계망 안에서 동성 친속 이외의 관계에도 유의할 필요가 있다. 실제로 강희맹의 아들 강귀손은 금양별업을 "정숙공으로부터 선친에 이르기까지 삼대가 재상이 되어 여생을 보내신 곳"이라고 하여 부측과 모측을 구분하지 않았다. '만송강'을 호로 삼은 강희맹에게도 부측과 처측의 구분이 그다지 중요한 문제가 아니었을 개연성이 크다. 그런 맥락을 고려하면, 처족의 터전을 자급의 기반으로 삼아 경영하려 한 강희맹의 태도도 전혀 어색함이 없다. 오히려 강희맹의 금양별업 경영은 당대인의 일상이 종법적인 '가'의 결속과는 괴리가 있었음을 보여준다.46)

---

42) 박경안(1999), pp.355-357.
43) 강제훈은 강석덕과 강순덕이 "강씨 중심의 독자적 정치세력을 형성하지 못했다"면서 "각자의 관직 생활은 처가의 정치적 운명과 궤를 같이 했다"고 보았다. 반면, "가계의식이 뚜렷한" 강희맹은 "혼인한 상대의 정치세력으로 일방적으로 흡수되지 않고 이들 성씨가 독자적인 정치세력을 갖춰가고 있었다"고 판단했다(강제훈(2007), pp.39-40).
44) 『私淑齋集』 권2, 七言律詩, 「賀仁齋得男」. "吾姜氏生於晉 未知興於何代 自遠祖迄于今代不乏人 以淸儉自成家法 宗支綿綿 久而不替者 是果天歟 抑積累之德 有以致之歟."
45) 노명호(1979), 「山陰帳籍을 통해 본 17世紀初 村落의 血緣樣相」, 『한국사론』 5, pp.308-310.
46) 바로 그런 맥락에서 오늘날 시흥시 하상동에 있는 '진주 강씨 묘역'의 변천 과정은 별도의 연구가 필요하다. 이른바 '族葬地'와 거리가 먼 15세기의 묘역이 후대에 부계친 중심의 묘역으로 변화했음을 보여주는 장소이기 때문이다. 강순덕의 묘가 처가의 땅에 조성된 점과 강희맹의 사위인 金誠童의 묘가 같은 묘역에 조성된 점은 그 당시의 묘역 조성 원리가 조선 후기와 달랐음을 시사한다. 실제로 이종서는 김종직과 유희춘 가계를 검토하여 16세기 이전까지 사족 남성의 묘가 처향에 조성되는 사례가 일반적이었음을 보여주었다(이종서(2009), pp.223-237).

4. 가내 농서에 드러난 '사'(士)의 정체성

강희맹의 『금양잡록』이 금양별업 경영을 위한 농서였다고 해도 여전히 의문이 남는다. 조위는 왜 서문에서 경세가로서 강희맹의 면모를 부각했을까? 비록 조위의 평가는 과장된 것이지만, 근거가 전혀 없는 것은 아니었다. 『금양잡록』에는 농업 경영과 직접적인 관련이 없는 내용이 존재하고, 아들 강귀손도 그 점을 알고 있었다. "「농자대(農者對)」와 「종곡의(種穀宜)」 같은 편은 은연중에 진퇴(進退)와 행장(行藏)을 살피는 기미가 있으니 비단 농가의 지침만이 아니다." 본문에 과연 어떤 내용이 들어있으며 그 서술에 담긴 강희맹의 생각은 과연 무엇인가.

우선 강희맹이 농업을 자신의 본업으로 여기지는 않았다는 점을 지적해 둘 필요가 있다. 그 생각은 「농자대」에서 잘 드러난다. 글 서두에서 강희맹은 벼슬을 그만두고 농사를 업으로 삼아야 할지 고민했다. 나이가 40세가 되도록 재주와 언변도 변변치 않고 벼슬에 나아가서도 눈에 띨만한 성취를 이루지 못한 데 자괴감을 느껴서였다. 그러나 농부들은 그에게 이렇게 물었다. "지금 그대는 임금의 녹을 먹고 임금의 정사를 계획하면서도 스스로 빈천(貧賤)을 면치 못하는데, 본인의 힘을 들여 농사짓기를 바란다는 말인가?" 흥미로운 것은 강희맹의 깨달음이다. "농사를 지어도 굶주릴 수 있으나 학문을 하다 보면 녹이 그 가운데 있으니, 차라리 내가 배운 것을 따라서 내 업을 끝마쳐야겠다." 강희맹은 "군자는 도를 추구하지, 먹고 사는 것을 추구하지 않는다"는 『논어』 경문의 일부를 인용했다.[47] 그가 배웠다는 것은 성현의 도이고 본인의 업은 도를 추구하며 벼슬에

강희맹의 경우에는 처 안씨가 먼저 사망하여 안산 직곶에 묻히고 그 뒤에 강희맹의 묘가 함께 조성되었는데, 두 사람의 묘가 어째서 안산 직곶리에 조성되었는지는 좀 더 조사가 필요하다.

47) 『논어집주』, 「衛靈公」. "子曰 君子謀道 不謀食 耕也餒在其中矣 學也祿在其中矣 君子憂道不憂貧."

나아가 그 도를 실현하는 일이다. 강희맹은 철저하게 자신의 업이 '사(士)'라는 인식을 드러낸 것이다.

『금양잡록』 서두에 수록된 「농가」도 강희맹이 생각하는 '사'의 본업이 무엇인지를 보여주기에 손색이 없다.

[다] 무릇 사(士)는 뜻을 얻으면 만종의 녹을 향유하고 뜻을 얻지 못하면 자신의 힘으로 먹고살 뿐이다. 자신의 힘으로 먹고사는 자는 농사를 버려두고서는 자급할 수 없다. 사람이 만약 자급하지 못하면 사유(四維 : 禮義廉恥)가 확장될 수 없으니, 농사를 귀중하게 여기는 것이 막중하지 않은가? 그러나 녹을 먹는 자[食祿者]는 이것에 의지하지 않아서 농사를 소홀히 여기는 경우가 많은데 근본에 힘쓰는 뜻이 아니다. 옛날에 소계자(蘇季子)가 "내가 만약 낙양성 주변에 밭이 두 이랑만 있었던들 어찌 여섯 나라의 인장을 찰 수 있었겠는가?"라고 했는데, 소견이 없다고 할 수 없다.[48]

강희맹은 벼슬하지 않는 사(士)는 농사로 자급하고 벼슬에 나아가서는 녹을 먹는다고 보았다. 여기에서 '식록자'(食祿者)가 농사에 의지하지 않는다는 것이 국록에만 의지해서 생계를 유지했다는 의미는 아니다. 그보다는 위정자를 '노심자'(勞心者)로 규정하고 '세상을 다스리는 일은 농사를 지으면서 동시에 할 수 없다'고 주장한 맹자의 취지에 훨씬 가깝다.[49] 낙양성 부근에 밭이 있었으면 여섯 나라의 재상이 될 수 없었다는 소진의

---

48) 『금양잡록』, 「農家一」. "夫士得志則享有萬鍾 不得則食其力而已 食力者 捨農無以自給 人若不給 四維有所不張 稼穡之爲寶也 不亦重乎 然食祿者 無賴於此 多忽於耕農 非務本之意也 昔蘇季子曰 吾若有洛陽負郭二頃田 安能佩六國印乎 此不可謂無所見矣."

49) 『맹자집주』, 「滕文公上」. "然則治天下 獨可耕且爲與 有大人之事 有小人之事 且一人之身 而百工之所爲備 如必自爲而後用之 是率天下而路也 故曰 或勞心 或勞力 勞心者 治人 勞力者 治於人 治於人者 食人 治人者 食於人 天下之通義也."

118

말도 바로 그런 전제에서 인용한 것이다.50) 강희맹은 결국 사대부로서의 정체성을 중심으로 농업을 바라본 것이다.

그런 강희맹이 농사를 중시한 것은 거기에 삶의 이치가 깃들었다고 생각해서였다.51) 그 생각은 「종곡의」에 잘 드러난다. 강희맹은 이 글에서 사대부의 처신을 농사에 비유했다. 그에 따르면 조생종은 습하고 비옥한 땅에, 만생종은 건조하고 척박한 땅에 심어야 한다. 조만(早晩)에 따라 적절한 토양에 심어야만 수확이 많아진다는 것이다. 강희맹은 이 농사의 원리를 사대부에게까지 확대해서 설명했다. "단지 농사일만 그렇겠는가? 사람이 세상에 나아가 공명(功名)을 세우는 것도 마찬가지다. 시대[時世]는 전토(田土)와 같고 풍속(俗尙)은 건습(乾濕)과 같다. 선비가 한세상에 처하여 공명을 세우는 것도 농부가 파종하는 것과 다르지 않다."52) 농사에서 건습(乾濕)과 조만(早晩)이 중요하듯이 사대부에게는 시대와 풍속에 맞게 적절히 진퇴(進退)하는 일이 중요하다는 취지다. 강희맹은 농사일로부터 사대부에게 필요한 이치를 읽어낸 것이다. "옛 군자들은 농업에 종사하는 경우가 많았는데도 부끄러워하지 않은 것은 그 근본이 여기에 있기 때문이다"라는 강희맹의 말은 그 점을 잘 보여준다.

그는 왜 적절한 진퇴가 중요하다고 생각했는가. 그 이유는 공효(功效)를

---

50) 『사기』의 「소진열전」에 의하면, 그는 여러 나라에 유세했지만 뜻을 이루지 못하고 집으로 돌아왔다. 식구들은 그를 이렇게 비웃었다. "주나라 사람들의 풍속은 産業을 경영하든 工商에 힘쓰든 2할의 이익을 추구하는 것을 힘써야 할 일로 삼는데, 당신은 본업을 내팽개치고 口舌을 놀리는 일이나 하고 있으니 곤궁한 것이 당연하지 않습니까?" 훗날 소진이 출세하자 식구들은 그의 재물이 많고 지위가 높다는 이유로 공경했다. 소진이 이 말을 꺼낸 것도 바로 이 시점에서였다 (『史記』, 「蘇秦列傳」).
51) 이 생각은 강희맹이 "玆予其明農哉"라는 주공의 말을 해석하는 대목에서도 드러난다. "다스린다[治]고 하지 않고 '밝힌다[明]고 한 것은 농사의 이치가 매우 오묘해서 밝히지 않으면 그 이치를 알 수 없기 때문이니 한낱 그 일을 다스리기만 하는 것이 아니다."(『금양잡록』, 「農家一」)
52) 『금양잡록』, 「種穀宜五」.

극대화하기 위해서다. 강희맹은 그래서 이렇게 썼다. "차이는 아주 근소하지만 이익을 거둘 때 만 배나 차이나 나는 것은 요점을 알기 때문이다. 아, 어찌 농사만 그렇겠는가?" 강희맹이 보기에 세상에 나아간 사대부에게 중요한 것은 공(功)을 세우는 일이었다. 그것은 바람직한 관료의 처신에 관한 그의 인식에서도 잘 드러난다. 「농자대」에 제시된 관인의 유형은 크게 네 가지로 나뉜다. '인의(仁義)와 도덕(道德)을 갖추어 곤궁할 때는 풍속을 바꾸고 영달할 때는 인민을 교화하여 상황에 따라 진퇴하는' 관인이 상류라면, '문(文)으로 정치를 돕고 무(武)로 외침을 막으며 흔들림 없이 지조를 지키는' 관인은 중류라고 보았다. '스스로 공검(恭儉)하고 법도를 따르되 일과나 계산하는' 관인은 하류이며, 나랏일에 공을 세우고 지혜를 짜낼 생각이 없는 자는 벼슬을 할 수 없다고 지적했다.[53] 이 대목에서 강희맹이 관인에게 중시한 것이 무엇인지 엿볼 수 있다. 그는 단지 개인의 몸가짐만 바르게 하고 주어진 일과에만 충실한 관인에게 후한 점수를 주지 않았다. 강희맹이 보기에 바람직한 관료는 본인만 바른 것이 아니라, 도덕을 바탕으로 국가 운영에 공적을 쌓는 이들이었다.

  물론 그렇다고 강희맹이 금양현 농민의 삶과 고충을 파악하는 데 소홀한 것은 아니었다. 예컨대, 「농담」의 후반부에서는 당시 금양현 농민이 겪던 고충을 농민의 말을 빌려 상세하게 소개했다. 그에 따르면, 금양현의 농민들은 마을에 밭을 갈 소가 부족해서 깊이갈이를 할 수 없었고, 조세와 사채를 해결하면 남는 곡식이 없어 종자를 마련하기도 쉽지 않았다. 더구나 사신이 왕래하면 부역해야 했기 때문에 농사일에 전념할 수도 없었다.[54] 금양현 농민이 겪던 고충을 보여주기에 부족함이 없다. 한편, 강희맹은 금양현의 농요(農謠)를 채집해서 지은 14장의 가사를 통해 농사에 애쓰는 농민의 삶을 자세히 형용하기도 했다. 특히 마지막 장인 〈탁족(濯足)〉은

---

53) 『금양잡록』, 「農者對三」.
54) 『금양잡록』, 「農談二」.

농민의 고단한 삶을 보여주기에 손색이 없다. "새벽닭이 울자마자 호미를 또 잡으니 열두 시간 어느 때에 다리를 쭉 펴보나." 이처럼 강희맹은 농사를 업으로 여기지 않았으나 농민의 삶과 고충을 『금양잡록』에 자세히 적었다.

하지만 강희맹의 시선이 어디까지나 '관찰자'의 입장이라는 점이 중요하다. 그는 관료의 공업(功業)이 중요하다고 생각했지만, 정작 농민의 고충을 해소하려는 어떤 고민도 보여주지 않는다. 농요를 채집해서 가사를 붙인 문제의식도 농민의 삶을 구제하는 것과는 큰 관련이 없었다.[55] 이것은 '경세가'로서의 태도와 분명히 거리가 있다. 예컨대, 주희는 「권농문」에서 본인이 다스리는 군(軍)의 토질이 메마르고 풍속이 농업에 힘쓰지 않아 생기는 폐해를 상세히 지적하면서 경세가의 책임감을 드러냈다.[56] 『농사직설』의 서문에서도 농업 지식을 정리하여 반포하는 목적이 "백성을 이끌어 삶을 풍족하게 하여 집집마다 넉넉하고 사람마다 풍족하게 하는 것"임을 밝혔다.[57] 세종의 권농 교서도 백성의 농업을 자신의 책무로 여기는 국왕의 태도를 절절하게 보여준다.[58] 반면 『금양잡록』에서는 이런 모습을 읽어낼 수 없다. 강희맹의 관심은 단지 금양별업이 위치한 금양현의 지세와 풍속을 서술하는 데 있을 뿐이다. 그런 점에서 『금양잡록』은 철저히 금양별업이라는 장소를 전제로 저술된 글이라고 보아도 좋을 것이다.

---

55) 『금양잡록』, 「選農謳」. "其中有掩露迎陽等曲 而無其詞 是必隱逸之士 棲身畎畝 樂以忘憂 發爲曲調 以寓夫力民代食之意 而田氓無知 忘失其詞 而但依調雜用他歌耳 今採曲名之存者 又以己意 撰爲曲名."
56) 『晦菴先生朱文公文集』 권99, 「勸農文」. "本軍田地磽埆 土肉厚處不及三五寸 (…) 而土風習俗大率懶惰 耕犁種蒔旣不及時 耕耨培糞又不盡力 陂塘灌漑之利廢而不修 桑柘麻苧之功忽而不務 此所以營生足食之計大抵疏略 是以田疇愈見瘦瘠 收拾轉見稀少 加以官物重大 別無資助之術 一有水旱 必至流移 下失祖考傳付之業 上虧國家經常之賦 使民至此 則長民之吏 勸農之官 亦安得不任其責哉."
57) 『세종실록』 권44, 세종 11년(1429) 5월 16일 辛酉.
58) 『세종실록』 권105, 세종 26년(1444) 윤7월 25일 壬寅.

『금양잡록』이 금양별업을 전제로 한 텍스트라면, '사'(士)의 정체성과 농사의 관계를 서술한 인용문 [다]의 논법도 사 일반에 관한 원칙이 아니었을 가능성이 있다. 그 논법이 어떤 맥락에서 구사되는가를 따져보아야 한다. 이미 살펴보았듯이 [다]에서는 사의 처지는 벼슬에 나아갔을 때와 그렇지 못할 때로 나누고, 처지에 따라 생계를 유지하는 방식도 달리 이해했다. 여기서 사는 기본적으로 강희맹 본인을 염두에 둔 것이었다. 벼슬을 그만두고 자급하려는 강희맹의 고민은 그런 맥락에서 눈여겨볼 만하다. '젊어서 사우(師友)를 따라 성현의 도를 배우고 이 세상을 경륜하는 데 뜻을 두었으나 능력도 없고 시운도 따르지 않아서 이룬 것이 없으니 벼슬을 버리고 농사를 지으려 한다. 농사는 고생스러운 일이지만 근본이 여기에 있어서 옛날의 군자들도 종사하기를 부끄러워하지 않았다.'59) 사의 본분에 충실하지 못하니 차라리 그만두고 농업에 종사하겠다는 강희맹의 생각은 벼슬하지 않는 사가 농사로 자급하여 사유(四維)를 보존해야 한다는 논법과 정확히 같은 맥락에 있다. 그런 점에서 사의 자급에 관한 논법은 금양별업을 경영하려는 강희맹 본인의 처지를 반영한 것이라 할 수 있다.

마찬가지로 '식록자'(食祿者)의 처지도 본인의 정체성에 대한 강희맹의 고민이 반영되어있다. [다]에서는 관인이 농사에 소홀한 경우가 많다고 지적하면서 '무본'(務本)의 뜻에 어긋난다고 지적했다. 그런데도 농사에 소홀해서 안 되는 이유는 '무본지의'(務本之意) 때문이다. 여기서 '무본'은 곧 조만과 건습을 고려해서 알맞게 작물을 심고 가꾸는 것을 의미한다. 이 차이에 따라 거두는 효용도 크게 달라질 수밖에 없다. 강희맹이 보기에 그것은 관인에게도 마찬가지여서 시대와 풍속에 알맞게 공을 세우는 일이 중요했다. 중요한 것은 강희맹 본인이 출사의 뜻을 포기하지 않았다는

---

59) 『금양잡록』, 「農者對三」.

것이다. 앞서 살펴보았듯이, 강희맹은 농업에 종사하기보다 사로서의 업을 다하겠다고 결심했다. 농사에 의존해서 사는 삶과 다른 삶을 지향한 것이다. 그런 강희맹에게 금양별업은 자급의 터전일 뿐만 아니라 관인의 본분을 잊지 않게 하는 장소이기도 했다. 그 사자 강귀손이 "대부의 반열에 오른 뒤로 비록 선인들이 황무지를 일군 것만큼은 하지 못하더라도 공경히 파종하고 수확하는 데 힘쓴다"고 한 것도 같은 맥락에서였다. 그런 점에서 『금양잡록』은 소농 경영의 안정화를 위한 문헌과는 거리가 멀었다. 오히려 철저히 금양별업의 영위를 전제로 작성된 저술이었다.

5. 나가며

그동안 『금양잡록』은 삼남 농법 중심의 『농사직설』을 보완하기 위해 저술된 사찬 농서로 알려졌다. 많은 연구는 이 농서의 저술 의도를 중농 이념과 소농 경영의 안정화에서 찾았다. 필자는 『금양잡록』에 분명히 그런 측면이 존재한다고 생각한다. 하지만 그렇게만 독해했을 때 해명되지 않는 지점들도 있다. 이 농서의 제명은 왜 '금양잡록'인가. 경험에 기초해서 기존 농법을 보완하려 했다면 강희맹의 관심은 어째서 금양별업에 한정되었는가. 그토록 중요한 업적을 어째서 그 누구도 강희맹의 일생에 관한 기록에 적지 않았는가. 농업 지식과는 무관해 보이는 내용이 책에 들어있는 이유는 무엇인가. 이 글은 나름대로 이런 질문에 대답해보려고 했다.

『금양잡록』은 막연히 농학적 관심에서만 금양현의 농법을 채록한 텍스트가 아니었다. 『농사직설』을 보완해서 소농 경영을 안정시키려고 작성한 문헌은 더더욱 아니었다. 강희맹은 철저하게 금양별업이라는 장소를 전제로 『금양잡록』에 수록된 글들을 지었다. 강희맹은 평소에 종종 공무를 마치고 금양별업을 방문했다. 휴가를 얻거나 벼슬에서 물러났을 때, 혹은 상을 치를 때도 그는 그곳에 머물렀다. 금양별업은 그만큼 강희맹이 일상을 영위하는 데 중요한 기반이었다. 더구나 그곳은 선대로부터 상속을 받은 곳이기도 했다. 강희맹이 가계의식이 투철한 인물이었다는 선행 연구의 지적을 고려하면, 그에게 금양별업 경영은 대단히 중요한 일이었을 것이다. 그런 맥락에 비추어볼 때, 강희맹이 금양현에 한정해서 농업 관행과 재배 작물, 농업 기술을 채집한 것은 금양별업을 경영하는 데 참고할 만한 정보들이 필요했기 때문이다.

강희맹의 가계의식은 결코 부계 혈족만을 고려한 것이 아니었다. 그는 본족만큼이나 처족과도 긴밀한 유대감을 느꼈다. 강희맹이 처족의 선영을 가리키던 '만송강'을 자호로 삼은 것은 그의 가계의식이 조선 후기의 것과 같지 않다는 것을 보여준다. 부측으로만 국한되지 않는 가계의식은 그의 아들 강귀손에게서도 나타난다. 강귀손은 금양별업이 안순에서 강희맹까지 이어졌음을 강조하여 부측과 모측을 구분하지 않았다. 강희맹 부자가 금양별업 경영을 중요하게 여긴 것은 그리 이상한 일이 아니었다. 오히려 그들의 태도는 당대인의 일상이 종법적인 '가'의 결속과 괴리가 있었음을 보여준다.

비록 강희맹이 금양별업 경영을 전제로 농사를 중시하기는 했지만, 그것을 본인의 업으로 받아들였다는 의미는 아니다. 강희맹은 자신의 업이 어디까지나 '士'라고 생각했다. 『금양잡록』에서 농사에 부여하는 의미도 어디까지나 '사'로서의 정체성을 전제로 한 것이었다. 다시 말해 이 문헌에서 '사'(士)와 '농'(農)의 관계는 철저히 위계화되어 있다. 강희맹의 시야에서 보면, 사가 농사를 짓는 경우는 관직에 나아가 사로서의 본분을 다할 수 없어서 자급해야 할 때다. 관직에 나아가서는 사의 본분에 충실할 뿐이다. 녹을 받아먹는 자에게 농사가 중요하다면 그것은 사대부에게도 공히 적용될 수 있는 삶의 이치를 보여주어서다. 강희맹이 보기에 농사에서 건습과 조만이 중요하듯이 사대부에게는 시대와 풍속에 알맞게 진퇴하는 일이 중요했다. 알맞은 시기와 습도가 수확량을 늘리듯이 알맞은 진퇴는 정치의 공효를 극대화한다는 것이 그의 생각이었다. 강희맹은 나랏일에 공적을 세우는 것이 사의 중요한 본분이라 생각한 것이다.

　지금까지의 논의를 정리하면, 『금양잡록』은 기본적으로 금양별업 경영을 위한 '가내 농서'로서의 성격을 지닌다. 강희맹은 그 토대 위에서 사로서 자신의 정체성과 지향점을 분명하게 드러냈다. 조위의 서문과 강귀손의 발문이 서로 다른 지점에 주목한 것은 이 책이 지닌 이중적인 성격을 잘 보여준다. 이 책이 특별한 의미 없이 '잡록'이라는 이름으로 불렸다는 사실은 강희맹의 저술 의도가 소농 경영 안정화와 거리가 있었음을 시사한다.

참고문헌

【자료】

『금양잡록』『논어집주』『농사직설』『동인시화』『맹자집주』『史記』
『사숙재집』『성종실록』『세종실록』『회암선생주문공문집』

【논저】

강제훈(2007), 「조선초기 家系繼承 논의를 통해 본 姜希孟家의 정치적 성장」, 『조선시대사학보』 42.
강제훈(2008), 「조선초기 문신 姜希孟의 관직생활」, 『한국인물사연구』 9.
김용섭(1988), 『조선후기 농학사연구』, 일조각.
김윤제(2005), 「조선시대 문집 간행과 성리학」, 『한국사시민강좌』 37.
노명호(1979), 「山陰帳籍을 통해 본 17世紀初 村落의 血緣樣相」, 『한국사론』 5.
박경안(1999), 「姜希孟(1424~1483)의 家學과 農産經營論」, 『역사와 실학』 10·11.
박경안(2002), 「강희맹(1424~1483)의 농장에 관하여」, 『역사와 현실』 46.
신승운(1995), 「成宗朝 文士養成과 文集編刊」, 『한국문헌정보학회지』 28.
염정섭(2000), 『조선시대 農書 편찬과 農法의 발달』, 서울대학교 박사학위논문.
오세현(2017), 「文章의 역할을 통해 본 15세기 斯文의 성격」, 『사학연구』 127.
이기문(1975), 「금양잡록의 곡명에 대하여」, 『동양학』 5.
이종봉(2010), 「『衿陽雜錄』의 농업기술과 농학」, 『한국민족문화』 36.
이종서(2009), 『고려·조선의 친족용어와 혈연의식』, 신구문화사.

15~16세기 사족의 혼인 네트워크의 영향력과 지속 여부
: 시흥 기반 사족 강석덕(姜碩德)-강희맹(姜希孟) 가계를 중심으로

강 나 은

1. 들어가며

현 시흥시 하중동에는 관곡지가 있다. 이 연못은 조선 초기 학자 강희맹(姜希孟)과 깊은 연관이 있다. 김윤식(金允植)의 기록에 따르면, 강희맹은 사신으로 남경에 가 연꽃의 한 종류인 전당홍(錢塘紅)을 들여와 안산 일대에 심었다.[1] 이는 이후 시흥 일대가 연성(蓮城)으로 불리는 계기가 되었는데, 이와 관련한 이야기가 훗날 정조가 장릉(章陵)에 행차하면서 실시한 응제(應製)에서 안산의 부제로 제시되기도 하였다.[2] 이처럼 관곡지는 강희맹과 관련한 사적으로 기억되어 왔다. 그런데 관곡지를 실제로 유지하고 관리해 왔던 것은 안동 권씨 문중이었다. 이를 보여주는 사례 중 하나가 『연지준지기』이다. 여기서는 안동 권씨 선산의 나무를 베어 관곡지를 관리했다는 사실을 확인할 수 있다.[3]

---

1) 金允植, 『雲養集』 卷10, 「錢塘秋色樓記」. "有明洪武中. 姜公希孟奉使朝明, 得錢塘蓮子, 歸種安山家池. 及發白花紅尖, 其香異常."
2) 『일성록』, 정조 21년 9월 12일. "爲安山賦題 奉使南京 取錢塘紅 種之 號曰 蓮城."

관곡지를 비롯한 시흥 일대의 땅은 시흥 세거 사족 간의 관계를 보여주는 곳이다. 이곳은 초기 안산군 이숙번(李叔蕃)의 소유였다. 이숙번이 사위 강순덕(姜順德)에게 이곳 일대의 땅을 상속하고, 강순덕이 자신의 양자 강희맹에게 이곳 일대의 땅을 상속하였다.4) 강희맹이 이곳에 연꽃을 피워낼 수 있었던 것은 이 같은 상속이 배경이 되었다. 이후 강희맹은 사위 권만형(權曼衡)에게 이곳 일대의 땅을 상속했으므로, 현재 안동 권씨 문중이 관곡지의 소유 및 관리를 맡게 된 것이다. 강순덕과 권만형의 사례에서 볼 수 있듯, 이 시기 혼인은 서울 인근 지역에 기반을 마련할 수 있는 방법이었다.5)

강순덕과 강희맹 이후, 진주 강씨는 대표적인 시흥 지역 세거 성씨로 여겨졌다.6) 강희맹의 혼인 네트워크를 다룬 연구에서는, 강희맹을 비롯한 진주 강씨 일가가 당대 조정에서 활약하던 유력 인물들과 혼인을 통해 관계를 맺어 왔다는 점에 주목했다. 이 연구에서는 15~16세기 강희맹을 비롯한 진주 강씨가 혼인을 통해 중앙 정계에서 영향력을 행사하는 '유력 성관'으로 자리매김했음을 분석하였다. 특히 강희맹 이전, 진주 강씨 선대가 혼인을 통해 중앙 정계에서 정치적 입지를 다졌음에도 처가의 정치적 운명을 함께하는 데 머물렀다면, 강희맹 이후의 진주 강씨는 독립적인

---

3) 『蓮池浚池記』. "儉谷先塋內 一隅松楸 斫賣 浚池 果明何耶."
4) 단종 즉위년 李叔蕃의 아내 鄭씨가 재산 상속 문제로 상언한 내용에 따르면 강희맹을 수양하여 후사로 들였다[收養立後]고 밝히고 있다.(『단종실록』 권4, 단종 즉위년 11월 癸亥) 여기서 '수양'은 3세 이전에 거두어 기르는 행위로 규정할 수 있다.('取他人子養以爲子曰侍養, 三歲前收而養之, 卽同己子, 曰收養'『經國大典註解 前集』, 「刑典」, '私賤') 정씨의 표현을 그대로 살리자면 강희맹은 3세 이전에 입양한 '수양자'라고 할 수 있을 것이다. 다만, 여기서는 근본적으로 수양이 양자를 들이는 것의 한 형태이며 본 연구의 내용상 3세 이전 수양 여부가 주요하지 않으므로 양자로 표현하였다.
5) 조준호(2007), 「사족의 동향」, 『시흥시사』 2, 시흥시사편찬위원회, pp.296-304.
6) 디지털시흥문화대전, '진주 강씨'
(URL : http://siheung.grandculture.net/siheung/toc/GC06900520)

정치세력으로 기능했음을 주장하였다.7) 이 같은 연구는 이 시기 정치집단이 형성되는 양상을 구체적인 사례를 통해 보여주었다는 점에서 의의가 있다.

그렇지만 이 시기 명문거족이나 유력 인물을 분류하는 데 있어 성관이 유효한 기준인지에 대해서는 재론의 여지가 있다. 예를 들어, 성종대 강희맹의 사촌 박중선(朴仲善)의 등용을 둘러싼 조정의 논의에서, 박중선은 강희맹과 다른 성관임에도 불구하고 일문(一門)으로 분류되고 있다.8) 이와 같은 비판은 선행연구에서도 제기된 바 있다. 비교적 이른 시기에 수행된 『동국여지승람』의 「인물조」 분석 연구에서는, 15세기 명문거족이 사실상 동성을 기준으로 한 집단이 아니라, 동고조 8촌을 하한으로 하는 친족집단이 중심이 되었음을 밝힌 바 있다.9) 최근 연구에서는 조선 전기뿐만 아니라 조선 후기까지도, 친족집단이 하나의 고정된 집단이라기보다는 혼인과 혈연이라는 두 매개를 통해 형성되고 유지되는 네트워크임이 분석되었다.10) 이들 연구에서는 '혼인'이 중앙 정계에 영향력을 행사하는, 이른바 '명문거족'이 되는 주요한 방법임을 밝혔다. 이에 따르면, 성관 분석보다 혼인 관계를 분석하는 것이 이 시기 지배층의 양상을 밝히는 데 더 도움이 될 것이다.

---

7) 이 연구에서 활용한 '혼인 네트워크'는 진주강씨라는 성관 집단이 정치적 위세를 획득하기 위한 방법으로 이해할 수 있다. 이는 동일 성관 단위의 분석을 대체할 수 있는, 후술할 '혼인 네트워크'와는 다른 층위의 것이다.(강제훈(2007), 「조선초기 家系繼承 논의를 통해 본 姜希孟家의 정치적 성장」, 『朝鮮時代史學報』 42)

8) 『성종실록』 권97, 성종 9년 10월 乙巳.

9) 이태진(1976), 「15세기 후반기의 「거족」과 명족의식 - 《동국여지승람》 인물조의 분석을 통하여」, 『한국사론』 3, 국사편찬위원회.

10) 이 연구에서는 해당 연구를 인용했으나, 이처럼 성관 자체를 분석단위로 활용할 수 있는 것인가에 대한 의문은 유력 성관을 단위로 과거 응시자를 분석한 와그너를 통해서도 제시된 바 있는 것이다.(백광렬(2017), 「조선후기 지배엘리트 '친족연결망'(Kinship Network)의 개념과 분석방법」, 『사회와 역사』 114, 한국사회사학회 ; 관련 연구는 에드워드 와그너(2007), 『조선왕조 사회의 성취와 귀속』, 서울 : 일조각.)

이와 관련하여 논할 수 있는 개념은 '혼인 네트워크'이다. 혼인 네트워크와 관련한 연구에서는, 족보상에서 확인할 수 있는 사위와 아내가 혼인 네트워크의 연결점[node]으로 기능한다고 분석해 왔다. 이러한 분석이 의미 있는 이유는 엘리트 집단, 지배층, 세거 사족 등 '친족', '단일 성관', '유력 성관'만으로는 설명할 수 없는 집단을 서술하는 데 혼인 네트워크가 유효하기 때문이다. 이성(異姓) 집단과 혼인을 통한 결속, 즉 혼인 네트워크가 사족 집단을 설명하는 데 더 적합할 것이다.[11]

혼인 네트워크는 15~16세기의 지형을 설명할 수 있는 유용한 개념이다. 이 같은 혼인 네트워크의 개념을 따른다면, 시흥 일대에 강순덕과 강희맹 일가와 강희맹의 사위 권만형이 세력 기반을 마련한 것은 15~16세기 사족 혼인 네트워크의 한 단면이 될 수 있을 것이다. 그런데 진주 강씨가 간행한 족보에 따르면, 강희맹의 둘째 아들 강학손(姜鶴孫)은 시흥 선영에 묘를 마련한 강희맹과 자신의 형 강귀손(姜龜孫)과는 달리, 영광에 묘를 마련한 것으로 확인된다. 더불어 강학손의 후손들은 이후 영광과 순창 일대에

---

11) 손병규(2012), 「조선왕조 1600년경 편찬 족보의 계보형태와 특성 - 1606년 편찬 『晉陽河氏世譜(萬曆譜)』의 분석을 중심으로」, 『大東文化硏究』 77, 대동문화연구 ; 이외에도 혼인 네트워크의 개념을 활용한 다수의 연구가 있다. 조선 전기, 족보를 활용한 연구로는 안동권씨 『成化譜』를 분석하며 혼인 네트워크 개념을 활용한 이상국·박현준의 연구도 있다.(이상국·박현준(2016), 「13~15세기 한국의 혼인, 사회적 위상, 그리고 가족계승 - 안동권씨성화보를 중심으로」, 『한국역사인구학 연구의 가능성』, 성균관대학교출판부, pp.75-97.
한편으로 '혼인 네트워크'라는 표현 자체가 조선 전기와 후기 모두에 적용할 수 있는 개념이 아니라는 비판 또한 존재한다. 권기석은 족보에 등재된 여성의 정보와 관련한 분석을 통해 전기의 족보에서는 혈연 네트워크가 조선 후기 족보에서는 혼인 네트워크가 구현되어 있었다고 판단하였다. 전기의 족보가 혈연 네트워크 구현에 관심이 있다는 주장에는 전기의 족보가 '사위'가 아닌 딸의 '후손'에 관심이 있었기 때문이라는 근거가 제시되었다.(권기석(2019), 「조선시대 족보의 女性 등재 방식의 변화 - 여성의 夫家 귀속과 다원적 계보의식의 축소」, 『조선시대사학보』 90, pp.41-95) 그러나 본 연구는 혼인 관계를 분석하려는 시도이며 전기와 후기 모두 친족 관계에 있어 혼인이 주요한 역할을 했다고 간주한다. 이에 따라, 혼인 네트워크를 주된 개념어로 사용하기로 결정하였다.

흩어져 살았다. 유력 인물들과 혼인 네트워크를 형성했으며 고위 관직을 역임하고 공신이 되기도 한 강희맹의 아들이, 시흥 일대를 떠나게 된 까닭은 무엇이었을까? 강희맹이 형성하고 속해 있던 혼인 네트워크 속에서, 강학손과 그 후손들의 자리는 사라져 버린 것일까?

이러한 질문들은 이 시기 혼인 네트워크가 기닌 '영향력'의 유효 기간이 어느 정도였는지를 논함으로써 해결될 수 있을 것이다. 이에 '15~16세기 사족의 혼인 네트워크의 영향력은 얼마나 지속되었는가?'라는 연구 질문을 제기하고, 이를 강희맹 가계 인물들이 형성한 혼인 네트워크의 양상을 통해 분석해보고자 한다. 이 질문을 단순화하면, 15~16세기의 사족들이 '귀족화'되었는가, 또는 고정된 집단으로서 '세력화'하고 있었는가에 대한 물음이 될 것이다. 더불어 여기서 제기되는 또 하나의 질문은, 이 시기 '명문거족'이라 불리는 이들의 정체성과 관련된 것이기도 하다. 명문거족이라 불리던 이들의 후손들은 이 네트워크에 힘입어 지속적으로 중앙 정계에서 입지를 다지고, 유력 인물들과 통혼하였는가? 이 시기 명문거족은 공고한 정체성을 가진 집단이었는가?

15~16세기의 강희맹은 중앙 정계의 인물들과 혼인 네트워크를 형성하고 있었다. 본 연구에서는 15~16세기 강석덕 - 강희맹 후손들의 정치적 향방과 혼인 관계를 통해, 이 시기 지배층의 존재 양태를 분석하는 것을 목적으로 한다. 1장 1절에서는 강석덕 - 강희맹 부자가 형성한 혼인 네트워크를 살펴보고, 이를 통해 혼인 네트워크가 당대 인물들에게 미친 영향을 분석할 것이다. 2절에서는 강석덕 - 강희맹 가계 후손들의 관직과 세거 기반을 고찰하며, 강희맹 이후에도 그가 형성한 영향력이 가계 인물들에게 지속되었는지를 입증하고자 한다. 2장에서는 사위와 장인의 관직 및 본관을 분석하였다. 이를 통해 강석덕 - 강희맹 가계 인물들의 혼인 네트워크 형성 양상을 개략적으로 보여줄 수 있을 것으로 기대한다.

2. 분석대상과 강희맹 일가의 혼인 네트워크

2.1. 강석덕 - 강희맹 가계의 혼인 네트워크의 형성과 후손의 향방

강희맹의 본관은 진주로, 진주 강씨는 고구려 인물 강이식(姜以式)을 시조로 삼는다. 진주 강씨는 강이식 이후 세대를 거치며 총 다섯 개의 파로 분화되었으며, 강희맹은 이 가운데 강계용(姜啓庸)을 파시조로 하는 박사공파(博士公派)에 속한 인물이다. 특히 통정공(通亭公) 강회백(姜淮伯)과 그 아들 강석덕(姜碩德)의 후손은 통정공 대민공계(通亭公 戴愍公系)로 분류되며, 강희맹은 이 가계의 일원이다.

강희맹은 강석덕의 둘째 아들로 태어나, 숙부 강순덕(姜順德)의 양자가 되었다. 강희맹을 비롯한 진주 강씨 일가가 시흥 일대에 세력 기반을 마련하게 된 데에는 강순덕의 혼인이 직접적인 계기로 작용하였다. 강순덕은 강석덕의 동생이자, 안산군 이숙번(李叔蕃)의 아홉 딸 가운데 둘째 딸과 혼인하였다. 이에 따라 시흥 일대에 위치한 이숙번의 재산은 사위 강순덕을 거쳐, 그의 양자인 강희맹에게로 상속될 수 있었다.

그렇다면 시흥 일대의 땅을 상속받기 전, 강희맹 가계는 어떤 정치적 입지를 지니고 있었을까? 강희맹의 선대는 이전에도 혼인을 통해 중앙 정계에서 정치적 기반을 다져왔다. 예를 들어 6대 인물인 강시(姜蓍)는 다섯 아들을 두었는데, 그중 막내아들 강회계(姜淮季)는 고려 공양왕의 딸과 혼인하였다.[12] 그러나 공양왕의 사돈으로서 강시가 누렸던 권력은 조선의 건국과 함께 사라졌다. 태조 즉위 이후, 강시와 그의 아들들은 직첩을 회수당했다.[13] 그렇지만 강시는 태조의 명으로 다시 서울 인근에 머물며 지낼 수 있었다.[14] 이는 강시와 맏아들 강회백의 묘가 경기도

---

12) 강제훈, 앞의 논문, pp.9-13.
13) 『태조실록』 권1, 태조 1년 7월 정미.

일대에 있다는 점을 통해서도 확인할 수 있다.15) 이들이 정치적으로 실권한 이후에도 서울에 머물렀던 까닭은 명확하지 않지만, 아마도 서울에 머무르며 중앙 정계로 진출할 기회를 엿보고 있었던 것으로 보인다. 이는 회백의 맏아들인 강종덕(姜宗德)이 조선 건국 이후 안동 물계촌으로 물러가 벼슬을 사양하고 그곳에 머문 것과는 대소석이라 할 수 있다.16)

강희맹의 할아버지인 강회백은 조선 건국 이후 다시 관직에 나아가 활동을 이어갔다.17) 그에게는 총 다섯 명의 아들이 있었는데, 강종덕(姜宗德), 강우덕(姜友德), 강진덕(姜進德), 강석덕(姜碩德), 강순덕(姜順德)이 그들이었다. 강회백은 첫 번째 부인 정씨에게서 종덕, 우덕, 진덕을, 두 번째 부인 이씨에게서 석덕과 순덕을 두었다.18) 강희맹의 생부 강석덕은 벼슬이 지돈녕부사에 이르렀으나, 과거를 보지 않고 음직(蔭職)으로 관직에 나아갔다. 이는 참하직(參下職)에 해당하는 낮은 관직이었지만, 세종의 발탁으로 양근군수(楊根郡守)에 임명되었고, 이후 승진을 거듭하여 집의와 승지에까지 오르는 영광을 누렸다.19) 강석덕이 음직으로 관직에 나아갈 수 있었던 것은, 그의 아버지 강회백이 정2품에 해당하는 정헌계(正憲階)에 올랐기 때문이었을 것이다.20) 그렇지만 강석덕이 과거에 응시하지 않고도 높은 관직에 오를 수 있었던 데에는 혼인이 영향을 미쳤을 가능성이 크다. 그는 심온(沈溫)의 딸과 혼인하였으며, 이 혼인이 그의 관직 진출과 활약에 긍정적인 영향을 미쳤을 것으로 추정된다.

강석덕의 혼인은 강석덕 개인에게도 중요했지만, 강희맹 일가에게도

---

14) 『태조실록』 권11, 태조 6년 5월 경진.
15) 『진주강씨대동보』에 따르면 강시는 경기도 장단군 대강면, 강회백은 경기도 연천군 왕징면에 묘소를 썼다.
16) 『진주강씨족보』 종덕(宗德)의 세주에 관련 내용이 보인다.
17) 『태종실록』 권4, 태종 2년 11월 무술.
18) 權近, 『陽村集』 권39, 「墓誌類」. '有明朝鮮國贈諡恭穆姜公墓誌銘'.
19) 李肯翊, 『燃藜室記述』 卷3, 「世宗祖故事本末」. '世宗朝名臣'.
20) 『태종실록』 卷4, 태종 2년 11월 무술.

중대한 사건이었다. 심온은 세종의 장인으로, 이 혼인을 통해 강석덕은 세종과 동서지간이 되었다. 심온은 5남 6녀를 두었는데, 장녀는 세종의 비인 소헌왕후이며, 차녀가 강석덕의 아내였다. 강석덕 외에도 심온은 우의정 노한(盧閈)의 아들 노물재(盧物載), 유자해(柳子偕), 이숭지(李崇之), 박거소(朴去踈)를 사위로 삼았다.21) 왕의 장인인 심온은 사위들과 그 가족들의 관직 생활에 막대한 영향력을 미쳤다. 이하(李賀)는 아들 이숭지가 심온의 사위라는 이유로 서인으로 강등되었다.22) 노물재는 척리(戚吏)였기 때문에 동지돈녕부사에 오를 수 있었다.23) 심온이 직접 사위의 승진을 도우려 했던 사례도 있다. 그는 왕비가 된 자신의 딸을 이용해 강석덕의 관직을 승진시켰고, 유자해 또한 승진시키려 시도하였다.24) 심온, 세종, 이하, 노물재 등은 혼인 네트워크를 통해 연결된 관계였으며, 강석덕 역시 이 혼인 네트워크의 일원이었다.

강석덕의 딸들 또한 유력 인물들의 자제와 혼인하였다. 그들은 황희(黃喜)의 손자 황신(黃昚), 정난공신이자 숭록대부에 오른 박중손(朴仲孫)의 아들 박미(朴楣)25), 남은(南誾)의 종손 남간(南簡)의 아들 남준(南俊)26)등과 혼인하였다. 강희맹의 생부인 강석덕은 유력 인물들과의 혼인을 통해 승진을 거듭하고 있었으며, 그의 딸들 또한 현달한 인물들의 자제와 혼인함으로써 이 시기 중앙 정계의 인물들과 혼인 네트워크로 긴밀히 연결되었다. 강희맹의 양아버지 강순덕 또한 혼인이 관직 생활에 큰 도움이 되었다. 그는 관직에 진출한 후 세 번 직책을 바꾸며 불과 5개월 만에 주부에

---

21) 『청송심씨대동세보』 권1.
22) 『세종실록』 권19, 세종 5년 1월 병술.
23) 『세종실록』 권114, 세종 28년 10월 무오.
24) 『세종실록』 권2, 세종 즉위년 11월 기사.
25) 『東文選』 권121, 「碑銘」. '有明朝鮮國輸忠衛社協贊靖難功臣崇祿大夫密山君諡恭孝朴公神道碑銘'.
26) 『진주강씨대동보』 권1 ; 『新增東國輿地勝覽』 권31, 「慶尙道」 '宜寧縣'.

올랐는데, 당대인들은 이와 같은 빠른 승진이 장인 이숙번의 기세 덕분이라 판단하였다.27)

강희맹의 선대는 중앙 조정 인물들과 통혼 관계를 형성하면서 정계의 핵심 세력이 되었다. 강희맹 또한 유력 인물과 통혼 관계를 맺었다. 그의 부인 안씨는 안숭효(安崇孝)의 딸로, 안숭효는 개국공신 안경공(安景恭)의 손자이자, 의정부 찬성사를 역임한 안순(安純)의 아들이었다.28) 안숭효 역시 대사헌에까지 오른 당대의 현달한 인물이었다.29) 이처럼 강희맹은 처가와 자신의 가계를 통해 모두 중앙 정계 인물들과 연결될 수 있었다.

강희맹은 사돈에게서도 많은 영향을 받았다. 그는 성세명(成世明), 김성동(金誠童), 신렴(申濂)을 사위로 들였다. 성세명은 지돈녕부사로서 종2품 관직에 올랐고, 김성동은 안동부사를 지낸 김질(金礩)의 아들이었다. 신렴은 신숙주(申叔舟)의 증손자였다. 한편, 신숙주는 강희맹의 차남 강학손(姜鶴孫)을 통해서도 연결된다. 강학손은 신숙주의 아들 신면(申㴐)의 딸과 혼인하였다. 신숙주는 강희맹의 공신 추록 과정에서 중요한 역할을 한 인물이기도 하다. 강희맹은 자신의 공적을 스스로 열거하며 공신 추록에 참여하고자 했다는 이유로 초기에 공신 명단에서 제외되었다. 이에 신숙주는 강희맹의 뜻을 옹호하며 공신 추록을 추진하였고, 그 결과 강희맹은 익대공신 3등에 추록될 수 있었다.30)

강희맹에게 선대와 자신의 혼인은 정치적 영향력뿐 아니라 경제적인 이득을 가져다주는 수단이기도 했다. 대표적인 예가 시흥 일대의 토지를 상속받은 것이다. 『신증동국여지승람』에 따르면, 현 시흥에 해당하는 안산·인천 일대의 토성(土姓)은 각각 김(金)·안(安)·임(林)·방(方), 이(李)·공

---

27) 『태종실록』 권30, 태종 15년 7월 임자.
28) 『세종실록』 권91, 세종 22년 11월 정묘.
29) 『梓鄕誌』, 「順興誌」 '名宦'.
30) 『예종실록』 권6, 예종 1년 6월 기묘.

(貢)·하(河)·채(蔡)·전(全)·문(門)·박(朴)·최(崔) 등이다.31) 진주 강씨는 15세기에 들어 안산에 세력 기반을 마련하기 시작한, 외부에서 유입된 성씨였다. 이숙번의 딸과 혼인한 강순덕의 양자로서, 강희맹은 시흥 일대의 토지를 상속받았다. 그는 이외에도 혼인 관계를 통해 함양과 금양 일대의 땅을 소유할 수 있었다. 강희맹이 양모 정씨에게서 상속받은 재산 중에는 함양 일대의 땅이 포함되어 있었던 것으로 추정된다. 이 땅은 강희맹에 의해 '함양 촌사'로 언급되기도 하였다. 또한 '금양별업(衿陽別業)'이라 불리던 농장은 본래 순흥 안씨의 사패지였으며, 안숭효의 딸과 혼인한 강희맹이 이곳의 일부를 상속받았을 것으로 보인다.32)

강희맹의 선대뿐 아니라 강석덕·강순덕, 그리고 강희맹 자신 역시 중앙정계 인물들이 속한 혼인 네트워크의 일원이었다. 이들은 유력한 인물들과의 혼인을 통해 관직 활동과 재산 증식에서 이익을 얻었다. 더군다나 강희맹 개인도 당대 조정에서 유력 인물이었다. 이러한 배경 때문에, 강희맹과 친인척 관계에 있던 인물들은 그의 세력을 등에 업고 출사한다는 의혹에서 자유롭지 못했다. 박중선(朴仲善)은 박거소의 아들로, 부친 박거소가 일찍 세상을 떠나자 이모부인 강석덕의 집에서 성장하였다.33) 그는 강석덕의 친자 강희맹과는 사촌 관계였다. 박중선은 강희맹의 추천으로 이조판서에 제수되었으나, 이는 당대 조정에서 논란이 되었다. 박중선이 당시 주요 인사들과 특별한 인연이 없었고, 단지 강희맹의 일문(一門)이라는 이유로 관직에 오른 것으로 여겨졌기 때문이다.34)

이보다 앞서 강희맹의 우서(友壻) 김견수(金堅壽)의 임명 또한 문제가 되었다. 성종 9년, 김견수가 사섬사 제조로 임명되는 과정에서 강희맹의

---

31) 『新增東國輿地勝覽』 卷9,「京畿」, "仁川都護府", "安山郡".
32) 박경안(2002),「논문-강희맹(1424~1483)의 농장에 관하여」,『역사와현실』 46, pp.120-122.
33) 『단종실록』 권4, 단종 즉위년 10월 정사.
34) 『성종실록』 권97, 성종 9년 10월 을사.

개입이 있었던 것이 아니냐는 의혹이 제기되었다. 김견수는 무사 출신으로 성품이 좋지 못하고, 과거에도 관직 수행 중 문제를 일으킨 바 있는 인물이었다. 그럼에도 제조로 임명된 데에는 강희맹의 영향력이 작용했을 것으로 이해되고 있었다. 김견수는 안숭효의 셋째 딸과 혼인하여 강희맹과는 동서지간에 해당한다.35) 강희맹의 사돈 송요년(宋遙年) 역시 초임에 정직(正職)에 제수되었는데, 이 또한 강희맹 집안과의 혼인이 영향을 미쳤을 가능성이 있다. 중종 2년, 성희안(成希顔)은 초임자 가운데 유력 인물의 자제이거나 유력 인물과 혼인 관계를 맺은 자들이 다수 포함되어 있음을 지적하며, 강희맹과 통혼한 송요년의 사례를 언급하였기 때문이다. 이들은 정원에 빈자리가 없음에도 정직으로 임용되었고, 때로는 빈자리를 인위적으로 마련하여 초기 관직 진출에서 이득을 본 인물들이었다.36)

강희맹을 중심으로 이 장에서 논의한 인물들을 바탕으로 작성한 관계도는 〈그림 1〉과 같다. 강희맹은 친부 강석덕을 통해 심온과 연결되고, 심온을 통해 박거소와 박중선으로 이어진다. 또한 장인 안숭효를 매개로 김견수에게까지 영향력을 행사할 수 있었다. 장인·사위·사돈 관계뿐만 아니라, 동서나 이종사촌과 같은 다양한 혼인 관계 역시 강희맹의 관직 생활에 영향을 주었다. 여기서 혼인은 각 인물 간 관계를 형성하는 주요한 매개였다.

강희맹의 선대부터 강희맹 자신에 이르기까지, 혼인은 중앙 정계 인물들과 연결될 수 있는 주요한 수단이었다. 이들은 혼인을 통해 관직에 진출하고 승진하였으며, 경제적 기반도 마련할 수 있었다. 그런데 강희맹의 둘째

---

35) 『성종실록』 권91, 성종 9년 4월 신해 ; 『성종실록』 권91, 성종 9년 4월 임자.
36) 『중종실록』 권2, 중종 2년 4월 8일 신사. "成希顔議 : '《大典》《諸科條》註, '文科甲科階窮者, 陞堂上官, 乙科, 丙科階窮者, 授准職, 已准職者, 陞堂上官.' 自立此法, 韓堰以新及第, 初授大司諫, 乃其時宰相韓明澮之姪也. 且崔灝, 崔恒之子, 申泂, 叔舟之子, 鄭敬祖, 麟趾之子, 而李繼孫之壻, 姜龜孫·希孟之子, 宋遙年·姜希孟之婚家, 而皆初授正職. 此非皆値窠闕而授, 亦或有作闕而授者, 其他臣所不能盡記."

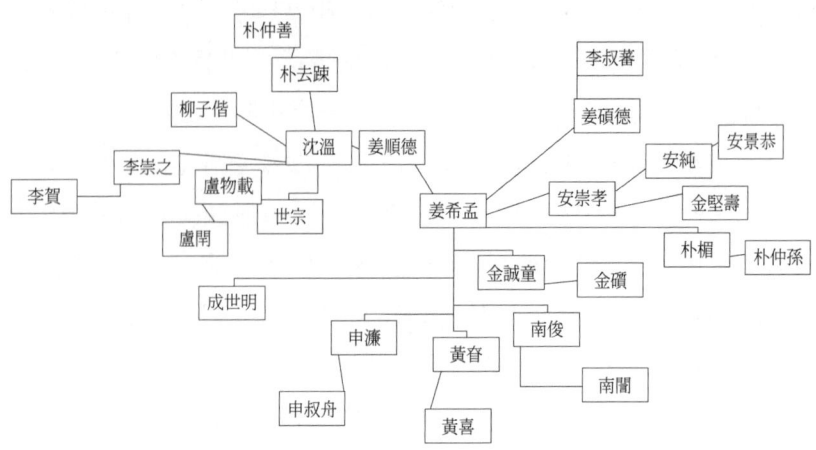

〈그림 1〉 강희맹을 중심으로 둔 당대의 인물 관계

아들 강학손은 경기 일대를 떠나 다른 지역에 기반을 둔 것으로 보인다. 그는 자신의 묘소를 영광군에 마련하였고, 그 후손들 역시 영광과 순창 일대에 정착하였다.[37] 강학손과 그 후손들이 서울과 경기 지역을 세력 기반으로 삼지 않고 다른 지역으로 옮겨간 것이다. 그렇다면, 강학손 후손들이 서울을 떠난 이 현상을 어떻게 이해할 수 있을까? 이는 강희맹 후손들의 관직 이력과 선영의 위치를 분석함으로써 접근할 수 있을 것이다.

2.2. 강석덕 - 강희맹 가계의 관직 고하 분석

본고에서 분석을 위해 활용한 주요 자료는 족보이다.[38] 1994년에 간행

---

[37] 진주강씨 족보로 가장 이른 시기 간행된 족보인 『을축보』에서는 12세 인물 강진(姜震)의 후손이 순창에 거주하며 강오복(姜五福)의 후손은 영광에 거주한다고 밝혔다. 여기서 강진과 강오복은 모두 강학손의 손자이다.

[38] 족보는 시조를 중심으로 그 후손을 망라한 가계 기록으로, 한 성관의 인물들을 수록하고 있는 자료이다. 족보는 혈연관계를 포함하고 있으며 각각의 인물에 대한 정보를 방주로 제공하고 있다. 이를 통해 해당 인물의 관직, 묘소의 위치,

된 『진주강씨대동보』(이하 『대동보』)에 따르면, 가장 이른 시기에 간행된 대동보는 숙종 11년(1685)의 『을축보』이다.39) 이보다 앞선 시기의 족보는 현재 확인할 수 없기 때문에, 강석덕·강희맹 부자가 활동하던 시기에 가장 가까운 족보는 『을축보』라 할 수 있다.

그렇지만 본 연구에서 분석에 주로 활용한 자료는 『을축부』가 아니라 『대동보』이며, 그 이유는 다음과 같다. 첫째, 『을축보』에는 수록되지 않았지만 『대동보』에는 입록된 인물이 다수 존재한다. 예를 들어, 『대동보』에는 강기수(姜期壽)의 아들로 총 여섯 명 - 강사진(姜思晉), 강사의(姜思義), 강윤한(姜允翰), 강현기(姜玄器), 강위망(姜渭望), 강만남(姜晩男) - 이 입록되어 있으나, 『을축보』에는 강만남 한 명만 수록되어 있다.40) 사위 정보도 유사하다. 강희맹의 사위 가운데 신렴(申濂)은 『을축보』에서는 확인되지 않지만, 『대동보』에서는 확인 가능하다. 『을축보』의 상계에 해당하는 14대 이전의 인물들 가운데 강석덕의 후손에 해당하는 인물 수를 비교해 보면, 『을축보』에는 남녀를 합쳐 142명이 수록되어 있는 반면, 『대동보』에는 304명이 수록되어 있어 큰 차이를 보인다.41) 『대동보』에는 과거 족보에 누락된 인물이라는 내용의 방주(房註)가 붙은 인물들도 입록되어 있는데, 이들은 『대동보』 간행 과정에서 다른 가문의 족보나 각 종파 단위의 족보를 참고하여 새롭게 추가된 것으로 보인다.42)

학행, 배우자의 정보 등을 확인할 수 있다.
39) 『乙丑譜』는 『晉州姜氏南漢譜』라는 이름으로 간행되었다. 진주강씨문중은 1997년 『乙丑譜』를 그대로 복사하여 간행하였다. 여기서는 1997년 간행된 『乙丑譜』를 활용하였다.
40) 『대동보』에 따르면 강사진의 생년은 1497년으로 『을축보』가 간행될 당시에는 수록되어야 마땅한 인물이었다. 아울러 『을축보』의 기록을 보자면 강만남은 다른 자제들에 비하여 지위가 낮은, 서자였을 것으로 보인다. 그 근거로는 강만남은 다른 자제들보다 윗 칸을 띈, 즉 한 단계 낮게 기록되어 있다는 점을 들 수 있다.
41) 『대동보』에는 기재되지 않은 외손을 78명을 포함하여도 220명이다.
42) 실제 1994년 간행된 족보의 범례에서는 배위는 사조를 구보에 의해 등재한다고

둘째, 방주에 기재된 정보의 내용에서도 차이가 나타난다. 『을축보』보다 『대동보』가 더 많은 정보를 제공하며, 여기에는 개인의 관직 정보뿐만 아니라 아내 집안에 대한 정보도 포함된다. 예를 들어, 11세 강형수(姜亨壽)는 『을축보』에서는 '별좌'라는 개인의 관직 정보만 기록되어 있으나, 『대동보』에서는 보다 상세한 관직 정보와 함께 아내인 청주 한씨의 증조에 대한 정보까지 수록되어 있다. 이에 따라 혼인 네트워크의 유효 기간을 질문하는 본 연구의 목적상, 보다 많은 후손과 그들의 정보를 확보할 필요가 있었다. 따라서 『대동보』의 정보를 중심으로 활용하되, 『을축보』에서 추가로 보완할 수 있는 정보가 있을 경우 이를 함께 참고하였다.

한편, 『을축보』에 비해 『대동보』가 더 많은 인물과 정보를 수록하고 있는 현상에는 별도의 해석이 필요하다. 우선, 『을축보』의 간행 시기가 1685년이라는 점에서 그 이유를 찾을 수 있다. 족보는 시간이 흐르면서 점차 더 많은 정보를 수록하는 경향을 보였으며, 특히 아내에 대한 정보는 조선 후기에 들어서야 기재되기 시작했다. 예컨대, 족보 간행의 역사가 비교적 긴 안동 권씨의 경우에도 17세기 후반에서 18세기 초에 이르러서야 아내 정보가 기록되기 시작했다.43) 또 다른 해석의 가능성은 진주 강씨의 세력 기반과 관련이 있다. 족보는 일족 의식의 표현이자 지배 세력의 세력 과시 수단으로 기능했다.44) 이러한 시각에서 본다면, 『을축보』 간행 당시 진주 강씨 내부에서 족보 편찬을 위해 적극적으로 정보를 제공한 인물이 적었을 수 있으며, 이는 곧 '진주 강씨'로서의 일족 의식이 미약했거나, 단일 성관의 정보를 포괄하고 편성할 수 있는 집중적 권한이 부족했음을 의미할 수 있다.

밝히고 있다. 진주강씨대동보편찬위원회(1994), 『晉州姜氏大同譜』, 晋州姜氏大同譜編纂委員會.
43) 자세한 내용은 강나은(2021), 「조선 후기 족보의 여성 정보 등재 추이와 그 의미」, 서울대학교 석사학위논문.
44) 이태진, 앞의 논문, pp.316-317.

이러한 배경에 따라, 본 연구에서는 『대동보』를 분석 자료로 삼되, 강석덕의 후손 가운데 14대까지를 분석 범위로 한정하였다. 족보는 후손들이 지속적으로 추가되며 갱신되는 자료이므로, '강석덕의 후손'은 오늘날까지 이어지는 방대한 인물군을 포괄하게 된다. 그러나 본 연구는 15~16세기 지배층의 혼인 네트워크가 후손에게 어떠한 영향을 미쳤는지를 분석하려는 시도이므로, 해당 시기에 속하는 인물들을 중심으로 분석할 필요가 있다.

『대동보』에서는 14대를 기준으로 상계(上系)를 구분하고 있다. 방주를 바탕으로 이들의 생년을 분석한 결과, 일부는 17세기 인물이 포함되어 있었으나 대체로 15~16세기에 해당하는 인물들이 14대에 집중되어 있었다. 다만, 진주 강씨의 15~16세기 이후 후손들의 상황 또한 함께 논의할 필요가 있다. 이에 본 연구는 14대를 주요 분석 대상으로 설정하되, 논의의 입체성을 확보하기 위해 14대 이후 자손들의 사례도 일부 소개하고자 한다.

아울러 강희맹은 진주 강씨 박사공파의 9세손으로, 강석덕의 후손이 중심이 되는 통정공 대민공계에 속한다. 진주 강씨 가운데 강희맹이 명관으로 길이 기억되고 있지만, 본 연구에서는 분석 범위를 강석덕의 후손으로 설정하였다. 여기에 다음과 같은 두 가지 이유가 있다. 첫째는 강희맹을 분석 범위에 포함하기 위함이다. 둘째는 강석덕의 혼인이 강희맹 일가가 중앙 정계로 진출하는 데 결정적인 계기로 작용했을 것으로 판단했기 때문이다. 다시 말해, 진주 강씨 집안 혼인 네트워크의 영향력이 본격적으로 드러나기 시작한 시기가 강석덕의 활동기라 할 수 있다. 『대동보』에 따르면, 족보상 14세까지 강석덕의 후손은 총 304명이다. 이 가운데 여성 후손은 57명, 남성 후손은 243명이며, 며느리로 그 존재가 확인되는 인물은 230명이다. 이 절에서는 이 중 남성 후손의 정보를 중심으로 논의를 전개할 예정이다.

『대동보』에 수록된 강석덕의 남성 후손 243명의 방주에는 생년·졸년, 과거 급제 여부(취재), 관직 약력, 세간의 평가, 묘소 위치 등의 정보가 기재되어 있어 개별 인물의 경력을 파악할 수 있다. 본 연구에서는 이들 인물의 관직 경력을 객관적으로 분류하기 위해 당상·당하(참상, 참하) 체계를 기준으로 삼았다. 당상관은 자손에게 음직(蔭職)을 통한 관직 진출의 기회를 제공할 수 있었던 고위 관료군으로, 혼인 네트워크의 영향력을 분석함에 있어 관직 진출과 승진상의 이점을 논하는 데 적용할 수 있는 구분선이다.[45] 다만, 이러한 기준 아래에서는 진사(進士), 생원(生員)과 같은 인물들이 제외될 수밖에 없었고, 사회적 평판이나 학행(學行)과 같은 정량화할 수 없는 가치들은 분석에 포함시키지 못했다는 한계를 함께 밝혀 둔다.

또한 인물별로 제공되는 정보에 차이가 있어, 아예 정보가 없거나 생졸년만 기록된 경우도 있으며, 이로 인해 정보의 내용에는 편차가 존재한다. 분석의 편의를 위하여 관직 정보를 확인할 수 없는 경우에는 모두 '미상'으로 통일하여 정리하였다. 한 인물이 복수의 관직 약력을 보유한 경우도 있다. 이러한 경우에는 해당 인물의 가장 높은 관직을 기준으로 분석에 활용하였다. 예를 들어, 14대 인물 강사(姜泗)는 충렬을 인정받아 처음에는 충좌위 부사직에 임명되었으며, 이후 승진하여 통정대부 첨지중추부사에 이르렀다. 충좌위 부사직은 오위(五衛)의 종5품 관직에 해당하며, 통정대부 첨지중추부사는 정3품 당상관에 속하는 고위 관직이다. 따라서 본 연구에서는 강사를 정3품 당상관으로 분류하여 분석하였다.

〈표 1〉은 세대별 관직 분포를 정리한 표이다. 전체적으로 뚜렷한 추세를 확인하기는 어렵다. 다만, 11대 인물들 가운데 당상관에 오른 사례가 드물

---

45) 『經國大典』,「吏典」'取才' 蔭子弟錄事, "功臣及二品以上子·孫·壻·弟·姪-原從功臣, 則子·孫 - 實職三品者之子·孫, 曾經吏·兵曹·都摠府·司憲府·司諫院·弘文館·部將·宣傳官者之子, 年二十以上, 許試敍用."

〈표 1〉 세대별 관직 분포(단위 : 명)
(괄호 안은 세대별 인구 대비 해당 관직 인물 비율(단위 : %))

세대	당상관	참상관	참하관	미상	총합계
9	1 (50)	1 (50)	0 (0)	0 (0)	2
10	1 (14.3)	1 (14.3)	0 (0)	5 (71.3)	7
11	1 (8.3)	5 (41.7)	2 (16.6)	4 (33.3)	12
12	6 (20)	10 (33.3)	4 (13.3)	10 (33.3)	30
13	11 (16.2)	24 (35.3)	6 (8.8)	27 (39.7)	68
14	17 (13.7)	26 (21)	18 (14.5)	63 (50.8)	124
총합	38	69	30	110	243

다는 점은 주목할 만하다. 당상관은 높은 품계를 지닌 고위 관직으로, 자손에게 음직(蔭職)의 혜택을 제공할 수 있는 지위였다. 그럼에도 불구하고, 11대 인물들 가운데 자손에게 실질적인 관직 진출의 혜택을 줄 수 있었던 경우는 거의 없었다. 그런데도 12대 인물들의 관직 진출 비율이 다른 세대와 비교해 크게 다르지 않다는 점은, 선대의 고관 여부와 자손 세대의 관직 진출 간에 강한 상관관계가 존재하지 않을 가능성을 시사한다. 이는 어디까지나 임시적인 추론이지만, 혼인 네트워크의 영향력 분석에서 직계 상위 세대의 관직 수준이 반드시 후속 세대의 관직 진출을 보장하지는 않음을 보여주는 지점이라 할 수 있다.

10대 인물들 가운데 관직 정보를 확인할 수 없는 사례가 많은 것은, 강희맹의 아들이자 강귀손(姜龜孫)의 형제들이 요절하거나 서파(庶派)에 속한 인물들이 포함되어 있기 때문이다. 강인손(姜麟孫)은 13세의 나이에 사망하였으며, 바로 아래 동생 강난손(姜鸞孫) 역시 요절하였다. 강종손(姜螽孫)은 그 후손이 영흥에 거주했다는 정보만이 전할 뿐, 구체적인 내용은 전하지 않는다. 한편, 이들이 첩의 자식, 즉 서자였기 때문에 족보상의 정보가 소략한 것이라는 해석도 가능하다. 강희맹은 정실부인 안씨와의 사이에서 강귀손과 강학손, 그리고 네 명의 딸을 두었으며,[46] 강인손·강난

---

46) 姜希孟, 『私淑齋集』 卷11, 「附錄」, '私淑齋先生文良姜公行狀.'

손·강오손(姜鰲孫)·강종손 형제는 첩실 소생이었다. 이는 『을축보』에서 강난손과 강오손의 이름이 다른 형제들보다 한 칸 아래에 기록된 사실을 통해서도 추정할 수 있다. 『대동보』는 이들에 대한 정보를 충분히 반영하지 않았다. 예컨대 강오손은 연산군 11년 내수사 별좌로 재직했던 사실이 확인되지만, 족보에서는 이 같은 기록이 누락되어 있다.[47] 이처럼 서파 인물들은 족보에 이름은 올랐으나, 그 외 세부 정보는 기재되지 않은 경우가 대부분이었다. 강오손이 첩실의 자식임에도 조정에서 활동할 수 있었던 데에는, 강희맹의 정치적 영향력이 작용했을 가능성이 크다. 그러나 강희맹의 후손들이 서파였던 강오손과 사실상 단절되었고, 족보에 그 흔적이 거의 남아 있지 않다는 점에서, 강희맹의 영향력 또한 오랫동안 지속되지는 못했을 것으로 보인다.

한편, 당상관 비율이 상대적으로 낮은 11대 인물들의 사례는, 강희맹 대에 형성된 '명문거족'의 영향력이 후손들에게 어떠한 양상으로 계승되었는지를 보여주는 사례로 주목된다. 11대 인물들 가운데 일부는 서울과 경기 일대에 세거하며 정착하였으나, 나머지는 해당 지역에서 이탈하여 새로운 지역 기반을 형성하였다. 대표적인 11대 인물로는 강희맹의 손자들이 있다. 10대 인물 강귀손은 강희맹의 장남으로, 조선에서 우의정을 역임한 고위 관료였다. 그의 양자 강태수(姜台壽)는 통훈대부에 올랐으며, 차남 강이의(姜以義)[48]는 유일하게 당상관에 오른 인물이었다. 그는 생전에는 안동도호부사를 역임하였고, 사후에는 제학에 추증되었다. 이들은 정3품 이상의 고위직에 올랐으며, 강귀손과 함께 강희맹이 상속을 통해 마련한 안산 직곶리(현 시흥시 연성동)에 묘를 쓴 것이 확인된다. 두 인물은 고관으로서 서울·경기 지역에 세력 기반을 유지하고 있었던 인물들이었다.

---

47) 『연산군일기』 권59, 연산 11년 신사, "內需司專掌奉行, 王倚重之. 別坐姜鰲孫, 希孟妾産, 怙寵自恣, 輕蔑朝臣, 兼別坐輩, 莫敢爭衡."
48) 차남이 있음에도 강태수를 양자로 들인 연유는 알 수 없다.

이와는 대조적으로, 차자 강학손의 아들 일부는 서울과 경기 지역을 떠나 있었다. 강학손에게는 양자로 형 강귀손에게 보낸 강태수를 제외하고도 아홉 명의 아들이 더 있었다. 강영수(姜永壽), 강형수(姜亨壽), 강기수(姜期壽), 강구수(姜耇壽), 강종수(姜終壽), 강흔수(姜欣壽), 강곤수(姜坤壽), 강만수(姜萬壽), 강억수(姜億壽)가 그들이다. 이 가운데 참상관 이상의 관직을 역임한 인물은 강영수와 강종수뿐이다.49) 강형수는 경기도 광명에, 강종수는 김포군 김포면에 묘를 마련하였으며, 나머지 인물들은 전라남도 영광군 여흥산에 선영을 마련한 것으로 보인다. 이는 아버지 강학손의 묘소가 영광군 여흥산 일대에 위치한 점과도 관련이 있다. 이러한 정황을 고려할 때, 강학손과 그의 자제들은 강귀손 일가와는 달리 서울 인근에 남지 않고 영광군으로 이주하여 생활 기반을 마련했음을 추정할 수 있다.

강학손이 서울·경기 지역을 떠난 데에는 그의 과거 전력이 작용했을 가능성이 크다. 강학손은 장례원 사평(司評)으로 재직하던 중 뇌물을 수수한 혐의로 장리(贓吏)로 지목되었다.50) 성종 20년, 강학손에게 '장안(贓案)에 올려 외방에 부처(付處)하라'는 선고가 내려졌고, 이로 인해 그는 서울과 경기 지역을 떠날 수밖에 없었다. 해당 사건의 말미에서 성종은 "강학손은 벌열의 자손임에도 불구하고 이러한 범죄를 저질렀으니, 영원히 관리가 되지 못하게 하라"고 덧붙였다.51) 주목할 점은, 이 사건과 관련된 인물 가운데 노사신(盧思愼)과 심담(沈潭)의 이름이 등장한다는 것이다. 강학손은 장례원 송사를 신속히 처리해달라는 부탁을 노사신의 아내로부터 받았고, 이 부탁의 배경에는 심담의 요청이 있었던 것으로 보인다.52)

여기서 노사신과 심담은 각각 노물재의 아들, 심온의 얼손(孽孫)으로,

---

49) 『진주강씨대동보』의 정보를 따름 ; 강영수는 충의위 진위장군을 지냈다. 강종수는 선공감부正을 역임했다.
50) 『성종실록』 권142, 성종 13년 6월 임인.
51) 『성종실록』 권232, 성종 20년 9월 경오.
52) 『성종실록』 권230, 성종 20년 7월 계유.

이들은 강학손의 증조인 강석덕 시기부터 혼인으로 맺어진 유력 가문과의 관계가 강학손 대에도 유지되었음을 보여주는 사례이다. 당대인들 역시 이들을 대대로 관계를 맺어온 친족[通家一族]으로 인지하고 있었다.53) 그러나 노사신은 강학손과 운명을 함께하지 않았다. 그는 자신은 강학손의 죄와 관련이 없다고 주장하며, "아내가 계집종을 통해 말을 전한 것에 불과하다"고 해명하였다.54)

한편 강학손에게는 여전히 '강희맹의 자손'이라는 지위가 유리하게 작용한 측면도 있었다. 그의 아들 강영수는 부친의 신원 회복을 요청하는 상소를 올렸고, 이에 연산군은 자신이 원자(元子)이던 시절 강희맹의 집에서 자랐다는 점을 이유로 그 죄를 삭제해주었다. 그러나 당시 사람들은 강학손이 휘순공주(徽順公主)에게 후하게 뇌물을 바쳐 이러한 조치가 가능해졌다고 인식하고 있었다.55) 휘순공주의 시어머니는 세종의 손녀인 길안현주(吉安縣主)였으며, 그녀는 세종과 소헌왕후의 아들인 영응대군(永膺大君) 이염(李琰)의 딸이었다. 이러한 관계로 인해 휘순공주는 강학손과 인척 관계를 형성하고 있었으며,56) 이에 따라 강학손이 혼인 네트워크를 활용해 휘순공주에게 뇌물을 건넸을 가능성도 배제할 수 없다.57)

---

53) 『성종실록』 권231, 성종 20년 8월 무신, '沈潭, 鶴孫皆盧思愼通家族親, 鶴孫辭連思愼, 必有其情.'
54) 『성종실록』 권231, 성종 20년 8월 임자.
55) 『연산군일기』 권58, 연산 11년 7월 4일 정해.
56) 이들의 관계를 도식적으로 표현하면 다음과 같다.

57) 다른 한편으로는 강학손이 종실인 이자(李孜)를 사위로 들였음도 논할 수 있다. 이자는 세종과 소헌왕후 사이 소생인 평원대군(平原大君) 이림(李琳)의 손자이다. 강학손이 이자를 사위로 들인 시기가 명확하지 않으므로 자신의 사위를 통해

그러나 강학손이 저지른 부정 행위는 그의 친아들 강태수의 관직 생활에까지 영향을 미칠 정도로 심각했다. 중종 6년, 강태수가 공조좌랑에 제수될 당시 여러 반대 의견이 제기되었는데, 그 근거는 강태수의 아버지가 장리로 지목된 강학손이라는 점이었다.58) 이처럼 강학손의 부정은 진주 강씨 가문이 선대에서 구축해온 서울 인근의 세력 기반이 와해되는 주요 계기가 되었다. 강학손은 사실상 서울과 경기 지역을 떠나야 했으며, 그의 후손들 또한 그를 따라 그 지역에 세거하게 되었다. 이는 강학손이 묘를 마련한 영광이 그가 부처된 장소였다는 점을 고려할 때 더욱 분명해진다.59) 족보에 따르면 강학손의 아내 고령 신씨 가문은 대대로 의정부 일대에 묘소를 마련해왔으며, 장인 신면은 함길도에서 근무한 전적이 있었기 때문에 영광과는 별다른 연고가 없었던 것으로 보인다. 다시 말해, 강학손은 연고가 없던 영광에 부처된 이후, 그곳에 정착하게 된 것이다. 『을축보』에서는 강학손의 손자 강오복의 후손이 영광에 거주하고 있다고 기록되어 있다. 강오복과 그 아들은 한동안 중앙 관직과는 유리된 삶을 살았던 것으로 보인다. 실제로 강오복의 손자 강항(姜沆)은 선조 32년 올린 한 상소에서, "강석덕·강희안·강희맹·강귀손·강학손은 모두 재상이었으나, 나의 부친 강극검(姜克儉)과 조부는 한 차례의 명도 받지 못하였다"고 진술하고 있다.60) 이처럼 강학손의 부정은, 그의 아버지와 할아버지 대에서 형성된

휘순공주에게 연결되었을 가능성은 각주를 통해 제시한다.
58) 『중종실록』 권13, 중종 6년 5월 甲戌 ; 물론 강학손의 부정만이 주요한 사유는 아니었다. 강태수 개인의 잘못도 있었는데, 봉명사신으로 간 강태수가 국휼 기간에 기생과 부정을 저질렀다는 것 또한 주된 사유였다.(『중종실록』 권31, 중종 12년 12월 갑진.)
59) 『중종실록』 권13, 중종 6년 5월 갑술.
60) 『선조실록』 권111, 선조 32년 4월 갑자 ; 이 기사에서 강항은 자신의 사촌들은 훈신의 자제로서 면역의 혜택을 입고 있다고 밝히고 있다. 다만 강항은 자신의 형제는 논하고 있지 않아 강항과 그 형제들이 훈신의 자제로서 면역의 혜택을 입었는가의 여부는 밝힐 수가 없다.

혼인 네트워크에서 그 자신이 이탈하는 전환점이 되었다. 이후 이탈자인 강학손은 실질적으로 무연고지였던 영광에서 새로운 세력 기반을 형성해야만 했다. 이 사례는 이전에 형성된 혼인 네트워크가 개인의 문제, 특히 정치적 비행으로 인해 쉽게 단절될 수 있음을 보여준다.

한편, 혼인을 통해 다른 지역으로 이동한 것으로 보이는 인물도 존재한다. 『을축보』에는 강학손의 손자인 강진의 후손은 순창에 거주한 것으로 기록되어 있다. 『대동보』에서도 강진의 묘가 순창에 마련되어 있으며, 그가 순창 설씨와 혼인한 사실이 확인된다. 여기에는 아버지 강영수의 영향이 작용했을 가능성도 있다. 강영수는 신희윤의 딸과 혼인했는데, 신희윤은 고령 신씨 순창공파로, 순창 군사를 역임한 신중주(申仲舟)의 증손자였다.61) 조선 전기에 처가 거주 관습이 있었던 점을 고려할 때, 강영수가 혼인을 계기로 처가인 순창에 정착했을 가능성이 있다.62) 이 사례는 중앙 정계의 기존 혼인 네트워크에서 벗어난 인물들이 새로운 거주지를 정하고, 새로운 혼인 네트워크를 통해 세력 기반을 재구축해 나가는 양상을 보여준다. 즉, 기존 혼인 네트워크의 영향력에서 멀어진 인물들은 새로운 혼인을 계기로 재정착하며, 정치적 기반을 다질 수 있었다.

강학손과 그 후손 외에도, 강희맹의 후손들은 시간이 흐르면서 강희맹이 형성했던 지역 기반으로부터 점차 이탈하고 있었다. 족보에 기록된 묘소 정보를 통해 추정해 보면, 세대가 거듭될수록 후손들의 묘는 강희맹의 선영 이외의 지역에 점차 분포하고 있음을 알 수 있다. 예컨대 강희맹 - 강

---

61) 이상의 정보는 『고령신씨족보』를 통해 확인할 수 있다. 다만 신희윤은 광주에 묘를 썼으므로 실제로 강영수의 아내 집안이 순창에 세력 기반을 가지고 있는지 논증하기 어려운 측면이 있다. 이에 본고에서는 이를 한 가지 '가능성'의 차원으로 논하였다.
62) 조선 전기 처가 거주와 관련한 연구 성과 가운데, 처가 거주 관습이 변화하는 양상을 이언적 집안의 사례로 제시한 연구가 있다.(이숙인(2017), 「딸에서 며느리로 - 조선 여성의 삶과 결혼」, 『내일을 여는 역사』 69, 내일을 여는 역사재단.)

귀손 - 강태수 - 강복(姜復) - 강극성(姜克誠) - 강극근(姜克勤) - 강선경(姜先慶)으로 이어지는 직계는 안산 직곶리 선영에 묘를 마련하였다. 서울·경기 지역에 머물며 관직에 진출한 강석덕의 후손은 강희맹의 직계가 유일했다. 강복은 문음으로 적순부위에 올랐으며, 강극성과 극근 형제는 각각 통훈대부와 저순부위에 임명되었다.

강귀손의 다른 아들인 이의(二儀)의 후손들은 무안, 압록강, 낙안 등지에 묘를 마련하고 있었으며, 이는 지역 기반이 분산되었음을 보여준다. 따라서 〈표 1〉에서 11대 이후 당상관 비율이 상승한 것은 강석덕과 강희맹의 직접적인 위세에 따른 결과라기보다, 일부 후손들이 각기 다른 지역에서 새로운 기반을 형성하며 관직에 진출한 결과로 보아야 할 것이다. 실제로 12대에서 당상관에 오른 인물은 가선대부에 이른 강충복(姜忠福)이 유일하며, 14대까지는 당상관 이상의 자제가 거의 나타나지 않는다. 강석덕과 강희맹의 정치적 영향력은 일부 자손에게만 한정적으로 전승되었을 뿐, 전체 후손들에게 균등하게 작용하지 않았다. 즉, 11대 이후의 인물들은 조상 대의 혼인 네트워크 위에서 활동했다기보다, 각자 새로운 기반을 마련하고 다시 중앙 정계로 진출하려 했던 경우가 많았다고 볼 수 있다.

강희맹의 후손들은 이후 세대에 걸쳐 점차 여러 지역으로 흩어졌다. 그 원인은 다양했을 것이다. 강선경의 장자 강진창(姜晉昌)은 강희맹의 묘 인근에 묘소를 마련하였으며, 시흥 일대에 세거하였다. 그는 부사과를 역임하여 종6품에 이르렀다. 그의 아들들은, 정확한 위치를 비정할 수 없는 경우를 제외하면 대부분 안산 일대에 묘를 마련하고 있었기에, 이 일대에 계속 세거한 것으로 보인다. 반면, 강선경의 둘째 아들과 셋째 아들은 지역을 떠났다. 둘째 아들 강진술(姜晉述)은 부사과를 역임한 후, 부친 강선경의 부임지였던 강릉 일대에 묘소를 마련하였다. 그의 아들들 또한 동일한 지역에 묘를 썼기에, 강진술 부자가 강선경을 따라 강릉으로 옮겨 정착했음을 유추할 수 있다. 셋째 아들 강진질(姜晉耋)은 아산현감을 지냈으며, 묘를 강진에 마련하였다. 그의 세 아들 또한 모두 강진에 묘를 썼으므로, 강진질 가족은 강진 지역에 정착한 것으로 보인다. 또한, 강극성의 둘째 아들 강종경(姜宗慶)은 연천 능촌에 묘소를 마련하였고, 그의 후손들 역시 동일한 지역에 묘를 썼다. 이처럼 강희맹의 자손들은 점차 다른 세력 기반을 형성해 나갔다. 강진의 후손처럼 혼인을 통해, 혹은 강진술처럼 관직 생활에 따른 이동을 통해 새로운 정착지를 마련한 다양한 사례들이 이를 뒷받침한다.

3. 강석덕 - 강희맹 가계의 혼입자(婚入者) 분포와 혼인 네트워크 형성

족보는 부계 중심의 가계 기록으로 한 성관(姓貫)에 해당하는 부계 친족을 중심으로 구성되지만, 사위와 아내의 정보 또한 확인할 수 있다.[63] 이는 여성 후손이 사위의 이름으로 족보에 등재되고, 남성 후손의 경우에는 아내의 정보가 방주(傍註)를 통해 제공되기 때문이다. 이러한 족보의 특성은 혼인 네트워크를 파악할 수 있는 중요한 자료로 족보가 오랜 시간 연구에 활용되어 온 배경이기도 하다. 특히 조선 초기의 족보는 후기 족보와는 달리, 딸의 가계 또한 일부 전하고 있어 당시 지배층이 혼인을 통해 맺은 관계망을 구현하는 데 유용한 자료로 평가받아 왔다.[64]

---

63) 여기서는 네트워크의 연결점이 되는 사위와 아내의 경우 혼인을 통해 족보에 입록된 인물이므로 혼입자라 지칭하도록 하겠다.
64) 최근의 연구로는 『文化柳氏嘉靖譜』를 분석한 백광열의 연구를 들 수 있다. 백광열은 『문화류씨가정보』를 당대 지배층을 반영한 종합보로 이해하고, 조선 전기 사림파 형성의 사회적 배경을 파악하려 시도하였다. 이에 따르면 조선 전기의 사림은 혈연과 혼맥으로 이어져 있는 존재들이었다.(백광열(2021), 「『文化柳氏嘉靖譜』(1565) 등장 관료의 친족연결망을 통해 보는 조선 전기 사림파의 사회적 배경 - 기묘사림을 중심으로」, 『규장각』 58, pp.391-437.)

『대동보』는 1994년에 간행된 자료로 조선 초기의 족보 형식과는 다소 차이를 보이지만, 사위와 아내의 정보를 충실히 수록하고 있어 당대 혼인 관계를 파악하는 데 무리가 없다. 강석덕의 가계에서는 총 57명의 사위와 232명의 아내가 확인된다. 남성 후손 중 일부는 배우자의 정보가 기재되어 있지 않아 남성 자손 수와 아내 수 간에 차이가 발생하는 것은 불가피하다. 방주에 나타나는 혼입자(婚入者)들의 정보는 크게 본관과 관직 정보로 구분된다. 사위의 경우, 본인의 본관과 관직은 물론, 때로는 부친의 관직 정보까지 함께 기재되기도 한다. 아내의 경우에는 본관, 부친의 성명과 관직을 제공하는 사례가 대부분이며, 일부는 사조(四祖)에 대한 정보까지 포함하고 있다.

강석덕과 강희맹의 사례에서 보듯, 혼인 네트워크를 통해 얻는 영향력이나 이익은 단일하고 명확한 기준으로 일반화하기 어렵다. 예컨대 강학손은 노사신과 실질적으로는 5촌 혹은 6촌에 해당하는 인척 관계였으며, 이로 인해 친족 범주에 포함되어 함께 분류되었다. 이들은 실제로 교류가 있었던 것으로 보이지만, 강학손이 부정을 저질렀을 때 문제로 지적된 것은 이들이 친족이었다는 사실 자체가 아니라, 노사신이 강학손에게 청탁을 했을 가능성이 있는 정황이었다. 다시 말해, 혼인 네트워크는 청탁 가능성이라는 심리적 배경 또는 관계 형성의 기반이 되었던 것이다. 따라서 강학손의 부정이 실질적으로 영향을 미친 범위는, 그의 직계 아들에 한정되었다고 볼 수 있다. 이처럼 친족의 범위와 그 영향력은 사건의 성격에 따라 달라질 수밖에 없다. 그럼에도 불구하고, 본 연구에서는 혼인 네트워크의 효과를 분석하기 위한 하나의 지표로 다시 관직의 고하(高下)를 활용하였다. 이는 음직(蔭職)을 통해 서용될 수 있는 범주에 사위와 조카가 포함된다는 사실에 기반한다. 유력 인물과의 혼인이 가지는 가장 큰 이점은, 혼인 당사자나 그 자손이 중앙 정계에서 권력을 가질 수 있는 고위 관직에 나아갈 가능성이 높아진다는 점이기 때문이다. 다시 말해,

유력한 관직 진출의 기회로 혼인 네트워크가 작동한다는 가정을 본 연구의 출발점으로 삼는다.

이를 위해 본 연구에서는 사위 및 아내의 아버지[妻父]의 관직 고하를 분석하였다. 이 분석을 통해, 강석덕의 후손들이 혼인 대상으로 선호한 인물군의 특성을 파악할 수 있을 것이며, 나아가 강석덕 가계가 혼인 네트워크를 어떤 방식으로 형성했는지에 대한 설명을 제시할 수 있으리라 기대한다.

3.1. 사위의 관직 고하 분포

족보에 기재된 정보를 토대로 분석한 결과, 총 57명의 사위 가운데 25명의 관직 고하를 확인할 수 있었다. 나머지 32명은 본관 정보만을 제시하거나 이름만 기재되어 있어 관직 상황을 파악할 수 없었다. 이러한 경우는 모두 '미상'으로 표기하고 분석을 진행하였다. 또한, 명확한 관직명이 기재되지 않은 경우 역시 '미상'으로 분류하였다. 〈표 2〉는 세대별로 사위의 관직 고하를 분석한 결과를 정리한 것이다.

〈표 2〉 세대별 사위의 관직 고하 분포(단위 : 명)

	당상	참상	참하	미상	합계
9	3	3	0	0	6
10	3	3	0	2	8
11	1	1	0	1	3
12	1	2	1	9	13
13	0	2	0	11	13
14	1	2	2	9	14

한편, 남성 후손들과 달리 강석덕의 여성 후손 수는 세대를 거듭해도 크게 증가하지 않았다. 이에 대해서는 세 가지 가능성을 제시할 수 있다. 첫째, 족보를 간행하던 시점에 나이가 어려 혼인하지 못했던 여성들은

입록되지 못했을 가능성이다. 여성은 남편의 이름으로 족보에 등재되기 때문에 혼인하지 않은 여성은 족보에 기입되지 못하며, 이후 간행이 자주 이루어지지 않는 상황에서 자손에 의해 추가되지 않는다면 족보에서 자연스럽게 탈락하는 절차를 밟게 된다. 실제로 강석덕의 딸 중 한 명은 안정(安訂)에게 출가했으나 이전 족보에는 실리지 않았다가『사숙재집』을 바탕으로 1994년『대동보』에서 비로소 입록되었다. 둘째, 서파(庶派) 자손의 경우이다. 강희맹의 첩실 소생과 마찬가지로 첩의 자손들은 가계 정보가 누락된 경우가 많고, 이들이 모두 족보에 수록되었는지조차 확언할 수 없다. 특히 서녀(庶女)는 정식 혼인이 어려웠을 가능성이 높아, 남편의 이름으로도 등재되지 못하고 탈락했을 개연성이 크다. 셋째, 딸 자체의 누락 가능성이다.『대동보』에서는 12대손 강구수(姜耉壽)에게 두 아들만 등재되어 있으나,『을축보』에는 계몽길(季夢吉)과 혼인한 장녀가 존재함이 확인된다. 강흔수(姜欣壽)의 딸 또한『을축보』에는 존재하지만『대동보』에는 기재되지 않았다. 이처럼 딸이 자손만 누락되는 것이 아니라 딸 본인이 누락되는 사례도 확인된다.65)

　사위의 관직 고하를 세대별로 살펴보면 다음과 같다. 9대 인물들은 당상관과 참상관에 해당하는 인물을 사위로 맞이하였다. 이들은 강석덕의 사위로, 강석덕은 혼인을 통해 남간, 황희, 박중손 등 유력 인물들과 연결되었다. 황희의 손자인 황신, 박중손의 아들 박미, 신숙이 강석덕의 사위 가운데 당상관에 오른 인물들이다.

　10대로 당상직에 오른 인물들은 모두 강희맹의 사위였다. 11대 이자는 종친으로 강학손의 사위였다. 12대에서는 첨지중추부사를 역임한 원호섭(元虎燮)이 강태수의 사위였는데, 강태수는 순천도호부사와 병마절제사를 지낸 인물이었다. 같은 세대 참상관 두 명은 모두 정삼품의 인물들인데,

---

65) 딸로『을축보』에는 있으나『대동보』에 없는 경우는 그러나 2건으로 그 수가 많지 않았다.

각각 음직으로 상의원 별제와, 서장관을 역임한 강형수의 딸, 행선공감 가감역을 역임한 강흔수의 딸과 결혼한 인물이었다. 또한 12대에 참봉을 역임한 기진(耆進)은 응교였던 아버지를 두었으며, 충의위 진위장군을 지낸 강영수의 딸과 혼인하였다. 강영수는 장리로 지목된 강학손의 아들로, 이러한 결혼이 가능했던 것은 이러한 배경의 작용이 있었기 때문으로 보인다. 14대 강극신의 딸과 혼인한 윤겸선(尹兼善)은 판결사를 지냈으며, 강극신은 감역을 역임한 것으로 기록된다.

세대별로 사위의 관직 고하를 비교한 결과, 뚜렷한 세대별 경향성은 확인되기 어렵다. 다만, 13대와 14대에 이르러 당상관과 혼인하는 사례보다는 당하관(참상 + 참하)에 해당하는 인물과 혼인하는 사례가 더 많아졌다는 경향은 도출할 수 있다. 또한 사위와 장인의 관직 수준을 비교해 보았을 때, 높은 관직을 지닌 인물이 높은 관직을 지닌 인물을 사위로 맞이한 사례가 존재한다. 특히 강석덕과 강희맹은 당상관 출신 사위를 다수 들였다. 그런데 강흔수, 강극신의 사례와 같이 장인의 관직이 낮더라도 당상관 혹은 고위 관직 출신의 사위를 맞이한 경우도 존재한다. 강극신의 경우, 아버지의 관직 역시 현감으로 비교적 낮았으므로, 이 경우 혼인관계에서 고려된 요소가 관직 외의 요인이었을 가능성을 시사한다.

3.2. 장인의 관직 고하

조선 후기 인물들에게 있어, 아내의 정보를 족보에 등재하는 것은 등재 인물의 사회적 지위를 입증하는 주요한 방식이었다. 특히 아내 정보에 사조(四祖)가 포함되는 경우는, 아내의 신분을 명확히 드러냄으로써 통혼가능한 남성 후손의 입지를 강조하기 위한 것이었다. 다시 말해, 혼인 상대의 출신 배경을 통해 가문 위상을 공고히 하려는 전략이 작용했던 것이다. 이러한 아내 정보의 등재는 조선 전기보다는 17세기 이후의 족보 간행에서 본격화된 현상으로 파악된다. 17세기 이후 후손들은 자신의 사회적 위상을 강조하기 위해, 선대 인물들의 혼인 정보를 의도적으로 보완하여 족보에 추가하였다.66)

진주강씨족보의 사례에서도 이러한 흐름을 확인할 수 있다. 진주 강씨 최초의 족보는 숙종 11년(1685)에 간행된『을축보』로, 해당 시점부터 상계 인물들에 대한 아내 정보도 함께 수록되기 시작하였다. 이후『대동보』에서는 아내 정보가 보다 늘어났다. 예를 들어,『을축보』에서는 아내 정보가 전혀 기재되지 않았던 인물이『대동보』에서는 아내 정보를 기재하거나, 단순히 본관과 부친 정보만 있었던 경우에도 외조부 또는 조부의 정보까지 추가로 서술된 사례가 확인된다. 이는 모두 후손의 입장에서 사회적 정체성과 위계를 보완하기 위해 추가한 정보로 해석할 수 있다.

『대동보』상계에 속하는 아내의 수는 총 230명이다. 이 가운데 63명의 인물은 부친의 관직 정보를 함께 제공하고 있다. 〈표 3〉은 이들 장인의 관직 고하를 세대별로 분석한 결과이다.

〈표 3〉 장인의 세대별 관직 고하(단위 : 명)

	당상	참상	참하	미상
9	1	2	0	0
10	1	1	0	0
11	1	5	1	4
12	4	6	0	22
13	3	8	3	50
14	5	16	6	89

〈표 3〉에서는 11대 이후 당상직을 역임한 인물의 딸과의 혼인 비율이 이전 세대에 비해 감소했음을 확인할 수 있다.67) 그러나 전반적으로 뚜렷

---

66) 강나은, 앞 논문.
67) 12대와 14대의 경우 11대에 비하여 수는 늘었으나, 전체 사위의 수에서 차지하는 비율은 줄었다.

한 경향성은 나타나지 않는다. 전체적으로 참상관, 참하관 등 다양한 관직 계층에 속한 인물들과의 혼인 사례가 존재하였다. 구체적으로 살펴보면, 9대에서 당상관을 장인으로 둔 인물은 강희맹이었다. 10대에서는 강학손이 당상관을 장인으로 삼았다. 11대에서 당상관을 장인으로 둔 인물은 강기수로, 그는 강학손의 아들 가운데 한 명이었다. 12대의 경우, 당상관을 장인으로 둔 인물은 강복으로, 비록 강복 본인은 음직을 통해 관직에 나아갔으나, 그의 부친 강태수는 강귀손의 아들이었다. 이 세대에서는 4명의 사위가 당상관 출신이었으며, 이 중 3명이 모두 강복의 장인이었다. 나머지 1인은 강흔수의 장인이었다. 13대에서는 강극승(姜克承), 강귀복(姜貴福), 강극인(姜克仁) 세 인물이 당상관 출신의 장인을 두었으며, 각각 부사과, 도승지, 군수를 역임하였다. 14대에서는 부사용, 동몽교관, 참봉의 관직자가 장인이 당상관에 속하였다.

앞서 사위 및 장인의 세대별 본관 분포 및 관직 고하 분석에서도 마찬가지로, 뚜렷한 경향성은 도출되지 않았다. 오히려 강석덕의 후손들은 다양한 관직 계층과 성관(姓貫)의 인물들과 혼인 관계를 맺으며 폭넓은 네트워크를 형성하였다. 특히 후대로 갈수록 높은 관직에 오른 인물이 아니더라도, 높은 관직을 가진 인물의 사위가 되는 사례가 증가하는 경향이 보인다. 그러나 이 시기 인물들이 관직이 높지 않음에도 불구하고 고위직 장인을 맞이할 수 있었던 이유는 명확하지 않다. 단순히 강희맹의 영향력으로 해석하기에는, 11대와 12대 인물들이 보이는 혼인 양상이 상이하기 때문이다. 이는 관직 고하 외에도 혼인 네트워크 형성에 작용한 다양한 사회적 요소들이 있었음을 시사한다.

이러한 분석 결과는 강희맹 대에 벌열(閥閱), 일문(一門)으로 불리며 명문거족으로 활동하던 이들의 정체성의 지속 가능성에 대한 재검토를 요구한다. 공고한 명문가로서의 위상은 후대에 이르러서는 오래 유지되지 못했으며, 후손들의 관직 진출은 각개전투에 가까운 양상을 띠었을 것이다.

11대 이후 강석덕 후손들은 지방으로 흩어져 각자 생존 기반을 모색해야만 했다. 현달한 선조의 존재는 후손들에게 실질적인 정치적 이익으로 이어지지 못했다. 선대의 장리 전력 외에도, 조선 후기에 발생한 여러 정치적 격변(사화, 중종반정, 임진왜란, 광해군의 집권 등)이 이들의 관직 진출을 더욱 어렵게 만들었을 것이다. 이러한 상황 속에서 이들은 각자의 방식으로 다양한 인물들과 혼인하며 자신의 사회적 입지를 새롭게 다져갔다. 예를 들어 11대 강흔수는 사림과 혼인 관계를 맺은 인물이다. 그는 권경유(權景裕)의 딸과 혼인하였는데, 권경유는 연산군 4년 김일손(金馹孫)과 더불어 사초(史草) 문제로 대역죄에 연루된 무오사화의 피해자였다.[68] 무오사화는 신진 세력이 기존 정치세력에 의해 희생된 대표적 사건으로 이해되고 있다. 이처럼 진주 강씨는 15세기 조정에서 활약한 세력, 16세기 신진 세력과의 통혼을 통해 정치적 연대를 모색했던 것이다.

또 다른 예로, 김안국(金安國)은 강희맹의 손자인 강태수의 사돈이었다. 강태수의 아들 강복은 김안국의 외동딸과 혼인하였다. 김안국은 김굉필의 문하에서 수학하였으며, 조광조와 함께 중종대 사림의 중심 인물로 활동한 대표적 인물이다.[69] 김안국은 함께 수학한 인연으로 이장곤, 김세필 등 중종대 정계에서 활동한 인물들과 교류하였기 때문에, 강태수 또한 그를 매개로 중종대 정치 네트워크에 접근했을 가능성이 높다.[70] 이는 대표적 훈구 세력으로 분류되는 진주 강씨 강석덕 - 강희맹 가문이 혼인을 통해 조선 정치의 다른 길을 모색하고 있었음을 보여주는 단서라 할 수 있다.

---

68) 『燕山君日記』 권30, 燕山 4년, 7월 17일 辛亥 7번째 기사.
69) 金安國의 사승과 간략 설명은 조영린(2013), 「慕齋 金安國의 敎化詩 一考察」, 『대동한문학』 38 참조.
70) 이와 관련한 분석은 윤인숙(2013), 「朝鮮前期 鄕約의 구현을 통한 '士文化'의 확산 - 金安國의 인적 네트워크를 중심으로」, 『대동문화연구』 81에서 제시되었다.

4. 나가며

　세조 4년, 조정에는 전 지돈녕부사 강석덕의 딸이 해산하였다는 소식이 전해졌다. 그 집에는 곡식이 조금도 없다는 말에, 세조는 크게 안타까워하며 이렇게 탄식했다. "진실로 가엾고 불쌍하다. 나의 지친으로 지금의 지경에 이르렀구나. 희안과 희맹이 있는데 어찌 조치하지 않고서 이토록 심한 곳에 이르렀는가?"[誠可憐愍. 以予至親, 今至此極, 有希顔、希孟在, 何不措置而至此甚也?][71] 강석덕, 강희안·강희맹 부자가 조정에서 누렸던 권세를 고려할 때, 강석덕의 딸이 혹한 속에 해산을 하며 굶주렸다는 사실은 쉽게 납득되지 않는다.
　강희맹은 왜 자신의 누이가 그런 처지에 놓였음에도 아무런 도움을 주지 않았을까? 이 여성의 이후 행방은 사료에 나타나지 않으며, 조리가 무사히 끝났는지, 강희안과 강희맹 형제가 누이를 도왔는지조차 알 수 없다. 그러나 이 단편적인 사례는, 오히려 강희맹이라는 인물이 보여주는 당대 '가족'의 작동 방식을 선명히 드러낸다. 강희맹은 누대에 걸친 혼인 네트워크를 통해 관직상·경제상 이점을 누린 인물이었고, 이러한 네트워크는 상호적으로 작동하여, 그의 권세가 주변 인물에게도 영향을 미쳤다. 그렇기에 강희맹이 관심을 기울여야 했던 가족은, 아마도 정치적·사회적 관계 속에서 자신에게 실질적인 영향을 미칠 수 있는 인물들이었을 것이다. 때로는 출산 중인 누이보다도, 혼인을 통해 형성되는 정치적 연대가 더 중요한 '가족'의 범주였던 셈이다.
　조선 초기를 다룬 기존 연구들은, 이 시기의 지배층을 혼인을 통해 연결된 공고한 명문거족으로 설명해 왔다. 그들은 상호 통혼을 통해 하나의 견고한 집단으로 기능해왔음이 그려졌다. 본 연구는 이러한 시각에

---

71) 『세조실록』 권14, 세조 4년 12월 임술.

문제를 제기하고자 하였다. 강석덕 - 강희맹 가계의 후손들이 어떤 방식으로 관직에 진출했고, 누구와 혼인을 통해 관계망을 형성했는지를 분석함으로써, '15~16세기의 명문거족은 과연 공고한 정체성을 가진 집단이었는가?'라는 질문을 풀고자 했다.

　강석덕과 강희맹에게 혼인은 분명 정치적 생존의 중요한 전략이었다. 그들의 권세는 가계 전체의 자산이 되었고, 그 영향력은 한동안 '일문'으로 조정에 인식되기에 충분했다. 그러나 이들이 형성한 혼인 네트워크, 그리고 그 위에서 만들어진 명문거족의 정체성은 그리 오래 지속되지 않았다. 후손들은 점차 세거지를 떠나 다른 지역에 정착했고, 혼인 상대의 출신과 관직도 점점 더 다양해졌다. 세대가 거듭될수록 관직 진출의 기회는 제한되었고, 조상의 위세가 후손 전체에게 고루 분배되는 구조는 작동하지 않았다. 후손들은 각자의 생존을 위해, 각자의 필요에 따라 혼인을 맺어야 했다. 결국, 명문거족의 후손이라 할지라도 중앙 관직 진출은 여전히 개인의 노력과 전략이 요구되는 일이었다. '공고한 명문거족'은 특정 시기, 특정 인물에 의해 일시적으로 성립되었을 수는 있으나, 그 정체성이 지속적이고 일률적이었다고 보기는 어렵다. 강석덕 - 강희맹과 그 후손들은 조선 초기 명문가의 형성과 그 계기로서 혼인 네트워크의 실질적 작동 방식을 보여주는 대표적 사례라 할 수 있겠다.

참고문헌

【자료】

『太祖實錄』, 『太宗實錄』, 『世宗實錄』, 『世祖實錄』, 『睿宗實錄』, 『宣祖實錄』
『成宗實錄』, 『燕山君日記』, 『中宗實錄』, 『端宗實錄』, 『日省錄』
『經國大典』, 『梓鄕誌』, 『新增東國輿地勝覽』
『東文選』, 『私淑齋集』, 『陽村集』, 『燃藜室記述』, 『梓鄕誌』
『靑松沈氏大同世譜』
진주강씨대동보편찬위원회(1994), 『晉州姜氏大同譜』

【논저】

강나은(2021), 「조선 후기 족보의 여성 정보 등재 추이와 그 의미」, 서울대학교 학위논문.
강제훈(2007), 「조선초기 家系繼承 논의를 통해 본 姜希孟家의 정치적 성장」, 『조선시대사학보』 42, 조선시대사학회.
권기석(2019), 「조선시대 족보의 女性 등재 방식의 변화 - 여성의 夫家 귀속과 다원적 계보의식의 축소」, 『조선시대사학보』 90, 조선시대사학회.
박경안(2002), 「논문 - 강희맹(1424~1483)의 농장에 관하여」, 『역사와현실』 46, 한국역사연구회.
백광렬(2021), 「『文化柳氏嘉靖譜』(1565) 등장 관료의 친족연결망을 통해 보는 조선 전기 사림파의 사회적 배경 - 기묘사림을 중심으로」, 『규장각』 58.
백광렬(2017), 「조선후기 지배엘리트 '친족연결망'(Kinship Network)의 개념과 분석방법」, 『사회와 역사』 114, 한국사회사학회.
손병규(2012), 「조선왕조 1600년경 편찬 족보의 계보형태와 특성 - 1606년 편찬『晉陽河氏世譜(萬曆譜)』의 분석을 중심으로」, 『大東文化硏究』 77, 대동문화연구원.
윤인숙(2013), 「朝鮮前期 鄕約의 구현을 통한 '士文化'의 확산 - 金安國의 인적 네트워크를 중심으로」, 『大東文化硏究』 91, 대동문화연구원.
이상국·박현준(2016), 「13~15세기 한국의 혼인, 사회적 위상, 그리고 가족계승 - 안동권씨성화보를 중심으로」, 『한국역사인구학연구의 가능성』.
이숙인(2017), 「딸에서 며느리로 - 조선 여성의 삶과 결혼」, 『내일을 여는 역사』 69, 내일을 여는 역사재단.
이원명(2004), 「조선조 '주요 성관' 문과급제자 성관분석 -『문과방목』을 중심으로」, 『사학연구』 79, 한국사학회.

이태진(1976), 「15세기 후반기의 '거족'과 명족의식 -『동국여지승람』인물조의 분석을 통하여」, 『한국사론』 3, 서울대학교 국사학과.
조영린(2013), 「慕齋 金安國의 敎化詩 一考察」, 『대동한문학』 38, 대동한문학회.
조준호(2007), 「사족의 동향」, 『시흥시사』 2, 시흥시사편찬위원회.

시흥 도시빈민 정착공동체 운동과 시민운동의 재발견

이 동 원

1. 들어가며

　1990년대 서울의 대학가 주변에서는 관악구 봉천동, 서대문구 영천동과 홍은동, 마포구 도화동, 동대문구 청량리와 강북구 미아리 등 어디서나 쉽게 산비탈길에 자리잡은 '달동네' 판자촌을 접할 수 있었다. 철거와 재개발로 2000년대 모두 고층 아파트가 들어서며 지금은 그 자취를 찾아보기 힘들지만 '메가시티' 서울의 명암, 한국 자본주의의 모순과 불평등의 적나라한 재생산 공간이 그곳에 있었다. 대학생들의 빈민연대 활동은 판자촌 아이들의 공부를 돕는 공부방 활동부터 철거 용역과 맞서 싸우는 철거 반대 투쟁까지 다양했지만, 철거촌이 아파트 단지로 변하는 것을 막을 수는 없었다. 삶의 터전을 잃은 사람들은 얼마 안 되는 이주비를 받고 또다른 '달동네'를 찾아 떠나는 일을 되풀이해야 했다. 다음은 1994년 5월 9일자, 『이대학보』에 실린 「나의 서울 답사기」의 일부이다.

　이대 후문에서 독립문 쪽의 버스를 타면 금호터널과 사직터널을 고가도로가 연결하고 있다. 그 고가도로에서 버스의 오른쪽은 영천동이라는 지역이다. 지금 그곳은 아파트 공사를 위해 붉은 토양이 잔뜩 파헤쳐지고 중장비가 활발하게 움직이고 있다. 공사의 규모를 보아서 어마어마한 아파트 단지가 또 하나 늘어서리라는 것을 상상해 볼 수 있다. (중략) 그곳에서 만났던 아주머니들은, 밝게 웃으며 장난치던 아이들의 모습은 영천동에 새로이 아파트가 들어서도 그곳에서 찾을 수 없다. 그 아이들을 만날 수 있는 곳은 다음 철거지역으로 지정된 또 다른 재개발지역 뿐일 것이다. (중략) 서울시 재개발 계획에서는 재개발 지역의 영세민에게 영구임대주택을 제공할 것을 명시하고 있다. 그러나 현재 재개발 과정에서 영세민의 권리는 온데 간데 없다. 오로지 건설회사가 최대이득을 보기 위해서는 최소 30평, 최대 50평의 아파트를 짓는 길 뿐이다. 이에 10평 정도의 아파트를 지어 영세민의 권리를 보장한다는 것은 자본의 논리에 어긋날 뿐이다. 그래서 철거민들은 자신의 권리를 찾기 위해 투쟁한다. 그러나 대다수의 철거민들이 몇 푼의 이주비를 받고 철거촌을 떠난다. 당분간 살기 위한 다른 철거촌으로 …1)

도시빈민 문제와 운동에 대한 연구는 1980년대부터 종속이론의 영향 속에서 사회학계와 도시빈민 운동 활동가가 주도하면서 이루어졌다. 이효재와 허석렬은 제3세계 도시산업화 과정에서 빈곤과 저발전이 구조적으로 재생산되는 실상을 소개했고, 정동익은 한국 계층구조 속에서 도시빈민의 형성 과정, 생활 실태, 취업 구조, 정부의 빈민 정책을 다루었다. 김영석은 도시빈민을 "식민지 반자본주의 사회에서 필연적으로 존재하는 집단"으로 규정하면서 도시빈민의 개념과 현실, 운동을 정리했다. 조은과 조옥라는 사당동 재개발지역 현장연구를 통해 도시빈민의 생활상과 빈곤이 재생산되는 과정을 조명했다.2)

---

1) 「나의 서울 답사기〈1〉 커지는 도시-사라지는 도시」, 『이대학보』 1994.5.19.
2) 이효재·허석렬 편(1983), 『제3세계의 도시화와 빈곤』, 한길사 ; 김은실(1983), 「한

목동지구 택지개발로 1984년부터 철거민 투쟁이 본격화되자 제정구, 예수회 존 델리(John Vincent Daly, 이하 한국명 정일우로 통칭) 신부 등의 주도로 1985년 천주교도시빈민사목협의회(이후 천주교도시빈민회)와 천주교빈민문제연구소가 탄생했다. 연구소는 1988년 도시빈민연구소, 1994년 한국도시연구소로 변화하며 1991년 지역운동 사례집,『굴레를 깨고 일어서는 사람들』, 1998년『철거민이 본 철거 - 서울시 철거민 운동사』 등을 출간했고, 1993년부터 학술지『도시와 빈곤』을 발행하며 체계적 도시빈민 문제 연구에 나섰다.[3]

그러나 1989년 노태우 정부가 25만호 영구임대주택 정책을 도입하고 1990년대 들어 철거민운동이 과도기적 모색기에 접어들면서 도시빈민 운동과 빈곤 재생산 문제에 대한 연구도 이전 시기에 비해 침체되는 양상을 보였다. 이는 도시빈민 운동을 불온시해 온 정부 정책의 영향도 있었지만, 대부분의 도시빈민 운동이 비공식적이고 자연발생적으로 생성되었다가 소멸되는 특성을 갖기 때문이기도 하다.[4]

국도시빈곤의 성격에 관한 일 연구 : 봉천동 무허가 거주지역 사례를 중심으로」, 서울대학교 사회학과 석사학위논문 ; 정동익(1985),『도시빈민연구』, 아침 ; 김영석(1989),『한국 사회성격과 도시빈민 운동』, 아침 ; 조은·조옥라(1992),『도시빈민의 삶과 공간 : 사당동 재개발지역 현장연구』, 서울대학교출판부.

3) 도시빈민연구소 편(1991),『굴레를 깨고 일어서는 사람들 : (빈민) 지역운동 사례집』, 도시빈민연구소 ; 한국도시연구소(1998),『철거민이 본 철거 - 서울시 철거민 운동사』, 한국도시연구소 ; 신명호(2004),「한국도시연구소의 역사」,『도시와 빈곤』 71호, pp.29-33.

4) 김수현(1999),「서울시 철거민운동사 연구 - 철거민의 입장을 중심으로」,『서울학연구』13, pp. 215-220. 민주화운동기념사업회에서 2009년 출간한『한국민주화운동사』는 유신체제기 각 부문 민주화운동을 종교계, 언론·출판계, 지식인·문화예술인의 민주화운동과 인권운동 및 민중운동으로 분류하고, 도시빈민운동을 노동운동, 농민운동과 함께 민중운동의 하위 범주로 분류했다(민주화운동기념사업회 연구소 엮음(2009),『한국민주화운동사 2 유신체제기』, 돌베개, pp.664-683). 그러나 '도시빈민'은 노동자, 농민과 같은 계급적 범주라기보다는 상대적 개념인 '빈곤'을 특징으로 하는 사회계층적 범주이다. 또한 '운동 주체'로서 도시빈민은 주거권과 생존권을 위해 투쟁하지만 빈민이라는 정체성에서 벗어나는 것이 목표가

그럼에도 2009년 '용산참사'가 상징하듯 도시빈민과 빈곤의 재생산 문제는 여전히 현재진행형이다.5) OECD의 2020년 한국경제 보고서에 의하면 한국은 OECD국가 중 상대적 빈곤율 3위, 소득 불평등 7위로 대부분의 OECD국가보다 임금 격차가 크고 소득 재분배 효과는 미미했다. 코로나 이후 경제적 불평등은 1인가구, 여성, 노인을 중심으로 더욱 심화되고 있으며,6) 전체 인구의 50% 이상이 서울과 수도권에 집중되면서 서울 및 특정 대도시 주택가격과 지가 상승은 양극화와 출생률 저하, 지방소멸 등 한국 사회문제의 핵심 원인이 되고 있다.7)

따라서 이 글은 1970~80년대 시흥지역 도시빈민 운동의 역사를 통해 도시빈민이 서울 외곽 지역에서 공동체를 형성하고 하나의 집단적 주체로 거듭난 특별한 사례를 조명하고자 한다. 비공식적이고 자연발생적으로 생성되었다가 소멸되었던 대부분의 도시빈민 운동과 달리 시흥지역의 도시빈민 운동은 종교계와 외원(外援)단체 등의 지원을 받으며 일정하게 공식적 성격을 띠었고, 제정구와 정일우의 주도 하에 공동체를 지향하면서 집단적 정체성이 확장되었던 보기 드문 사례였다. 따라서 이 글은 복음자리 마을에서 시작되어 한독마을, 목화마을로 이어졌던 시흥지역 도시빈민 운동의 과정을 추적하면서 이 특별한 '성공 사례'의 역사적, 현재적 의미를 살펴보고자 한다.

시흥지역 도시빈민 운동에 대해서는 주도적 역할을 담당했던 제정구가

될 수밖에 없는 주체로서의 태생적 모순을 갖는다.
5) 용산 참사 희생자 가족과 2000년대 이후에도 여전히 '달동네'로 존재했던 고양시 풍동, 광명시 광명 6동, 서울시 흑석동, 성남시 단대동, 서울시 순화동 등에 거주했던 철거민들의 삶과 증언에 대해서는 조혜원 외(2008), 『여기 사람이 있다 : 대한민국 개발 잔혹사, 철거민들의 삶』, 삶이 보이는 창 참고.
6) 「한국 얼마나 불평등한가」, 『참여와 혁신』 2021.10.13 ; 「1인가구 절반은 '가난'… 여성·노인일수록 빈곤율 높아」, 『여성경제신문』 2023.4.10.
7) 「저출산 부른 '고질적 한국병' 직격한 OECD…"근본적 개혁 필요"」, 『국민일보』 2024.7.11.

1982년 『정경문화』에 제 바오르란 이름으로 기고한 '집단 이주기'가 있다. 이는 1975년부터 1978년 초까지 복음자리 마을의 정착 과정을 상세히 정리한 것으로 자신의 경험과 단상을 정리한 1차 사료에 가깝다. 여기서 그는 "주민들이 무능한 것이 아니라 그들의 삶의 능력을 펴보일 수 없는 현실에 더욱 큰 문제가 있다"고 주장했고, 사후에 편찬된 회고록의 해당 부분도 이 집단 이주기의 내용에 기반했다.[8]

본격적 학술 연구로는 김찬호의 연구가 선구적이다. 김찬호는 사회학과 석사학위논문을 작성하기 위해 1986년 9~10월 약 한 달 동안 참여관찰과 면담을 수행했고, '철거민 정착공동체'인 복음자리 마을 사례를 "담화구성체를 통한 지역조성운동"으로 규정했다. 그러나 복음자리 마을을 중심으로 연구를 수행하여 한독마을, 목화마을로 운동이 확산되는 과정과 차이점들을 담아내지 못했다는 한계를 갖는다.[9]

시흥지역 도시빈민 운동의 총체적 양상은 2007년에 출간된 『시흥시사 8 : 시흥의 도시공간, 도시민의 체험과 기억』에 실린 황병주와 이동헌의 글을 통해 상세히 확인할 수 있다. 황병주와 이동헌의 글도 제정구와 김찬호의 글을 주요 자료로 활용했으나 시흥지역 도시빈민 운동에 직접 참여했던 박재천, 심병현, 최한동 등의 구술을 활용하여 좀 더 입체적이고 풍부한 역사상을 그려냈다. 그러나 복음자리 마을과 한독마을·목화마을 사례를 각각의 필자가 나누어 서술하면서 그 종합적 성격을 규명하는 데에는 아쉬움이 있다.[10]

---

8) 제 바오르(1982), 「'복음자리' 일군 청계천 사람들 - 시흥군 소래읍 신천리 집단 이주기」, 『정경문화』 1982년 4월호 ; 제정구를 생각하는 모임(2000), 『가짐 없는 큰 자유』, 학고재.
9) 김찬호(1986), 「철거민 정착공동체의 형성과 유지에 관한 연구 - 경기도 시흥군 소래읍 복음자리 마을」, 연세대학교 사회학과 석사학위논문 ; 김찬호(2016), 「무허가 정착지의 재개발에서 출발한 주거공동체 : 경기도 시흥군 소래읍 복음자리 마을」, 『도시와 빈곤』 109.
10) 황병주(2007), 「복음자리 마을의 형성과 삶」, 시흥시사편찬위원회 편, 『시흥시사 8 : 시

본고는 이러한 기존 연구 성과에 기반하면서 제정구만큼이나 중요한 역할을 수행한 정일우의 회고록,『예수회 신부 정일우 이야기』와 미제레올(Misereor) 한국 책임자 슈레틀(Schröttle)의 방한 보고서, 제정구가 작성한 것으로 보이는 천주교빈민문제연구소 보고서,「빈민 주거 건설의 문제점과 전망 - 복음자리의 경험을 중심으로 - 1987.1.6.」등 기존 연구에서 활용하지 못했던 자료들을 활용하였다.11) 이들 자료를 통해 제정구와 정일우가 구상했던 '도시빈민 정착공동체 운동'의 이상과 현실을 좀 더 정확히 이해할 수 있었다.12)

2. 도시빈민 정착공동체 운동의 출발점, 복음자리 마을

1965년 이후 한국 사회는 엄청난 변화의 물결에 휩싸였다. 1965년 6월

홍의 도시공간, 도시민의 체험과 기억』, 시흥시사편찬위원회 ; 이동헌(2007),「새로운 이주민들 - 한독주택과 목화연립」, 시흥시사편찬위원회 편,『시흥시사 8 : 시흥의 도시공간, 도시민의 체험과 기억』, 시흥시사편찬위원회.
11) 정일우(2009),『예수회 신부 정일우 이야기』, 제정구기념사업회 ; 천주교 주교회의 인성회 전국 사무국,「독일 가톨릭 해외원조기구 MISEREOR 소개 및 한국책임자 Schröttle 방한 결과 보고, 1978.5.10」, 민주화운동기념사업회 오픈아카이브, 등록번호 00217713 ; 천주교빈민문제연구소,「빈민 주거 건설의 문제점과 전망 - 복음자리의 경험을 중심으로 - 1987.1.6」, 민주화운동기념사업회 오픈아카이브, 등록번호 00047158.
12) 이 글에서는 제정구와 정일우가 주도했던 시흥지역 도시빈민 운동을 '도시빈민 정착공동체 운동'으로 명명하고자 한다. '정착공동체'라는 개념은 김찬호(1986)의 연구에서 '철거민 정착공동체'를 "잠정적 범주"로서 사용하면서 처음 등장한 것으로 엄밀한 사회과학적 개념은 아니다. 당대에는 '도시빈민 정착공동체'를 '영세민 집단촌', '집단자활촌'으로 칭하기도 했지만, 이는 도시빈민의 자활(自活)을 유도하는 정부의 정책적 입장을 반영한 용어라 할 수 있다. 따라서 이 글에서는 철거민이나 영세민보다 더 명확한 개념인 '도시빈민'이 주체가 되어 특정 지역의 정착을 목표로 한 공동체 운동이라는 의미에서 '도시빈민 정착공동체 운동'이라는 용어를 사용하고자 한다.

22일 한일기본조약에 의한 '한일국교 정상화'와 같은 해 10~11월에 이루어진 베트남전 전투병 파병은 케네디 - 존슨 행정부 시기 본격화된 저개발국 '근대화(modernization)' 전략에 날개를 달아 주었다.[13] 박정희 정권은 그 성과에 기반해 1967년 5월 재선에 성공했고, 곧바로 3선 개헌에 나서 이른 시기부터 장기집권의 기반을 마련했다.

1964년 2월 보완계획을 통해 수출지향형 공업화로 방향을 전환한 제1차 경제개발계획은 1966년 마무리되면서 일정한 성과를 드러냈다.[14] 이로 인한 가장 큰 사회적 변화는 노동집약적 경공업 중심의 산업구조 변화와 그에 따른 도시화, 특히 서울, 부산 등 대도시로의 인구 집중 현상이었다. 1966년 인구·주택 국세조사에서 모든 시·읍·면 인구는 유사 이래 최고 수준에 달했고, 1970년 인구 센서스(census)부터 농어촌 읍·면에서 절대인구의 감소현상이 나타났다. 1966년 당시 한국 농어촌은 생산력을 초과하는 과잉 인구를 가장 많이 보유했고, 그 중 상당수가 대도시 진출을 위한 대기 상태에 있었다. 특히 1960년에 244만 명이었던 서울 인구는 6년간 55% 이상의 증가율을 보이며 1966년 379만 명 수준에 도달했다.[15]

당시 서울을 위시한 대도시는 변두리 개발이 이루어지지 않아 인구가 도심부에 집중 거주했다. 여기에 급격한 도시 인구 증가는 주택, 교통,

---

13) 케네디-존슨 행정부 시기 본격화된 미국의 근대화론의 이데올로기적 성격과 지역사회개발 전략, 대반란전 및 베트남전 전략촌 프로그램에 대해서는 마이클 레이섬(2021), 권혁은·김도민·류기현·신재준·정무용·최혜린 역, 『근대화라는 이데올로기』, 그린비 참고.
14) 1962년부터 시작된 제1차 경제개발5개년계획은 '혁명공약'으로 "국가자주경제 재건"을 내세웠던 군사정부의 지향대로 수입대체 산업화 전략을 주요 내용으로 했다. 그러나 화폐개혁 실패와 식량 위기 이후 미국의 비판을 받아들여 경제성장률 목표를 하향 조정하고 노동집약적 수출지향형 공업화 전략으로 전환했다. 그 구체적 과정에 대해서는 기미야 다다시(2008), 『박정희 정부의 선택 : 1960년대 수출지향형 공업화와 냉전체제』, 후마니타스 ; 박태균(2007), 『원형과 변용』, 서울대학교출판부 참고.
15) 손정목(2002), 「기획연재 : 도시 50년사⑦ ; 1966년과 불도저 시장 김현옥의 등장」, 『도시문제』 37권 406호, pp.94-95.

공해 등 이른바 도시 문제를 심각하게 야기했고, 판자촌, 쪽방촌 등 무허가 빈민촌이 급격히 증가했다. 서울에서는 1967년부터 1970년 중반까지 약 3년 6개월 동안 140,596동의 판잣집이 세워졌고 그 중 89,692동이 철거된 것으로 집계되었다.16) 박정희 정권은 도시 미관을 위한다는 명목으로 판잣집 철거 및 주민 강제 이주로 도시빈민 문제를 '비가시화'하려 했고, 이 같은 서울의 과잉 도시화와 대규모 빈민 주거지 형성은 1971년 8월 10일, '광주대단지 주민항거'를 초래했다.17)

광주대단지 사건 이후 정부는 잘못을 시인하고 정책 변화를 약속했지만, 과잉 도시화와 대규모 빈민 주거지 형성이라는 구조적 요인과 '비가시화' 방식의 졸속적 철거민 정책이 지속되는 한 한국 경제의 고도성장에도 불구하고 도시빈민 문제는 되풀이될 수밖에 없었다. 판자촌 철거로 삶의 터전을 잃은 철거민들은 당장의 돈과 일거리가 필요했기 때문에 입주권을 투기꾼들에게 팔아넘기고 무허가 정착지의 철거민으로 되돌아갔다. 국가는 재정부담을 최소화하기 위해 도시 외곽으로 정착지를 이전해 철거민 문제를 해결하고자 했고, 민간에 도시개발을 맡김으로써 토지를 투기 대상화하고 도시빈민의 주거 환경을 더욱 열악하게 만들었다.18)

그러나 광주대단지 사건은 도시빈민 문제에 대한 사회적 관심을 환기시켰고, 특히 기독교와 천주교 등 종교계가 적극적인 빈민 선교에 나서는 계기가 되었다. 1971년 9월 1일, 예장, 기감, 기장 등 주요 교단의 성직자들이 중심이 되어 초교파적 선교기구 수도권도시선교위원회를 조직한 것이

---

16) 한국기독교교회협의회 인권위원회 편(1987), 『1970년대 민주화운동 1권』, 동광출판사, pp.63-64.
17) '광주대단지 주민항거'의 전개과정에 대해서는 김동춘(2011), 「1971년 8·10 광주대단지 주민항거의 배경과 성격」, 『공간과 사회』 제21권 4호(통권 38호), pp.9-15 참고.
18) 김동춘(2011), pp.15-20. 당시 도시 하층민에 대한 정권과 관료기구의 지배적 담론에 대해서는 김원(2008), 「1971년 광주대단지 사건 연구」, 『기억과 전망』 18호, pp.199-203 참고.

대표적 사례이다.[19] 이 글에서 주목한 시흥지역 도시빈민 운동은 바로 이러한 조건에서 등장했다. 1976년 8월, 양평동 판자촌에 철거 통지가 이루어지자 판자촌에서 주민들과 함께 생활하던 제정구, 정일우가 중심이 되어 주민 집단이주를 시도했다. 이를 통해 1977년 경기도 시흥군 소래면 신천리 33번지(현 시흥시 신천동)의 복음자리 마을을 시작으로, 1979년 한독마을, 1985년 목화마을에 이르기까지 총 471세대의 도시빈민 정착공동체가 탄생한 것이다.[20]

이 운동을 주도한 제정구(1944~1999)는 1966년 서울대 정치학과에 입학했다가 1971년 교련 반대시위로 제적당했고, 1972년부터 청계천 판자촌에서 배달학당의 야학 교사를 하며 빈민운동에 투신한 인물이다. 1973년 복학했으나 1974년 민청학련 사건 관련 긴급조치 위반혐의로 구속되어 15년형을 선고받아 다시 제적되었다. 그는 감옥생활 동안 천주교에 깊이 몰입했고, 1975년 2월 형 집행정지로 출소한 이후 다시 청계천으로 돌아왔다.[21] 1975년 6월 청계천 판자촌이 철거 통지를 받자 54세대와 함께 방이동 집단이주를 시도했으나 실패했고, 다시 양평동 판자촌으로 들어가 활동했다. 그는 양평동 판자촌으로의 귀환을 다음과 같이 설명했다.

> 판자촌 삶에 중독된 나로서는 또 다른 판자촌에 대한 미련을 버릴 수가 없었다. (중략) 그러나 예수의 생명의 눈으로 볼 때는 그곳이야말로 삶이 소용돌이치는 곳이요, 희망의 화산이 폭발하는 곳이며, 이 세상을

---

[19] 1968년 9월 신구교 연합으로 연세대 도시문제연구소 내에 도시선교위원회를 설치했고, 이는 1971년 9월 수도권도시선교위원회, 1973년 12월 수도권특수지역선교위원회, 1976년 5월 한국특수지역선교위원회로 변모하며 도시빈민 문제의 종교계 대응을 주도했다(한국기독교교회협의회 인권위원회 편(1987), pp.132-146).
[20] 정일우(2009), 『예수회 신부 정일우 이야기』, 제정구기념사업회, pp.86-89.
[21] 「제정구」, 『한국민족문화대백과사전』 2024.7.7. https://encykorea.aks.ac.kr/Article/E0051393

지탱하는 무한한 힘의 중심이요, 태풍의 눈이다. (중략) 근대화라는 물질만능의 리바이어던이 우리를 쓸어버린 이후 도회지는 말할 것도 없고 농촌에서조차도 한국의 정취가 거의 사라져 버린 지금, 판자촌 중독자인 나의 눈에는 판자촌이야말로 한국의 농촌과 도회지가 물과 기름처럼 희한하게 공존하는 곳으로 보였다. 나에게는 어느 의미에서는 판자촌이야말로 종교적인 의미에서 하나의 희망이기도 했다. (중략) 청계천 판자촌에서 모 교회의 위선과 사기성을 본 우리는 판자촌 주민을 위한다는 일체의 자선적 의식은 팽개치고 오직 그들 속에서 우리도 그저 판자촌 주민으로 살기만 하자고 다짐했다. 그러나 일을 하기 보다 생존한다는 것이 얼마나 힘들고 어려운가를 배운 것도 이 무렵이다.[22]

스스로를 "판자촌 중독자"라 칭한 제정구는 종교적 희망과 함께 한국의 근대화 과정에서 사라져가는 한국적 정취, 즉 더불어 살아가는 공동체성을 판자촌에서 찾고자 했다. 또한 자선가나 활동가보다는 판자촌 주민 중 하나로 자신을 규정하고 주거와 생존의 문제를 함께 해결해나가려 했다. 이는 일반적인 종교인, 지식인 활동가와는 다른 제정구의 독특한 정체성이었는데, 이때 제정구와 뜻을 같이 한 사람이 예수회 신부 정일우였다.

정일우(1935~2014, 미국명 John Vincent Daly)는 1953년 예수회에 입회했고 세인트루이스 대학에서 철학과 신학을 공부했으며 1966년 사제 서품을 받았다. 1961년부터 2년간 철학을 가르쳤던 서강대로 돌아와 1966년부터 예수회 부수련장, 수련장을 맡았고 철학과 신학을 가르쳤다. 그는 연세대 부설 도시문제연구소에서 판자촌 문제를 접하고 1973년 11월 청계촌 판자촌으로 들어가 제정구를 만나고 그와 의기투합하여 판자촌에서 함께 생활했다.[23] 1975년 1월에는 외국인 선교사들과 함께 '인혁당 재건위'

---

22) 제 바오르(1982), 「'복음자리' 일군 청계천 사람들 - 시흥군 소래읍 신천리 집단 이주기」, 『정경문화』 1982년 5월호, pp.200-201.

사건으로 사형선고를 받은 피고인들이 공개재판을 받도록 해달라는 탄원서를 제출하기도 했다.[24] 그는 자신이 판자촌으로 들어간 이유를 다음과 같이 설명했다.

> 내가 가졌던 강한 의심과 뭔가 부족한 것의 핵심은 '복음을 입으로만 살고 있다'는 것이다. (중략) 그때 처음으로 '가난한 사람들'을 만났다. 너무나 인간다운 면이 있었다. 이 점 때문에 나는 가난한 사람, 판자촌 사람들을 통해서 인간이 되고 싶었다. 참 사람이 되고 싶었다. (중략) 청계천 주민들이 인간답다고 생각했던 이유는 '공동체 분위기' 때문이다. 가난하지만 굉장한 공동체였다. 또 가난했기 때문에 공동체가 생겼는지도 모른다. (중략) 다 내 자식이고 내가 키우는 사람이고 내가 돌봐야 되는 사람이라는 공동체 분위기였다. 나는 이것이 진짜 사람이 되는 방향이라고 확신했다.[25]

정일우는 판자촌 사람들의 가난한 삶에서 서로 돌보며 사는 공동체성을 보았고 그곳에서의 삶을 통해 진정한 인간성을 찾고자 했다. 판자촌 주민들도 미국인 신부 정일우를 '한번 살아봐라'는 식으로 받아주었다. 정일우는 1974년 4월 제정구가 긴급조치 위반으로 구속될 때까지 청계천에서 살았고, 1975년 10월 제정구가 양평동 판자촌에 들어간 한달 뒤 다시 양평동 판자촌으로 들어갔다. 거기서 '복음자리'라는 이름이 탄생했다. 공동 공간으로 얻은 5평짜리 판잣집에 김수환 추기경을 초청해 축성미사를 드리고 '예수회 복음자리'라는 간판을 달았다. 그곳은 아이들의 공부방

---

23) 정일우(2009), pp.36-50.
24) 「외국인선교사 60명, 대통령에 탄원서, 공개재판 요구, 인혁당 관련 피고」, 『동아일보』 1975.1.6.
25) 정일우(2009), pp.49-54.

이자 동네 사랑방이고 노인정이며 동시에 예배당이기도 했다. 정일우는 이 공간을 통해 "양평동 공동체"가 생겨났다고 회고했다. 이런 삶을 통해 제정구와 정일우는 문제를 해결해주는 사람이 아니라 같은 동네 주민이 되었다.26)

그러나 1976년 8월 양평동 판자촌에도 철거 계고장이 나왔다. 서슬 퍼런 유신시대, 긴급조치 9호 이후 반유신운동도 움츠러든 엄혹한 시절이었다. 이들은 철거에 맞서 싸우기보다 "같이 가서 살고 싶어" 집단 이주를 모색했다. 그러나 1년전 방이동 땅을 살 때보다 땅값이 크게 올랐고, 세대당 100~200원씩 염출해서는 50여 세대가 필요로 하는 서울 변두리 땅값을 감당할 수 없었다. 이때 김수환 추기경이 서독 천주교 지원단체 미제레올(Misereor)의 지원을 받도록 주선했고, 5만 달러를 융자받아 경기도 시흥군 소래면 신천리 33번지(현재 시흥시 신천동 33번지) 땅 3,600평을 평당 6천 원에 매입할 수 있었다.27)

미제레올은 서독 가톨릭교회 주교회의 산하 해외개발원조기구로, 1958년 쾰른(Köln) 대주교 프링스(Karl Joseph Frings) 추기경의 제안으로 "전세계의 기아와 나병에 맞서기 위해" 설립되었다. 이들은 자조와 자립의 기반을 구축하는 것을 목표로 농촌협동사업, 직업 및 기술훈련, 도시빈민

---

26) 정일우(2009), pp.51-61 ; 제 바오르(1982), p.202.
27) 김찬호(1986), 「철거민 정착공동체의 형성과 유지에 관한 연구 - 경기도 시흥군 소래읍 복음자리 마을」, 연세대학교 사회학과 석사학위논문, p.26 ; 정일우(2009), pp.64-67 ; 제 바오르(1982), pp.201-202 ; 「내가 만난 김수환 추기경, 사회복지법인 복음자리 신명자 이사장」, 『가톨릭신문』 2009.11.24. 미제레올 융자 금액과 매입한 토지면적에 대해서는 자료마다 차이가 있다. 제정구는 "몇천 평"을 "평당 6천원에 구입"했다고 회고했고, 정일우는 토지 면적을 "오천여 평"이라고 회고했지만 융자 금액을 특정하지는 않았다. 김찬호의 연구와 이에 기반한 『시흥시사 8 : 시흥의 도시공간, 도시민의 체험과 기억』에서는 "5만 달러" 융자와 "32,000평"이라 서술했다. 그러나 제정구의 아내인 신명자는 "10만 달러"를 들여야 "3,600평"의 부지를 마련했다고 회고했다. 이 글에서는 1977년 당시 평균 원달러 환율인 484원과 평당 매입가 6천원을 고려하여 "5만 달러" 융자로 "3,600평"을 매입했다고 추정했다.

지역 자조사업, 농촌의 주민공동체 조직 및 개발사업, 청소년 활동사업 등을 지원했다. 한국에서는 1959년부터 1976년까지 4,900만 마르크(한화 약 1,130억) 규모의 각종 사업을 지원했는데, 이 중 가장 큰 비중은 의료사업(사업 수 63개, 1,432만 마르크)과 교육사업(사업 수 42개, 994만 마르크)이었고 농업분야(사업 수 35개, 687만 마르크)와 소규모 가내수공업(사업 수 28개, 503만 마르크) 지원이 뒤를 이었다. 미제레올의 한국, 대만 담당자 슈레틀(Schröttle)은 1978년 4월 방한 당시 시흥 복음자리 마을을 방문해 정일우 등을 만나기도 했다.[28]

양평동 사람들이 처음부터 시흥군으로의 집단 이주를 계획했던 것은 아니다. 제정구는 "장소는 당초 우리가 기를 쓰고 매입하려던 곳과는 달리 시흥군 소래면 신천리라는 곳으로 정해졌다.", "내가 판자촌에 중독된 것처럼 그들은 서울이라는 지역에 중독되어 서울을 떠나면 죽는 줄 알았다."고 회고했는데,[29] 사실 서울의 일자리를 위해 판자촌을 전전하던 이들이 서울 외곽의 과수원 자리로 집단 이주를 결정하는 것은 두려운 선택일 수밖에 없었다.

그럼에도 1977년 3월 31일 토지 등기를 마쳤고, 4월 9일, 170세대의 이주 세대수가 확정되었다. 그러나 문제는 그때부터 시작이었다. 매일 2~3세대씩 이사를 해서 6월 말까지 140여 세대가 이사를 했지만 이들은 서울시에서 비상천막 75개를 빌려 임시 주거를 마련한 뒤 대지 조성, 기초 터 파기, 벽돌 나르기까지 직접 공사에 나서야 했다. 건축비를 평당 5만원으로 설정하고 집의 위치는 추첨으로 결정하며 각자 역할을 나누어 건축비에서 월급을 주기로 하는 등 체계를 잡았지만 계약과 해약이 되풀이

---

28) 천주교 주교회의 인성회 전국 사무국, 「독일 가톨릭 해외원조기구 MISEREOR 소개 및 한국책임자 Schröttle 방한 결과 보고, 1978.5.10」, 민주화운동기념사업회 오픈아카이브, 등록번호 00217713.
29) 제 바오르(1982), pp.202-203.

됐고, 제정구와 그의 동생 제정원, 정일우 등 주도층에 대한 불신과 몰이해도 지속되었다. 양평 1,2동과 문래동 등 출신 동네를 따라 파가 나뉘어 다툼도 치열했다. 그럼에도 4월 19일 전기를 들이고, 우물 공사로 식수를 해결하는 등 문제를 해결해 나갔다. 5월 14일부터 과수원의 흙을 파서 논을 메웠고, 6월 14일 건축 기공식을 했으며 7월 28일 상량식을 갖고 9월 24일 입주식을 가졌다.[30]

공동 노동과 때마다 벌어지는 마을 잔치를 통해 함께 일하고 싸우고 이해하며 복음자리 공동체는 문제를 해결해 나갔다. 정일우는 "매일같이 벌어진 주민들 서로간의 싸움과 나와 정구를 상대로 벌인 싸움을 통해서 공동체가 튼튼해졌다"고 회고했다. "찐한 비빔밥 공동체"가 되었다는 것이다.[31] 미제레올과 김수환 추기경으로 대표되는 가톨릭교회의 지원, 제정구와 정일우 등 주도층의 솔선수범도 중요했지만 이와 같은 공동체 주민들의 노력이 없었다면 도시빈민 정착공동체로서 복음자리 마을이 성립되기는 어려웠을 것이다.

제정구도 "복음자리 집단이주 정착사업은 한마디로 가난한 자들의 병든 인간성의 회복 과정"이라고 평가했다. 즉 "단순히 가난한 자들의 주거 문제를 해결한 사업이 아니라 가난한 자들의 파괴된 그러면서 덜 익은 인간성 자체를 함께 치유하고 성숙시키는 삶의 한 과정"이었다는 것이다. 이는 "삶을 소모시켜 육신적인 생명을 연장해 가는 삶이 아니라 참된 삶을 건설하는 사업"이었다. 또한 정일우와 마찬가지로 "공동체 정신과 의식의 변화"를 얻었다고 보았다. 이로 인해 주택의 의미도 변화했다. "집이란 상품이 아니라 우리들이 공동으로 함께 살 터요 자리"가 되었고 "개개의 소유물로서의 누구의 집이라는 개인 단위가 강조되기보다는 우리 동네, 우리 마을이 강조되었으며, 그것은 그 후 신협과 마을 장학회 등이

---

30) 제 바오르(1982), pp.205-215.
31) 정일우(2009), pp.72-74.

싹트고 자랄 수 있는 정신적 터전"이 되었다.32)

그런데 이 과정에서 정부의 '간접 지원'도 큰 역할을 했다. 제정구의 회고에 지속적으로 등장하는 "정부 고위층"은 중앙정보부 소속 고위 관료였다고 한다.33) 그 고위 관료는 자신의 보좌관을 '복음자리' 마을 일에 전담시켰고, 제정구는 "그분의 적극적인 도움 속에서", "그분의 차를 타고 다니면서 땅을 매입"했다고 회고했다. 보좌관은 서울시청으로부터 비상천막을 빌리고, 건축 허가도 나기 전에 임시 전기 가설을 하도록 도왔다. 대지 조성 작업 때는 군부대 불도저를 4일간 지원받도록 했고, 건축허가 신청 상태에서 시멘트 7천 포대를 주문하도록 주선하는 등 고비 때마다 해결사 역할을 했다. 이러한 지원은 비공식적이었지만 입주식 때 김수환 추기경이 중정 고위 관료와 보좌관에게 감사패를 줄 정도로 공공연한 것이었다.34)

제정구, 정일우와 함께 도시빈민 운동에 투신했던 박재천의 회고에 의하면 청계천에서 방이동으로 집단이주를 시도했을 때는 "중앙정보부의 집요한 방해공작 때문"에 건축 허가가 나오지 않았었다고 한다.35) 그렇다

---

32) 천주교빈민문제연구소, 「빈민 주거 건설의 문제점과 전망 - 복음자리의 경험을 중심으로 - 1987.1.6」, 민주화운동기념사업회 오픈아카이브, 등록번호 00047158.
33) 황병주(2007), 「복음자리 마을의 형성과 삶」, 시흥시사편찬위원회 편, 『시흥시사 8 : 시흥의 도시공간, 도시민의 체험과 기억』, 시흥시사편찬위원회, p.351. 황병주의 글에서 정부 고위층이 중앙정보부 소속이라는 설명은 제정구, 정일우와 함께 도시빈민운동에 투신했던 박재천의 구술을 근거로 했다. 그런데 이 중앙정보부 소속 고위 관료가 당시 중정 2차장이었던 전재덕이라는 설이 있다. 전재덕은 육사 8기생으로 5·16군사정변에 가담하여 서울시부시장, 일본 공사, 중앙정보부 감찰부장, 제2차장을 역임한 인물이다. 그는 일본 아키타현 일만(日滿)공업학교 출신으로 일본 육군 보병에 징집되었으나, 중국 국민혁명군을 거쳐 광복군에 투신했고 1990년 건국훈장 애족장을 받기도 했다. 제정구도 입주식 때 "주민들은 추기경님께 감사패를 드렸고, 추기경님은 보좌관과 차장님께 감사패를 드렸다."고 회고한 것으로 보아 중정 고위 관료가 전재덕 제2차장일 가능성이 있다(제 바오르(1982), p.214).
34) 제 바오르(1982), pp.202-214.
35) 「가짐 없는 큰 자유 제정구 1(하)」, 『한겨레』 2005.8.24.

면 2년만에 무엇이 달라졌던 것일까? 서울의 방이동과 시흥군 소래면 신천리의 차이, 김수환 추기경의 역할 등 다양한 추측이 가능하지만 이를 명확히 설명할 수 있는 자료는 존재하지 않는다. 그러나 정부가 직접 집단이주 사업을 주도할 수는 없더라도 철거민들의 격렬한 반발을 무마할 수 있도록 제정구, 정일우 등의 이주사업을 암묵적으로 지원했을 것이라는 황병주의 해석은 설득력이 있다. 실제로 복음자리 마을은 정부 재정을 쓰지 않고도 철거민의 '자발적' 집단 이주로 도시빈민 주거 문제를 해결할 수 있는 "자조적 사업"의 모범 사례가 될 수 있었다. 정부 차원에서도 충분히 비공식적 지원을 할 만한 기획이었던 것이다. 박재천은 이를 "정부 차원에서는 정책적 기여를 한 것이고 주민 차원에서는 빈민의 문제를 우리 스스로 해결할 수 있다는 모델을 제시한 것"이라고 평가했다.36)

그러나 복음자리 마을로 이주가 완료된 이후에도 무질서와 혼란은 계속되었다. 건축 경비 문제, 주택 위치 배정을 둘러싼 분쟁, 기존 원주민과의 마찰 등 갈등이 끊이지 않았다. 이는 철거가 단순히 거주의 이전만을 의미하는 것이 아니라 사회적 관계망의 해체를 의미하기 때문이었다. 판자촌 시절 동네에서 비공식적으로 맺어진 이웃, 단골, 동료와의 사회적 관계는 생계 기회 분배의 근원이자 경제적 불안정성과 현금 결핍을 극복하는 자조 체계로 존재했다. 철거는 자조 체계의 해체를 의미했고, 집단 이주로 그 충격은 어느 정도 완화되었지만 낯선 환경에서 모든 것을 새로 시작해야 하는 상황에서 무질서와 혼란은 불가피한 것이었다.37)

이런 상황에서 1978년 복음 신용협동조합이 창설되면서 마을의 질서가 잡히기 시작했다. 본래 미제레올의 융자금으로 마을을 설립했기 때문에 이 채무를 청산하자는 취지에서 신용협동조합을 창설했다. 대부분 비공식 부분에 종사했던 주민들은 사채를 쓰는 대신 신협을 이용함으로써 빈곤의

---

36) 황병주(2007), pp.442-443 ; 김수현(1999), p.218.
37) 김찬호(1986), p.31.

악순환을 끊어낼 수 있는 가능성을 마련했다.[38] 정일우도 이를 "경제적으로 스스로 돕고 살 수 있는 협동운동"이라고 규정하며 다음과 같이 회고했다.

> 집을 다 짓고 난 다음 주민들의 생활고와 경제문제를 생각하지 않을 수 없었다. 허허벌판이나 마찬가지인 이곳에 집만 있고 일거리가 없는 것이 큰 문제였다. 인근에 공장이 들어서기는 해도 먹고 사는 연결망이 서울에서 시골로 옮겨졌기 때문에 주민들은 여러 가지로 어려운 상황이었다. 그래서 신용협동조합을 만드는데 시간을 보냈다. 정구도 스스로 서울 서교동에 있는 협동교육연구원에서 신용협동조합 지도자 교육을 받았다. 그리고 '복음신용협동조합'을 창립하고 출자금을 모으기 시작했다. 경제적으로 스스로 돕고 살 수 있는 협동운동을 전개한 것이다.[39]

복음신협은 1978년 5월 7일 창립총회를 갖고 회원 54명으로 출발했다. 제정구가 초대 이사장을 맡았지만 2년 만에 내놓았고 이후 모든 운영은 주민들이 맡았다. 철거민들이 복음자리 마을에 정착하며 신협을 통해 경제적 협력을 실감한 것은 실로 경이로운 체험이었다. 출자액의 10배 한도로 대출이 가능했기 때문에 갑작스럽게 목돈이 들어갈 일이 생겨도 사채를 쓰지 않을 수 있게 되었다. 신협을 중심으로 한 지속적인 저축과 공동사업은 거의 모든 주민을 회원으로 만들었고, 1987년 경에는 조합원 수가 1,000명에 이르면서 오히려 인근 마을에 도움을 줄 수 있게 되었다.[40] 복음신협은 서민저축기관으로서 은행 역할을 하면서 경제적 유대 못지

---

[38] 김찬호(1986), pp.27-34. 김찬호에 따르면 복음자리 주민들은 대부분 막노동, 공장직공, 잡상인 등 비공식 부문에 종사했다. 1985년 3월 현재 마을 세대주의 직업 분포는 무직 33%, 막노동 22%, 사무직 10%, 판매직 9%, 농업 2%, 생산직 16%, 기타 8%로 나타났다.
[39] 정일우(2009), p.77.
[40] 김찬호(1986), pp.28-34.

않게 사회적 유대를 위한 다양한 사업을 전개하는 독특한 성격을 가졌다. 회원들은 신협을 "출자금을 바탕으로 개인들을 스스로 활동케하는 협동조직"으로 규정했다. 회원 확보와 활성화를 위해 교양, 건강 강좌를 개설했고, 월례회, 총회, 조합원 간담회 등 토론의 장을 마련했다. 생일 축하 모임, 경로잔치, 야유회 등을 통해 친목을 다졌고, 1981년부터 1년에 두 차례 '복음신협'지를 발행하여 마을 소식지 역할을 했다. 매년 단오제는 신협 창립 기념행사로 치러졌는데, 마을뿐만 아니라 외부 손님들도 초대되어 함께 어울리는 잔치가 되었다.[41]

마을 주변에 공장이 들어서며 일자리를 갖게 되었고, 복음신협을 통해 경제적 유대를 회복하면서 주민들은 복음자리 마을로 이전하기 위해 미제레올로부터 융자받은 융자금을 100% 상환했다. 빈민 대상 융자에서 이런 결과는 이례적인 일이었고 미제레올은 이를 "세계에서 가장 성공적인 프로젝트"로 기록했다고 한다. 이는 앞서 언급했던 미제레올의 슈레틀(Schröttle)이 1978년 5월 방한 보고서에서 "진정한 인간 발전과 인간 개발은 주민공동체 내에서 스스로 파생되는 것이어야" 한다고 지적했던 것에 부합하는 결과였다.[42]

---

41) 김찬호(1986), pp.35-41.
42) 정일우(2009), p.76. 슈레틀의 방한 보고서는 시흥 지역만을 대상으로 한 것은 아니었지만 다음의 대목은 복음자리 마을을 방문한 인상을 담고 있는 것으로 보인다. "이미 방문한 여러 곳에서 교회가, 심지어는 교회의 냄새를 피우지 않고도, 구체적으로 주민공동체와 함께 일하고 있음은 대단히 고무적인 사실이다. 도시 변두리 지역에서 가난한 사람들과 똑같은 여건 하에서 이들과 같이 생활하며 헌신하는 성직자, 수도자, 심지어는 평신자들을 만나 본 것은 대단히 감격적인 일이었으며 농촌 벽지 구석에서 이들과 생활을 나누고 살고 있는 이들을 만나본 것은 새로운 경험으로 오래 간직할 것이다. 진정한 인간 발전과 인간 개발은 주민공동체 내에서 스스로 파생되는 것이어야 하며 교회의 역할은 말씀 그대로 누룩과 소금과 빛의 역할을 충실히 하는데 있다고 하겠다. (중략) 이들은 오히려 외부의 지원이나 원조에 대하여 주민 스스로 자립과 자조의 정신을 해칠지도 모른다는 견해를 피력하기도 한 것은 특히 인상 깊은 일이었다."(천주교 주교회의 인성회 전국 사무국, 「독일 가톨릭 해외원조기구 MISEREOR 소개 및 한국책임자

3. 한독마을, 목화마을의 탄생과 공동체 성격의 변화

　복음자리 마을이 성공적으로 자리잡으면서 두 번째 도시빈민 정착공동체가 모색되었다. 정일우는 복음자리 마을 집단 이주가 끝난 후 "지옥터널을 빠져나온 느낌"이었지만, 여전히 서울 변두리에는 철거 지역이 많았고 "1979년 두 번째 집단이주 사업을 하기로 결정"했다고 회고했다. 제정구와 정일우 등 복음자리 공동체 사람들은 당산동, 신림동, 시흥동, 봉천동 등의 철거지역 주민들 약 600세대를 방문하여 조사활동을 벌였고, 식구가 많거나 형편이 나쁜 철거주민을 우선 선정해 사업에 참여시키기로 했다. 164세대가 선정되었고, 매주 1회씩 사업 신청자를 대상으로 교육을 실시했다. 교육 내용은 제정구, 정일우 등이 건축업자가 아니며, 주민들이 공동체를 이루어 살아야 한다는 것, 직접 공사에 참여해서 내 집을 스스로 짓는다는 것 등이었다. 이처럼 두 번째 마을도 복음자리 마을과 같은 공동체 형성을 지향했다.[43)]

　그러나 1979년에는 외적인 상황이 크게 변화했다. 첫째는 건축법의 변화였다. 건축 자재 규제로 이전과 달리 주민들이 벽돌, 블럭을 찍어 쓸 수 없게 되었고, 설계는 설계회사가, 건축은 건설회사가 해야 허가가 나게 되었다. 이제는 주민들 스스로 집을 지을 수 없게 된 것이다. 둘째는 땅값의 폭발적 상승이었다. 미제레올 지원금과 복음자리 마을 융자 회수금으로 신천리 근처인 은행리에 2,000여 평의 토지를 구매했지만, 1977년에 3,000원 정도 하던 땅값이 10배 이상 상승해 31,000원이 되었다. 이 때문에 세대별 땅값 부담을 줄이기 위해 단층집 대신 2층집을 지어야 했고, 건축법 규제와 자재 사용 면에서 많은 제약이 생겼다.

　Schröttle 방한 결과 보고, 1978.5.10.」, 민주화운동기념사업회 오픈아카이브, 등록번호 00217713.)
43) 정일우(2009), pp.76-78.

상황 변화로 주민들의 공동 작업은 거의 불가능해졌다. 복음자리 마을처럼 철거 후 건축 현장에 천막을 치고 살면서 집을 지은 것이 아니라 철거 전에 집을 짓고 이사를 했다. 천막 생활과 공동 작업이 없었기 때문에 마을 사람들이 정착공동체 주도층과 어울려 살 기회가 없었다. 정일우는 "주민들이 직접 공사를 할 수 없으니까 복음자리 마을처럼 찐하게 뭔가 돌아가는 것이 없었다"고 아쉬워 했다. 공간 구성의 문제도 있었다. "그냥 일자로 2층 연립 여섯 동을 짓는 것"이었기 때문에 정일우는 이를 "철학이 없는 건축설계"라고 평했다. 복음자리는 1층 연립에 마을 중간쯤 공터가 있어 공동체 형성에 중요한 역할을 했는데, 이번에는 2층 연립에 마을의 중심이 될 공간이 없었기 때문이다. 이 때문에 궁여지책으로 마을회관을 짓기로 하고 매주 토요일마다 주민들을 공사 현장에 오도록 했지만 한계가 있었다.[44)]

주민들은 입주를 앞두고 전체 총회를 해서 주택명을 '한독주택'이라고 지었다. 한국과 독일의 앞 글자를 딴 것인데, 독일 미제레올의 주택건설비 융자를 기리는 의미였다. 한독마을 이주민은 164세대로 주로 시흥동, 사당동, 양평동, 양남동 등 서울 지역과 경기도 안양 일대의 철거민들로 출신 지역이 다양했다. 그 중 양평동, 양남동 출신들이 가장 많았는데 복음자리 건설 당시 이주하지 못한 사람들이 추가 이주한 것이었다. 한독주택은 '가동'부터 '바동'까지 총 6개 동으로 구성되었고 8평형과 9평형 두 종류에 내부는 방 2개에 부엌 하나 구조였다. 분양 가격은 평당 30만원으로 8평형은 240만원, 9평형은 270만원에 분양되었다.[45)]

---

44) 천주교빈민문제연구소, 「빈민 주거 건설의 문제점과 전망 - 복음자리의 경험을 중심으로 - 1987.1.6」, 민주화운동기념사업회 오픈아카이브, 등록번호 00047158 ; 정일우(2009), p.78.
45) 이동헌(2007), 「새로운 이주민들 - 한독주택과 목화연립」, 시흥시사편찬위원회 편, 『시흥시사 8 : 시흥의 도시공간, 도시민의 체험과 기억』, 시흥시사편찬위원회, pp.390-391.

복음자리 마을과 한독마을은 도시빈민 정착공동체라는 공통점에도 불구하고 공동체의 성격 면에서 차이가 있었다. 복음자리는 양평동 철거촌에서 함께 이주했고 천막생활과 공동노동을 통해 '끈끈한' 공동체를 이루었다. 복음신협과 마을 장학회, 단오제 등을 통해 공동체는 더욱 단단해졌다. 그러나 한독마을 주민들은 출신 지역이 다양했고 공동노동의 기회도 없었다. 이 때문에 제정구는 한독마을에서는 "집을 짓는 과정이 인간을 치유하고 형성하는 과정이 되고 삶을 건설하는 사업으로 전환되지 못했다."고 아쉬워했다. "집을 자신과 가정의 터전으로 보기보다는 재산 내지는 물질적 차원으로" 봤다는 것이다. "공동체에 대한 의식 역시 인간 성숙이나 인간 발전을 지향"하기보다는 "경제적인 이해를 향한 공동체"라고 평가했다.46)

복음자리 마을에서 주민들의 일원으로 함께 생활하며 새로운 공동체의 형성을 경험했던 정일우와 제정구의 시선에서 한독마을은 부족한 점이 많았다고 볼 수 있다. 그러나 한독주택에 정착한 철거민들은 복음자리 주민들이 그랬듯이 집단 이주촌 건설을 통해 비로소 무주택 철거민의 지위에서 벗어날 수 있었다. 게다가 철거민과 무허가주택 거주자 및 영세 세입자의 지위를 반복했던 도시빈민들이 경제적인 이해를 추구하는 것은 매우 자연스러운 일이었다.

공간 구성에 대해서도 다른 평가가 존재했다. 한독마을 첫 자치운영회장을 지낸 심병현은 나지막한 언덕에 2층으로 지어진 한독주택이 '문화주택'으로 불리며 지역 주민들에게 부러움의 대상이 되었다고 회고했다. 한독마을 주민들은 주민 결속력을 강화하기 위해 '한독주택자치운영회'를 조직했고 갈등을 해소해 나갔다. 출신 지역은 달랐지만 모두 철거민, 이주민이라는 정서적 공감대도 있었다. 특히 복음신협이 설립된 이후 단오제

---

46) 천주교빈민문제연구소, 「빈민 주거 건설의 문제점과 전망 - 복음자리의 경험을 중심으로 - 1987.1.6」, 민주화운동기념사업회 오픈아카이브, 등록번호 00047158.

를 비롯한 각종 행사와 모임에 참여함으로써 다른 이주민들과의 유대감과 연대의식을 고취해 나갔다.

천주교도 주민들을 묶어주는 요소였다. 한독주택에는 정일우 신부와 수녀 두 분이 생활했기 때문에 천주교의 영향력은 신앙 문제에만 한정되지 않았다. 특히 정일우는 주민은 물론 천주교계에서 신망이 두터운 인물이었기 때문에 천주교의 영향력은 자연스럽게 확산되었다. 심병현의 회고에 의하면 초기에 한독마을 주민의 약 10%에 불과하던 천주교 교인 수는 이후 50~60%에 이르렀다. 이런 과정을 거치며 주민들은 한독주택을 하나의 공동체로 인식했고, 그것을 주변 지역과 다른 독특한 장점으로 자부했다. 다음은 심병현의 구술이다.[47]

> 우리 한독에 초상이 났잖어 그러면 동네 사람 하나도 안 자, 회관에 다 모여. 다 도와주는 거여. 그것이 참 공동체라여 참. 그러니까 여 사람들이 지금도 말이지 한독이 녹원아파트가 되었는데 지금도 그것을 부러워해요. 누구 하나 죽었다 하면 전부 다 가서 밤새여, 안 자여. 그런데 그런 거지 뭐. 자치적으로 인제 동네 한 공동체.[48]

이렇게 한독마을이 '참 공동체'를 지향해 나가고 있을 무렵 세 번째 도시빈민 정착공동체가 모색되었다. 정일우는 이를 "강서구 목동 철거민들의 피나는 투쟁을 지켜보고 함께 하면서 내린 결정"이라고 회고했다. 목동은 원래 서울시가 1960년대 말 후암동 등의 철거민들의 이주 대책으로 대토(代土)를 주어 정착시킨 지역이었다.[49] 1970년대까지 정부의 무허가 정착지 정책은 현지 개량이나 소규모 재개발사업이 주조를 이루었으나

---

47) 이동헌(2007), pp.390-397.
48) 이동헌(2007), p.398.
49) 정일우(2009), p.79.

1980년대 들어 '합동재개발 사업'으로 급선회 했다. 1983년 도시개발법 개정으로 상업적 재개발사업을 통해 무허가 정착지를 기존 주택시장에 포함시키고자 했던 것이다. 이는 주택 및 토지소유자들이 재개발조합을 결성하고 민간 건설업체를 시행사로 선정해 재개발사업 추진을 위한 재원 조달 및 주택 건설을 담당하도록 하는 방식이었다. 이로써 주거 문제의 핵심 주체인 정부 대신 재개발조합과 건설사가 전면에 나서게 된 것이다. 목동지구 택지개발은 이러한 '합동재개발 사업'의 신호탄이었다.[50]

'합동재개발 사업'에서는 세입자 대책이 쟁점으로 등장했다. 주택 및 토지 소유자만 재개발조합에 참여할 수 있었기 때문에 대다수의 세입자들은 보상이나 대책을 요구할 수 없었고 말 그대로 길거리로 나앉아야 했다. 당시 철거대상 중 세입자 가구수는 2,588가구에 이르렀다.[51] 1983년 목동지구 택지개발이 확정되고 1984년부터 철거가 시작되자 8월부터 철거반대투쟁이 본격화되었다. 제정구와 정일우 등은 거의 매일 목동 철거민들의 투쟁 현장에 가서 이들과 함께 했고, 복음자리와 한독 마을의 경험을 바탕으로 집단 이주를 준비했다.[52]

목동지역 철거민들도 한독마을 사람들처럼 도시빈민 집단거주지를 중심으로 철거와 이주를 반복했던 이들이었다. 이주민 최한동의 구술에

---

50) 김수현(1999), pp.218-219 ; 「도시 개발과 빈곤의 연대기」, 『레디앙』 2018.1.18. 1983년 시작된 목동지구 택지개발 사업은 지역별로 이합집산을 거듭한 철거투쟁이 조직적으로 발전한 계기이기도 했다. 1984년부터 철거민 투쟁이 본격화되자 제정구, 정일우 신부 등의 주도로 1985년 천주교도시빈민사목협의회(이후 천주교도시빈민회, 약칭 천도빈)와 천주교빈민문제연구소가 탄생했고, 뒤이어 기독교시빈민선교협의회(약칭 기도빈) 등이 생겨났다. '주거권', '도시빈민운동'이라는 용어도 이때를 계기로 대중화되었고, 학생운동세력이 철거투쟁에 결합하기 시작한 것도 이때부터였다.(「두 개의 길, 전철협과 전철연」, 『한겨레 21』 558호, 2005.5)
51) 정일우(2009), p.79 ; 이동헌(2007), p.401.
52) 천주교빈민문제연구소, 「빈민 주거 건설의 문제점과 전망 - 복음자리의 경험을 중심으로 - 1987.1.6」, 민주화운동기념사업회 오픈아카이브, 등록번호 00047158 ; 김수현(1999), pp.218-219 ; 이동헌(2007), pp.399-400 ; 정일우(2009), pp.79-80.

따르면, 목동 철거민들은 1970년대 중반 서울의 종로, 을지로, 서빙고 등 도시빈민 집단주거지에서 강제로 이주된 경우가 많았다. 이들이 "거기서 정착하면서 서로 정이 들어버린 동네가" 될 무렵 목동은 철거 예정지가 되었고, 철거대책위원회를 구성해 강제철거에 저항하기 시작했다. 정부는 세입자 철거 보상 조건으로 임대아파트 입주를 장려했는데, 가수용 시설을 보장받지 못한 상황에서 임대아파트 완공을 기다리는 것은 불가능에 가까웠다. 입주권을 받은 철거민 대부분은 전문 부동산업자에게 100만~300만원을 받고 입주권을 팔아 당장 살 곳을 마련해야 했다. 입주권을 거부하고 마지막까지 집단이주를 요구한 주민들은 최한동을 비롯한 36세대였는데, 이들은 투쟁 과정에서 제정구, 정일우 신부와 연결되었고 복음자리, 한독마을과 같은 집단이주를 제안받았다.53)

제정구와 정일우 등 복음자리 공동체 식구들은 한독마을 경험을 바탕으로 먼저 집단이주에 필요한 토지를 구매했다. 그 사이 땅값이 또 몇 배나 올랐지만 복음자리와 한독마을 융자 상환금에 미제레올의 지원금 3억원을 합쳐 한독마을 근처의 은행동 지역에 2,000여 평을 매입했다. 주민 교육뿐만 아니라 한독마을 때 아쉬웠던 설계와 건축에도 신경을 많이 썼다. 처음 이주한 36세대는 주택이 완공될 때까지 한독주택 근처 공터에서 1년 이상 천막생활을 해야 했는데, 이는 주택 완공 이후 이주했던 한독마을과 가장 큰 차이점이었다. 또한 이들은 목동에서 철거반대투쟁을 함께 했던 철거민을 대상으로 추가 이주자를 모집했다. 69세대가 추가 이주를 결정했고 총 105세대가 새로운 도시빈민 정착공동체 '목화마을'을 건설했다.54)

---

53) 이동헌(2007), pp.401-403.
54) 정일우(2009), pp.79-80 ; 이동헌(2007), pp.402-403 ; 천주교빈민문제연구소, 「빈민 주거 건설의 문제점과 전망 - 복음자리의 경험을 중심으로 - 1987.1.6」, 민주화운동기념사업회 오픈아카이브, 등록번호 00047158.

목화마을이란 명칭은 목동에서 철거된 주민들이 화합을 이루어 산다는 뜻으로 주민들이 지었다.55) 목화마을은 건설 재원 마련 방식에서 복음자리, 한독마을과는 차이가 있었다. 미제레올의 지원금도 있었지만 정부로부터 융자를 받은 것이다. 정부에서 집단이주를 약속했기 때문에 이를 근거로 정부에 저리 융자를 요구했고, 서민 주택자금 대출이율 6.5%보다 낮은 3%의 이자율에 1년 거치 19년 상환 조건으로 대출을 받았다.56) 그러나 무엇보다도 장기간의 철거반대투쟁 끝에 도시빈민 정착공동체를 형성했다는 점에서 목화마을은 복음자리, 한독마을과는 또다른 특징을 갖는다.

복음자리, 한독주택이 정부의 철거정책에 대하여는 전혀 항거해 보지 못한 것에 비해 목화마을은 철거반대투쟁을 피나게 전개했던 주역들의 대부분이 모여 마을을 이루었다. 건축법이나 땅값 및 건축 자재값의 상승 요인은 79년보다 비교할 수 없을 정도로 악화되었지만 목화마을은 빈민운동의 결과 및 과정으로서 형성된 마을이라는 특성과 아직 입주 기간이 얼마 되지 않았기 때문에 정확한 비교는 하기 힘들다.57)

입주 기간이 얼마 지나지 않은 시점이었기 때문에 평가를 유보하고 있지만 "빈민운동의 결과 및 과정으로서 형성된 마을"이라는 제정구의 지적은 목화마을의 가장 중요한 성격이었다. 제정구, 정일우와 마을 주민

---

55) 정일우(2009), pp.80-81.
56) 이동헌(2007), p.403.
57) 천주교빈민문제연구소, 「빈민 주거 건설의 문제점과 전망 - 복음자리의 경험을 중심으로 - 1987.1.6」, 민주화운동기념사업회 오픈아카이브, 등록번호 00047158. 이 자료에서 제정구는 목화마을 주민들이 "84년 9월부터 85년 3월까지 6개월 동안 대정부 철거반대 투쟁을 통하여 100회 이상의 데모와 시위"를 했고, "1년 이상(85년 5월부터 86년 6월까지)을 천막 속에서 같이 살았"다고 묘사했다.

들은 목화마을이 "주민 자신들의 공동체"가 될 수 있도록 다양한 노력을 기울였다. 105세대 입주 예정자들은 매주 1회 토요일이면 지역 주민센터 격인 '작은자리 회관'에 모였다. 이곳에서 주민들은 집단이주 사업 경과를 듣고 의견을 제시했다. 이 모임은 제정구가 주도했는데 특히 건축설계에 관해 많은 의견과 토론을 주문하고 주민들의 생각을 반영했다. 정일우는 이를 "철학이 있는 건축설계"라고 평가했는데, "주민들이 서로서로 통하는 건축설계"로 "서로서로 통해야 주민들의 공동체가 생긴다"는 철학을 반영한 것이었다.[58] 이에 대한 제정구의 평가도 유사했다.

> 건물의 구조는 3개 동, 3층 연립이다. 그리고 보다 공동체적인 마을 분위기를 살리는 방향으로 한독주택의 구조를 보완하여 동별로 공동의 공터를 남겼을 뿐만 아니라 전체의 구조를 'ㄷ'형이나 'ㄴ'형으로 하여 마을의 공동체적인 분위기를 살렸다.[59]

그럼에도 불구하고 정착 초기에는 "단결과 협조 및 협동이 잘 안되고 상호불신 또한 심한 편"이었다. 제정구는 "가난으로 인해 받은 인격적인 상처들이 (중략) 집을 짓는 과정에서 공동 작업이나 공동 노동을 전연 할 수 없는 여건 때문에 (중략) 내면적으로 승화되거나 치유되지 못한 것"이라고 진단했다. 또한 "그동안(77년부터 86년까지) 철저하게 물질주의적이요 비인간적 반인간적인 개발정책 및 정치적 상황 때문에 한국의

---

58) 정일우(2009), pp.80-81. '작은자리 회관'은 제정구와 정일우 신부 주도로 미제레올의 지원을 받아 복음자리마을과 한독마을 사이에 3층 건물을 짓고 1985년 2월 개관했다. 개관 이후 1986년까지 제정구 가족 등과 복음자리 마을로 들어온 샬트르 성바오로회 소속 수녀들이 공동으로 운영했다. 지역사회 프로그램과 마을 잔치가 벌어지는 장소였고, 재야 민주 단체의 회합, 노조 준비 모임 장소의 역할도 했다.(「작은자리」, 『디지털시흥문화대전』)
59) 천주교빈민문제연구소, 「빈민 주거 건설의 문제점과 전망 - 복음자리의 경험을 중심으로 - 1987.1.6」, 민주화운동기념사업회 오픈아카이브, 등록번호 00047158.

사회적인 풍토 자체가 비인간적으로 병들어 있는 영향 또한 큰 것 같다."고 보았다. 그러나 그는 "복음자리, 한독주택이라는 두 마을이 어떤 정신적인 기반을 형성하고 있는 그 영향권 속에 있기 때문에 (중략) 발전적인 방향으로 해소되고 승화되어 정리 정돈될 가능성은 아주 높다"고 희망을 갖기도 했다.[60]

실제로 목화마을 이주민들은 입주 초기의 어려움에도 불구하고 자연스럽게 시흥 지역에 뿌리내렸다. 한독마을이 그랬듯이 목화마을 주민들은 복음자리, 한독마을 주민들과의 연대, 복음신협의 경제적 지원, 그리고 1985년 탄생한 작은자리 회관에서의 다양한 프로그램과 마을 잔치를 통해 연대의식과 공동체의식을 갖게 되었다.[61] 앞서 살펴본 것처럼 세 마을 사이에는 도시빈민 정착공동체라는 공통점에도 불구하고 공동노동의 경험, 이주 시점, 출신 지역, 건축법 개정에 따른 공간 구성 차이 등 다양한 차이가 존재했다. 그럼에도 1977년부터 1986년까지 10년에 걸쳐 자리 잡은 세 마을 사람들은 복음자리 마을 공동체와 복음신협, 작은자리 회관을 구심점으로 점차 '하나의 지역 공동체'이자 도시빈민 운동, 시민운동의 '주체'로 변모해 갔다.

이러한 변화는 1986년에 일어난 일련의 사건들을 통해 확인할 수 있다.[62] 복음자리 마을 이주 후 얼마 지나지 않아 마을 옆에 산업도로가 생겼지만 신호등이 없어 교통사고가 잦았다. 주민들의 요청에도 신호등 설치는 계속 미뤄졌고 1986년 봄 한 어린이가 큰 사고를 당했다. 그러자 마을 주민 300명은 3월 10일 오전 8시를 기해 일제히 산업도로 한 복판에 앉아 도로를 점거했다. "살인도로에 대한 대책을 세워라", "신호등을 세워

---

60) 천주교빈민문제연구소, 「빈민 주거 건설의 문제점과 전망 - 복음자리의 경험을 중심으로 - 1987.1.6」, 민주화운동기념사업회 오픈아카이브, 등록번호 00047158.
61) 이동헌(2007), pp.405-408 ; 「작은자리」, 『디지털시흥문화대전』.
62) 이하는 김찬호(1986), pp.36-38의 사례를 요약 정리한 것임.

달라" 등의 피켓을 들고 안양과 인천을 잇는 도로를 2시간 가량 봉쇄하자 교통이 완전히 두절되고 광명경찰서장, 시흥군수가 나와 타협을 시도했다. 그러나 주민 중에는 목동에서 철거반대투쟁을 치렀던 목화마을 사람들이 있었고, 거기서 얻은 경험을 바탕으로 군수와 경찰서장으로부터 각서 형식의 확실한 보장을 받아내고서야 농성을 풀었다. 주민들은 마을로 돌아가 한바탕 잔치를 벌였고, 몇 년을 끌던 신호등은 그날 밤 세워졌다.

1986년 8월에는 제정구가 하왕십리 집회에서 발언한 내용이 문제가 되어 8월 15일 자택에서 경찰에 연행되는 일이 있었다. 정일우 신부와 함께 막사이사이상 수상자로 결정되었다는 보도가 나온 지 6일만에 일어난 일이었다. 제정구는 8월 19일, 유언비어 유포, 불안감 조성 등 경범죄 처벌법 위반 혐의로 즉심에 넘겨져 5일간 구류 처분을 받았다.[63] 이에 복음자리, 한독마을, 목화마을 주민 150명은 플래카드와 피켓을 들고 산업도로를 거쳐 신천리 시장까지 진출해 파출소, 읍사무소 등지를 돌며 항의 시위를 벌였다. 그러나 경찰은 이들을 함부로 저지하지 못했고 주동자 중 누구도 적발되지 않았다. 1986년 9월 20일에 개막한 아시안게임 성화 봉송 때도 읍사무소에서 풍물 응원 등을 위해 복음자리 마을 청년회를 동원하고자 했으나 청년들이 이에 응하지 않은 사건도 있었다.

시위를 통해 자신의 권리를 주장하고 정치적 지지를 드러내며 관의 동원에 불응하는 행위는 매우 작은 실천이었지만, 철거촌을 전전하며 권력과 금력에 패배하는데 익숙했던 도시빈민들에게는 매우 소중한 승리의 경험이 되었을 것이다. 이런 경험을 통해 세 마을 사람들은 '하나의 지역 공동체'이자 도시빈민 운동, 시민운동의 '주체'로 진화해 나간 셈이다.

---

[63] 「막사이사이상 받는 제정구씨 "불우이웃 위해 할 일 했을뿐"」, 『동아일보』 1986.8.9 ; 「막사이사이상 수상자 제정구씨 경찰서 연행」, 『동아일보』 1986.8.16 ; 「제정구씨 구류 5일」, 『조선일보』 1986.8.19.

4. 나가며

1977년 복음자리 마을, 1979년 한독마을, 1986년 목화마을로 이어진 시흥지역 도시빈민 정착공동체 운동은 서울의 과잉 도시화와 대규모 빈민 주거지 형성, '비가시화' 방식의 폭력적 철거민 정책이 만들어낸 빈곤의 악순환에 대한 대안적 주거 운동의 성격을 갖는다. 이를 주도했던 것은 "판자촌 중독자" 제정구와 "가난한 사람들을 통해 인간이 되고 싶었"던 정일우 신부였다. 이들은 청계천과 양평동 판자촌에서 가난한 이들이 서로 돌보며 더불어 살아가는 모습을 발견했고, 그것이야말로 진정한 공동체이자 인간성의 본질이라고 확신했다. 이들은 그러한 공동체와 인간성의 본질을 지키고 확대해 나가기 위해 철거민 집단이주와 정착지 형성에 투신했던 것이다.

이들이 양평동 철거민들과 함께 만들어낸 복음자리 마을은 미제레올의 융자금과 정부의 '간접 지원'을 바탕으로 한 것이었다. 따라서 비공식적이고 자연발생적으로 생성되었다가 소멸되었던 대부분의 도시빈민 운동과 달리 일정하게 공식적 성격을 띠었지만, 제정구와 정일우의 관점에서 이는 주민들이 공동 노동을 통해 인간성을 치유하고 성숙해 가는 "가장 이상적이고 성공적이었던" 공동체였다.[64] 많은 어려움에도 불구하고 복음신협이 경제적, 사회적 유대를 강화하는 구심점 역할을 했고, 이는 한독마을과 목화마을에도 영향을 미쳤다.

그러나 건축법 개정으로 주민 스스로가 설계와 건축에 참여할 수 없게 되면서 한독마을과 목화마을에서는 복음자리 마을과 같이 공동 노동을 통한 치유와 성숙을 경험할 수 없었다. 따라서 제정구와 정일우의 시선에서 이들 두 마을은 인간성을 치유하고 형성하는 과정이 없는, "경제적인

---

64) 천주교빈민문제연구소, 「빈민 주거 건설의 문제점과 전망 - 복음자리의 경험을 중심으로- 1987.1.6」, 민주화운동기념사업회 오픈아카이브, 등록번호 00047158.

이해를 향한 공동체"에 머물렀다. 그러나 이들 세 마을 사이에는 철거민, 이주민이라는 정서적 공감대와 유대감이 존재했고, 주민들은 다양한 차이에도 불구하고 복음자리 공동체와 복음신협, 작은자리 회관을 구심점으로 점차 '하나의 지역 공동체'이자 도시빈민 운동, 시민운동의 '주체'로 진화해 갔다.

이상에서 살펴본 시흥 지역 도시빈민 정착공동체 운동의 성장과 진화 과정은 압축적 경제 성장에도 불구하고 빈곤의 악순환이 계속되었던 한국의 개발·발전 과정에서 대안적 주거 운동이 성공할 수 있었던 역사적 맥락과 현재적 의의를 보여준다. 이 운동은 정부 재정을 쓰지 않고 도시빈민 주거 문제를 해결할 수 있는 "자조적 사업"의 모범 사례로서 정부의 간접 지원을 받기도 했다. 그러나 "집은 상품이 아니다", "집을 짓는 것은 궁극적으로 인간을 짓는 것이다", "가난한 사람들이 가난한 주거를 확보할 수 있게 하는 것이 적어도 한국의 사회정의이다."라는 제정구의 신념과 이에 기반한 운동은, 빈곤의 악순환 문제가 개인의 주거와 생존의 문제일 뿐만 아니라 근대화 과정에서 변화한 인간성과 공동체의 문제임을 분명히 드러냈다.

따라서 시흥 지역의 도시빈민 정착공동체 운동이 대안적 주거 운동으로서 성공할 수 있었던 것은 이 운동이 도시화, 근대화 과정에서 해체되어 가던 한국사회의 전통적 공동체성을 도시와 농촌의 성격이 교차하는 시흥 지역에서 정착공동체 형성을 계기로 재구조화하려는 시도였기 때문이다. 물론 제정구와 정일우가 추구했던 공동체성은 전통적인 농촌공동체로의 회귀적 성격을 갖고 있었고 주거환경 형성과 인간성의 회복 문제를 연결시킨다는 점에서 1970~80년대 한국의 도시화 조건에서는 구현되기 힘든 이상적 성격을 갖고 있었다. 그럼에도 이들의 가치지향적 헌신과 복음신협 운동으로 대표되는 현실적, 경제적 노력은 시흥 지역 도시빈민 정착공동체 운동의 성장과 진화에 있어서 가장 중요한 조건이었다.

제정구 등 복음자리 공동체 운동을 주도했던 이들은 1991년 2월 11일, 한국화약공유수면매립반대시흥시민위원회(한반위)를 발족하여, 한화가 법률 개정 하루 전날 매립 허가를 받아 독점하고자 했던 개발이익을 환수하는 시민운동에 나서기도 했다. 시민사회와 재벌기업의 지난한 싸움은 1998년 한반위가 개발이익 중 일부를 시흥시에 토지로 기부채납한다는 각서를 받아내고, 2002년 시흥시와 한화가 최종협약을 체결함으로써 시민의 승리로 막을 내렸다.65) 이러한 성취는 도시빈민 운동을 통해 시민운동의 '주체'로 진화한 시흥지역 도시빈민 정착공동체 운동의 역사적 유산이자, 1989년 시로 승격된 이후 2022년 '대도시' 지위를 획득한 시흥의 새로운 정체성 형성에도 중요하게 기여할 수 있을 것이다.

이 글은 기존 연구 성과들에 기반하되 기존 연구들이 활용하지 못했던 자료들을 활용하여 복음자리 마을, 한독마을, 목화마을로 이어진 시흥지역 도시빈민 정착공동체운동의 성장과 진화 과정 및 성격 변화를 종합, 정리했다는 연구사적 의의를 갖는다. 그러나 기존 연구들과 마찬가지로 제정구와 정일우 등 운동 주도층이 남긴 자료를 중심으로 내용을 구성하면서 471세대에 달했던 마을 주민들의 움직임과 목소리를 충분히 담아내지는 못했다는 한계를 갖는다. 이와 관련해서는 지역사 연구의 확장 가능성에 대한 고민과 추후 연구를 통해 극복을 모색하고자 한다.66)

---

65) 「위대한 시흥 시민운동 '한반위'를 기억하다」, 『경인일보』 2020.10.12.
66) '서발턴' 역사 연구의 맥락에서 로컬리티와 근대 권력, 난민·이주민 문제의 연구 가능성에 대해서는 전성현(2023), 「관문 도시 부산과 '서발턴' 역사 연구의 필요성과 한계」, 『석당논총』 87집 참고.

참고문헌

【자료】

『가톨릭신문』, 『경인일보』, 『동아일보』, 『이대학보』, 『조선일보』, 『한겨레』
『디지털시흥문화대전』, 『레디앙』, 『한겨레 21』
천주교빈민문제연구소, 「빈민 주거 건설의 문제점과 전망 - 복음자리의 경험을 중심으로 - 1987.1.6」, 민주화운동기념사업회 오픈아카이브, 등록번호 00047158.
천주교 주교회의 인성회 전국 사무국, 「독일 가톨릭 해외원조기구 MISEREOR 소개 및 한국책임자 Schröttle 방한 결과 보고, 1978.5.10.」, 민주화운동기념사업회 오픈아카이브, 등록번호 00217713.

【논저】

김동춘(2011), 「1971년 8·10 광주대단지 주민항거의 배경과 성격」, 『공간과 사회』 제21권 4호(통권 38호).
김수현(1999), 「서울시 철거민운동사 연구 - 철거민의 입장을 중심으로」, 『서울학연구』 13.
김영석(1989), 『한국사회 성격과 도시빈민운동』, 아침.
김찬호(1986), 「철거민 정착공동체의 형성과 유지에 관한 연구」, 연세대학교 사회학과 석사학위논문.
김찬호(2016), 「무허가 정착지의 재개발에서 출발한 주거공동체 : 경기도 시흥군 소래읍 복음자리 마을」, 『도시와 빈곤』 109.
도시빈민연구소 편(1991), 『굴레를 깨고 일어서는 사람들 : (빈민)지역운동 사례집』, 도시빈민연구소.
이동헌(2007), 「새로운 이주민들 - 한독주택과 목화연립」, 시흥시사편찬위원회 편, 『시흥시사 8 : 시흥의 도시공간, 도시민의 체험과 기억』, 시흥시사편찬위원회.
정일우(2009), 『예수회 신부, 정일우 이야기』, 제정구기념사업회.
정동익(1989), 『도시빈민 연구』, 아침.
제 바오르(1982), 「'복음자리' 일군 청계천 사람들 - 시흥군 소래읍 신천리 집단 이주기」, 『정경문화』 1982년 4월호.
한국기독교교회협의회 인권위원회 편(1987), 『1970년대 민주화운동 1권』, 동광출판사.
황병주(2007), 「복음자리 마을의 형성과 삶」, 시흥시사편찬위원회 편, 『시흥시사 8 : 시흥의 도시공간, 도시민의 체험과 기억』, 시흥시사편찬위원회.

1970~80년대 '사회의학'의 실천과 신천연합의원의 설립

홍 수 현

1. 들어가며

한국 현대 '보건의료운동'은 1980년대 민주화의 물결 속에서 태동한 것으로 평가받는다. 그렇다고 해서 '보건의료운동'이라는 개념에 대해 학계에서 합의된 정의가 있는 것은 아니다. 보건과사회연구회는 1970년대 초반에 '보건의료운동이라 할 만한 것'이 싹텄지만 '각 의료분야의 대중단체들이 결성되어 본격적이고 조직적인 활동을 시작한 것'은 1987년을 전후한 시기였다고 파악했다. 서울대 의과대학 의료연구회는 박종철 고문치사 사건 직후 의료와 인권의 관계를 고민하면서 "의료인이 주체가 되어서 왜곡된 사회 현실과 건강의 침해를 바로 세우려는 활동"을 '의료인운동'으로 규정했다. 1987년에 시작된 한국시민사회운동의 일환으로 한국 보건의료운동 역사를 정리한 우석균은 1970년대 보건의료운동이 태동했지만 2000년대 초반인 "현재의 보건의료운동은 역사적으로 1987년 운동의 산물"이라고 보았다. 이 시기에 대표적인 보건의료운동단체들이 대거 결성되었고 호헌철폐운동을 중심으로 '진보적인 보건의료운동단체들'이 결집했기 때문이다. 최규진은 보건의료운동에 대해 "사회구성원의 육체적·정신적 건강을 증진시키기 위한 진보적 사회운동"으로 포괄적으로 정의하면서도 '보건의료운동'의 주체와 내용은 1987년 이후에 세분화된다는 점을 지적했다.[1] 이들이 말한 보건의료운동단체란 1980년대 후반 현대사회의 보건의료문제 해결을 내걸며 설립된 인도주의실천의사협의회, 보건과사회연구회, 노동과건강연구회, 건강사회실현약사협의회 등등을 지칭한다. 이 단체들은 1980년대 후반 자신들의 '보건의료운동'을 민주화운동의 부문 운동으로 자리매김하면서 의료 행위를 개인적 차원에 국한하지 않고 사회 구조적 차원으로 확대하고자 했다.

'보건의료운동'이 하나의 정의로 수렴되지는 않지만, 그 가운데 공통적인 것은 보건의료 영역을 사회적 관계 속에서 사고하고 1987년을 전후한 시점에 본격화되었다고 파악한다는 점이다. 그런데 이러한 '보건의료운동'의 시기구분은 1960~70년대를 '보건의료운동'이 본격화되지 않은 배경 내지 전사(前史) 시기로 규정하고 '운동사'에서는 1980년대가 보다 결정적인 분기가 되었다는 판단에 기초하고 있다. 이러한 시각에 따라 꽤 오랫동안 1980년대 이전 시기 보건의료 부문의 운동에 대한 관심은 상대적으로 적었다.

본고는 1980년대 이후 본격화되었다는 보건의료운동의 한 갈래가 학생운동 차원에서 성장했음에 주목할 것이다. 그리고 그 사례로 의대 학생운동 단체였던 사회의학연구회에 초점을 맞추고자 한다.

사회의학연구회(사의연)는 1970년 서울대 의과대학 내에서 '사회의학'을 내걸고 조직된 학생운동 단체였다. 사의연에 관한 선행연구로는 최규진의 연구가 유일하다. 이 책은 사의연 요청으로 발간되어 그 활동 전반을

---

[1] 보건과사회연구회(1991), 『보건의료인과 보건의료운동』, 한울 ; 우석균(2004), 「한국 보건의료운동의 역사와 과제」, 『한국시민사회운동 15년사 : 1987-2002』(한국시민사회연감편찬위원회 편), 시민의신문 ; 서울대학교 의과대학 의료연구회(1987), 『한국사회의료와 인권』 ; 최규진(2015), 『한국 보건의료운동의 궤적과 사회의학연구회』, 한울.

복원했으며, 파편적이나마 한국 보건의료운동 역사의 흐름 속에 사의연을 위치시키고자 했으나, 사의연 조직의 근간이 되었던 '사회의학'이라는 문제의식을 객관화하지 못했다. 더욱이 사의연이 1980년대 시흥 지역에 설립한 병원의 의미에 대해서도 지역사회의 맥락 속에서 세밀하게 포착하지 못했다. 학생서클에서 성숙한 의대생들의 고민과 운동은 1980년대의 시대상과 맞물리며 또 다른 양상으로 전개되었다. 따라서 사의연의 역사적 성격은 1970~80년대 학생운동의 맥락과 이들이 문제의식으로 내세운 '사회의학'의 함의 속에서 더욱 적극적으로 독해될 필요가 있다.

본 연구는 사회의학연구회라는 조직에 대한 분석을 통해 선행연구에서 주목한 한국 '보건의료운동'의 역사적 전개 과정을 '사회의학'의 틀로 드러내는 것을 목표로 한다. 이를 위해 '사회의학' 개념의 역사와 당대의 이해를 정리하고, 사의연의 기치가 된 '사회의학'의 맥락과 의미를 검토하고자 한다. 또한 민주화 국면에서 사의연 멤버들이 사회에 진출하여 본격적으로 '사회의학'을 실천하는 과정을 지역사회와의 관계 속에서 살펴볼 것이다. 사의연 공동행동으로 시흥에 설립된 신천연합의원은 사의연 멤버들이 함께 발전시켜 온 사회의학적 문제의식을 현실에서 구현하는 기회이자 운동 방향에 대한 서로의 인식 차이를 확인하는 공간이었다. 사의연의 핵심 활동으로 신천연합의원을 분석하는 것은 1970년대 의대 학생운동에서 성장한 세대의 활동을 1980년대 전문의가 된 이후까지 연속적으로 조명하는 작업이자 민주화운동이라는 거대한 흐름과 보건의료 부문의 교차점을 보여주는 작업이 될 것이다.

주요 자료는 1996년에 발간된 사회의학연구회 기관사이다. 사회의학연구회 기관사는 사의연 창립 25주년을 맞이하여 사의연에서 자체적으로 제작한 책자이다. 이를 바탕으로 사의연의 변천과 내부 사정, 사의연의 '사회의학' 인식을 파악했다. 한편 지역사의 맥락에서 신천연합의원 역사를 구체적으로 살펴볼 수 있는 문헌자료를 찾기란 매우 어려웠다. 거의 유일한 자료로 1987년 소래지역 마을 주민건강실태조사 결과보고서를 신천연합병원을 통해 입수하여 활용했다. 자료의 한계를 극복하기 위하여 신천연합병원과 한국사회적의료기관연합회가 각각 사후적으로 신천연합병원 역사를 회고하며 영상기록으로 남긴 병원 관계자 구술자료를 참고했다.

2. 한국 보건의료 모순의 심화와 사회의학 개념의 재인식

해방 이래 한국의 보건복지 분야 예산은 늘 그 수요에 비해 턱없이 부족했다. 1970년대 유신정권은 복지국가 건설을 내세웠으나 이는 어디까지나 체제의 안정을 위한 것일 뿐 정부가 나서서 문제를 해결하겠다는 것은 아니었다. 실제로 제4차 경제개발5개년계획에서 사회개발 부문에 해당하는 교육·인력개발과 보건 부문에 대해서는 각각 총예산 중 4.5%, 0.8%만이 지출되었다.[2] 정부는 지역사회와 민간기관의 참여에 기초한 사회개발을 촉구하며 국가의 역할을 조정과 지도로 국한했다. 보건의료 확충을 위한 충분한 재원 투입 없이 정부의 계획과 언설만 공표되었던 것이다.[3]

따라서 1960~70년대 급속한 도시화와 산업화 과정에서 보건의료 문제들은 도시와 농촌 각각에서 한층 심화되었다. 1960년대 후반 이후 서울의 팽창은 도시빈민의 유입과 양산을 동반했다. 도시의 경계 밖으로 내몰리며 철거민이 되거나 판자촌에 거주하게 된 도시빈민은 빈곤, 저임금, 열악한 주거환경 등 사회문제가 총체적으로 집약된 집단이자 도시위생과 사회

---

[2] 문민기(2017), 「유신체제기 대기업의 사회사업 시행과 기업의 역할」, 『역사와 현실』 103, pp.379-381.
[3] 홍창희·박승만(2023), 「의료차관과 현대 한국 보건의료 체계의 형성 : 1969~1992」, 『연세의사학』 26-1, p.60.

안정을 위협하는 위험요인으로 여겨졌다. 도시화가 진전될수록 농촌은 각종 시설과 서비스에서 소외되어 갔다. 특히 무의촌 문제는 1950년대부터 꾸준히 문제시되며 그 대책이 마련되었으나 여전히 농촌 지역의 의료는 부족했다. 또한 도시민이라 하더라도 의료비 부담으로 인해 의료서비스에 대한 접근은 극히 제한적이었다.[4)]

이러한 보건의료 현실은 서울대 의과대학 학생들의 사회비판적 의식을 고양시키며 의대 학생운동을 촉진했다. 원래 서울의대는 서울대 내에서도 학생운동이 활발하지 않았던 단과대였으나 1960년대 후반 고교시절 농촌활동 경험이 있거나 문리대와 교류하며 사회과학 연구를 지속하던 학생들, 종교활동에서 사회비판적 흐름을 접한 의과대학 학생들 일부가 의대 바깥에서 개별적으로 운동에 참여했다. 이들은 교내 행사에서 이러한 문제의식을 표출하면서 사회문제 전반과 관련된 토론을 시도했는데, 이러한 파편적인 경험들이 모여 사회의학연구회라는 단일한 학생운동 조직의 창설로 이어졌다. 사의연 멤버들은 "공부가 힘들고 늘 바빠서 친구조차 만나기가 쉽지 않으나 의대 고유의 공부만 해서 의사가 되는 것은 제도적 삶에 안주해왔던 기존 선배들의 삶과 다르지 않다"는 생각에서 사의연을 만들게 되었다고 회고했다.[5)]

당시 서울대 의과대학 학생들이 학생운동을 본격화하면서 중요하게 내세웠던 개념은 '사회의학'(social medicine)이었다. 사회의학이란 "건강과 질병, 그리고 의료에 관련된 사회적, 경제적, 문화적, 심리적 측면과 관련 요인을 연구하는 학문 분야로서 이들 간의 관계를 설명하고 건강 향상을 위한 다양한 수준의 개입 방안을 마련하는 것을 목적"으로 하면서 "사회·문화적 가치를 도입하여 포괄적인 입장에서 의학을 바라보는 패러

---

4) 정무용(2023), 「1950~60년대 무의촌 문제와 공의 배치」, 『남도문화연구』 49, pp.146-169.
5) 사회의학연구회(1996), pp.15-17.

다임"이다.6) 사회의학은 자연의학이나 인문의학과는 구별되는 담론으로, 질병이 순수하게 생물학적이지 않다는 관점에 입각하여 병을 발생시키는 사회경제적 제조건을 탐구하고 개인의 건강을 둘러싼 사회의 역할을 강조한다는 특징이 있다.7)

사회의학 개념의 기원은 19세기 중반 유럽으로 거슬러 올라간다. 급속한 산업화·도시화에 따라 도시 노동자의 보건위생 문제가 심각해지자 유럽 보건의료 전문가들은 의학과 사회적 요인 사이의 관계에 관심을 갖기 시작했다. 사회의학의 선구자로 평가되는 독일의 루돌프 비르효(Rudolf Virchow)는 1848년 이를 사회의학이라는 이론으로 체계화하면서 다음과 같은 기본 원칙을 제시했다. 첫째 건강은 사회적 차원에서 관심을 가져야 하는 과제이며 사회는 구성원들의 건강을 보호하고 보장할 의무가 있다는 것, 둘째 사회경제적 여건이 건강과 질병, 의료서비스에 중요한 영향을 미치므로 그에 대한 과학적 연구가 필요하다는 것, 셋째 사회는 건강증진과 질병관리를 위한 조치를 취해야 하며 의학적 수단과 더불어 사회적 수단도 동원해야 한다는 것이 그것이다.8) 19세기에 등장한 이러한 발상은 20세기 서구 국가들로 확산되면서 독자적인 의학 전문분야로 정립되었다. 다만 미국에서 사회의학은 제2차 세계대전 종전 직후에 활발하게 논의되었으나 매카시즘 이후 사회주의 의학을 연상시킨다는 혐의로 기피되면서 적극적으로 수용되지는 못했다.9)

---

6) 배재경·김연용·이진석(2016), 「국내 사회의학 연구 현황분석」, 『보건과 사회과학』 43, pp.116-117.
7) 강신익(2008), 「의학의 세 차원 : 자연의학, 사회의학, 그리고 인문의학」, 『의철학연구』 6, pp.69-74 ; 전우택·김선·양은배(2001), 「사회의학 교육과정 개발 연구」, 『한국의학교육』 13-2, p.202.
8) 한달선 외(2017), 「사회의학의 기원, 진화 및 한국 사회의학의 실상」, 『예방의학회지』 50-3 ; 대한의사협회 의료정책연구소(2022), 『국가주도 의료의 기원에 관한 역사적 고찰』, pp.35-37 ; 이종찬(1994), 「19세기 독일사회의학의 역사적 발전」, 『의사학』 3-1, pp.21-25.

적어도 1960년대까지 한국 의학계에서도 사회의학은 '주류' 내지 크게 주목받는 분야는 아니었다. 식민지기 일본 사회의학·위생학의 영향 아래 한국에도 사회의학이 소개되었으나 울산 달리의 농촌 사회위생조사와 경성 토막민 생활위생조사만이 '체계적인 사회위생학적 조사'로서 주목받는 것은 그만큼 사회의학적 접근이 드물었음을 방증한다.10) 이후에는 1960년 초대 서울대 보건대학원 원장을 맡았던 명주완이 외국 의학계의 발전상을 서술하면서 "정신 위생과 사회의학을 포함하는 공중보건과 사회보장제도의 철저한 실시로 말미암아 전체 국민의 건강은 향상되어"라고 하여 공중보건의 틀 내에서 사회의학을 이해했음을 엿볼 수 있는 정도이다.11)

그렇다면 서울대 의대생들은 왜 '사회의학'을 조직의 전면에 내세운 것일까. 이를 이해하기 위해서는 먼저 국내외적으로 지역사회의학 이론과 사업이 확대되고 있던 1960년대 말의 상황을 살펴볼 필요가 있다. 국제적으로는 1950~60년대 저개발국 대상 보건의료 원조에 대한 비판과 반성 가운데 1970년대부터 저개발국 지역사회 의료를 개발하려는 움직임이 본격화되었다. 건강이 저개발국의 '기본적 욕구'로 논의되면서 지역사회의학과 일차보건의료라는 아이디어가 확산된 것이다. 한편 한국에서는 1960년대 후반부터 대학 중심으로 지역사회보건사업이 시작되고 있었다.12) 1971~1972년 무렵 지역사회의학이 의대 교과과정으로 채택되기 시작했는데, 이는 "의학도와 의사는 지역사회개발의 최전방에서 일하는 역군"으로서 의료인의 사회적 책무에 대한 인식을 토대로 한 것이기도 했다.13)

---

9) 한달선 외(2017), p.152.
10) 신영전(2020), 『일제 강점기 조선, '사회의학·위생학'을 만나다 : 달리 농촌 사회위생조사와 경성 토막민 생활·위생조사를 중심으로』, 민속원.
11) 「의학 「인공심폐」도 출현 ②」, 『조선일보』 1960.2.18.
12) 정다혜(2024), pp.94-139.
13) 「무의촌해소 - 수련의 시골배치와 그 문제점 응급 처방」, 『동아일보』 1972.3.14.

'사회의학'은 당시 확산되던 '지역사회의학'과 유사한 맥락에서 이해되었다. 1968년 권이혁의 서울대 보건진료소 연구팀에서 수행한 도시와 농촌 각급학교 학생의 건강 비교연구 조사에서 기준 항목으로 '사회의학'이 포함되었으며,[14] 1969년 국내 의료인들은 해외에서 개최된 보건의료 학회에 참석해 사회의학적 접근이 이루어지고 있음을 목격했다.[15] 당시 가톨릭 의대 대학원장 전종휘는 20세기 후반의 시대의식은 국가가 질병의 치료를 보장해주는 것이고 사회는 의사에게 더 많은 책임을 요구하고 있지만 한국 의사들은 찾아오는 환자를 치료해주기만 하는 병원중심주의에 매몰되어 있고 사회의학적인 측면을 무시한 채 지역사회의 건강증진이나 예방을 게을리해 왔음을 비판했다.[16] '사회의학' 역시 지역사회에 대한 책임과 무관하지 않은 개념으로 발화되었다. 무엇보다도 전종휘의 평가에서 나타나듯 두 개념은 의사의 사회적 책임을 강조하는 문제의식으로 수용되었다는 점에서 상통했다.

이렇듯 1970년대를 전후하여 '사회의학'과 '지역사회의학'에 대한 국내외적 관심이 고조되는 가운데 1970년 서울대 의과대학 학생서클로 사회의학연구회(사의연)가 탄생했다. '사회의학'과 '지역사회의학'은 명료하게 구분되는 개념은 아니었으나 사의연 창설 그룹은 양자를 구분하여 사용했다. 사의연 차원에서 각각의 개념에 대해 명확한 정의를 제시한 적은 없다. 하지만 사의연은 그 활동과 지향을 설명할 때마다 '사회의학'을 '지역사회의학'보다 현실비판적이거나 적극적인 사회참여와 저항의 개념으로 전제했다. 이들에게 사회의학이 문제적인 건강상태가 초래된 사회환경과 구조 전반을 종합적으로 고려하는 것이었다면, 지역사회의학은 '단순

---

14) 「충치보유 서울이 으뜸」, 『경향신문』 1968.10.2.
15) 「농촌의학의 문제」, 『조선일보』 1969.10.21. ; 「세계의 성교육」, 『조선일보』 1969.11.6.
16) 「환자는 많은데 병상은 비어있는 오늘의 현실… 전국병원장 세미나르서」, 『조선일보』 1972.12.13.

히' 가족과 지역사회 단위의 보건체계 수립 및 개선에 더 관심을 두는 것으로 이해되었다. 사회의학은 지역사회의학보다 더 큰 규모의 사회에 대한 책임과 사회구조적 접근을 필요로 한다고 인식된 것이다.

의대생들이 '사회의학'에 특별한 의미를 부여했던 배경에는 여러 가지 요인이 복합적으로 작용했을 것으로 보인다. 첫째, 서울대 의과대학 교수들의 '사회의학' 이해가 당시의 의대생들에게 수용되었다. 사의연 창립에 참여한 양요환은 사회의학 개념을 미생물학 교수의 정년퇴임사에서 처음 접했다고 회고한 바 있다.[17] 1970년 기용숙이 정년퇴임했다는 점에서 양요환이 지칭한 사람은 기용숙으로 추정된다.[18] 당시 서울대 의대에 재직 중이던 교수들은 일제 식민지기에 의학교육을 받고 해방 이후 미국 유학을 경험한 세대로, 일찍이 일본이나 미국을 통해 사회의학 개념을 학습했을 것으로 추정된다. 다만 이때는 아직 지역사회의학 이론이 의과대학의 정규 교육과정에 도입되지 않았던 시기인데, 그럼에도 수업 시간에 '사회의학'을 강조했던 것은 당시 의대 교수들에게도 의학과 사회의 관계, 의료인의 사회적 역할에 대한 고민이 없지 않았음을 드러낸다. 의대생들 역시 이들의 문하에서 막연하게나마 '좋은 의사'란 사회적 역할을 다해야 한다는 의식을 키워나갔다.

둘째, 사의연 창립 멤버들은 다른 단과대와 교류하거나 '이념서클'에 참여하면서 현실비판적 문제의식을 배양했다.[19] 사의연 창립을 주도한

---

[17] 양요환(2014), 「시흥의 복지와 미래비전」, 『사람으로 보는 우리 마을』, 시흥문화원, p.80.
[18] 미생물학의 권위자로 평가되던 기용숙은 1970년 8월에 정년퇴임했다. 「"콜레라박사" 기용숙씨 서울대교수 정년」, 『조선일보』 1970.9.5.
[19] 여기서 '이념서클'이란 "서클 또는 학회, 뒷날 동아리로 불리는 학생 조직 가운데 학생운동 내지 민중 지향적 사회운동에 관심을 보이고 관여하고자 하는 공개·비공개 세력"을 통칭하는 의미로 사용했다. 신동호(2013), 「긴급조치 9호 시기 학생운동의 구조와 전개 : 서울대 이념서클과 서클연합회를 중심으로」, 『기억과 전망』 29호, p.9.

회원들은 1960년대 후반에 서울대 문리대 이념서클과 교류하며 사회과학 서적들을 학습하거나 농촌활동에 참여한 경험을 가지고 있었다.[20] 이들은 본과 진입 이전인 예과 시절에 문리대를 비롯한 학내 서클과 활발하게 교류하면서 사회에 대한 비판의식을 발전시켜 나갔던 것이다. 이렇듯 학생운동의 분위기를 접한 일부 의대생들은 '사회의학'을 한국사회의 총체적 모순과 그에 대한 저항의 의미를 담지한 이론으로 받아들였다.

3. 1970년대 사회의학연구회 창립과 의대 학생운동의 전개

1970년 9월 사회비판적 의식을 가진 서울대 의과대학생들이 모여 '사회의학연구회'를 창설했다. 9월 14일 창립대회에는 본과 2학년 20여 명, 본과 1학년 10여 명이 참석했는데, 초대 회원 수는 약 30명 정도였을 것으로 추정된다. 초대 회장은 67학번 심재식이, 부회장은 68학번 고원순이 맡았다. 다음은 사의연 기관사에 수록된 창립선언문으로, 원문은 소실되어 회원들의 기억에 의존해 재구성된 것을 전재한 것이다. 창립선언문은 심재식, 이진현, 신영태, 양요환, 김기락, 고원순 등 66~68학번이 함께 작성했다.[21]

> 침울한 가슴을 누르고 우리는 이제 새로운 시도를 하려 한다.
> 의학의 원래 사명은 인류를 질병과 고통에서 구하는 것이며 이는 의사의 학자적 양심과 전인적 인격으로 뒷받침되는 것으로 알고 있던 우리는 그렇지 못한 현실에 놀라움을 금치 못한다. … 자조하며 방관할 수만은 없지 않은가 … <u>건강을 해치는 근로조건 하에서 생산을 담당해야 하는</u>

---

20) 서울대학교 문리과대학 농촌문화회(1969), 「1969년도 농문회 여름 활동 계획서」.
21) 사회의학연구회(1996), pp.18-19.

근로자들, 불건강의 상태 그대로 살아가야 하는 많은 농민들, 증가하는 공해의 위협 속에 있는 도시민들. 우리는 이러한 사람들이 바로 우리의 구체적 노력이 기울여져야 할 대상으로 파악한다. … 우리가 부딪히는 문제에 대한 이해와 그 원인에 대한 분석과 대책수립, 연구와 실천이 우리의 현실적 노력이 될 것이다. … 이러한 우리의 노력은 많은 동료, 후학들의 지지 성원 속에서 끊임없이 계승 발전해 나갈 것이다. (밑줄은 필자)

위 창립선언문에서 주목할 것은 노동자, 농민, 도시빈민에 대한 사의연의 노력을 촉구하고 있다는 점이다. 당시 이들은 '민중을 구성하는 세 개의 기본계급'으로서 현대의료의 혜택에서 소외된 계층으로 여겨졌다.[22] 노동자, 농민, 빈민으로 구성된 '민중'이 활동 대상으로 명시된 것은 사의연의 지향점이 자선적인 보건의료 활동에 그치지 않았음을 시사한다. 즉 사회의학연구회는 질병이 발생하는 사회 및 환경에 대한 관심과 고민 속에서 탄생한 조직이었다.

사의연의 문제의식은 회원 선정 원칙에서도 잘 드러난다. 흥미로운 것은 사의연이 '학생운동이나 사회문제에 관심이 있는 사람'을 회원 요건으로 명시했다는 점이다.[23] 앞서 문리대 서클을 통해 '의식적인' 학생들의 분위기를 접했던 초창기 사의연 멤버들이 학생운동 또는 사회문제에 대한 참여를 염두에 두면서 회원을 모집했음을 알 수 있다. 의과대학 내에서도 사회비판적인 자각을 가진 이들은 고등학교 동문관계 또는 교회, 혹은 예과 시절의 문리대 서클활동을 통해 연결되면서 사의연 회원으로 들어오

---

22) 서울대학교 의과대학 의료연구회(1988), 『한국의 의료 - 새로운 이해와 해결을 위하여』 2, p.467 ; 보건과사회연구회(1989), 『한국의 의료보장 무엇이 문제인가』, 도서출판 청년세대, p.8.
23) 사회의학연구회(1996), p.17.

게 되었다.[24] 창설 초기 의대 가을 축제에서 사의연이 함춘심포지움을 개최하여 "의대에서 처음으로 사회과학적인 고민을 담은 장"을 마련했던 것도 이들이 학생운동 서클을 통해 사회과학적 이론을 공부하면서 나름의 '의식화'를 경험했기에 가능했다.[25] 이처럼 사의연은 창설 당시부터 학생운동단체로서의 성격이 배태되어 있었다.

사회의학, 그리고 학생운동과의 친연성을 내세우며 창설된 사의연은 창립 이듬해부터 농촌활동을 시작했다. 농촌활동은 기존에 의대생들이 실시해 오던 무료진료와 병행되기도 했다. 다만 종래까지의 의대생 진료봉사가 정치적 목적을 갖지 않았던 것과 달리, 사의연은 서울대 의대로서는 최초로 '민중운동'의 관점에서 농활을 시도했다. 여기에는 1970년대에 접어들면서 학생운동 진영 내에서 농활의 성격이 시혜적인 봉사활동에서 민중운동을 위한 현장실습으로 바뀌던 상황도 일정하게 반영되었다.[26] 사의연의 농활은 의사로서의 계급의식을 최대한 배제한 채 민중의 삶과 사회적 현실을 체험하는 민중운동으로 의미화되었다.[27] 이는 사의연이 이전의 봉사동아리와는 질적으로 다른 조직이 될 것임을 예고하는 것이었다.

1971년 10월 15일 위수령이 발동되면서 사의연은 대안적 활동 경로를 모색하게 되었다. 위수령 발동으로 서울시내 7개 대학에 군 병력이 투입되었고, 학생들에 대한 통제를 용이하게 하기 위한 '학칙 개정안'이 각 대학에 하달되었다.[28] 위수령 후 심재식이 체포되는 등 사의연 초기 멤버들이 타격을 입었고, 사의연은 합법 조직으로 인정받지 못해 지하 활동에 들어

---

24) 사의연 구성원들이 경기고, 서울사대부고 등 같은 고등학교 출신이거나 후진국문제연구회, 고전연구회 등등 서울대 내 서클 혹은 향린교회 활동 등을 통해 서로 인적으로 연결되었다.
25) 사회의학연구회(1996), p.21.
26) 유용태·정숭교·최갑수(2020), 『학생들이 만든 한국 현대사 : 서울대 학생운동 70년』 2, 한울, p.347.
27) 유용태·정숭교·최갑수(2020), p.335.
28) 유용태·정숭교·최갑수(2020), p.171.

갔다. 당국의 탄압이 강화되자 사의연은 공개적인 활동을 위해 함춘의료봉사회(함의봉), 송촌의료봉사회 등 봉사단체를 조직하여 내세우고 물밑에서는 별도의 사의연 모임을 가졌다. 가령 사의연은 함의봉 봉사 일정에 맞춰 수련회를 떠났는데, 한국의 역사와 경제, 특히 한국사 속 민중운동이나 항일운동을 주제로 함께 토론하고 학습하는 시간을 가졌다.[29]

의료봉사회 조직을 표면에 내세우자 사의연 내에도 운동의 방향에 대해 다양한 의견을 가진 학생들이 모였다. 자신들을 한국사회의 지식인 내지 특권계급이라며 비판적으로 인식한 학생들은 저항운동에 관심을 가지고 이에 적극적으로 참여하려는 입장이었다면, 다른 한편에서는 저항은 아니더라도 의료인의 봉사정신으로 사회에 기여할 수 있는 길을 모색하려는 학생들도 존재했다. 전자에 속했던 양길승, 고한석, 황승주 등은 1973년 하반기 조직적인 학생운동을 위해 함의봉 진료팀에서는 빠졌고,[30] 봉사활동을 중시하던 학생들은 학생운동 측과 거리를 두며 진료봉사를 계속해나갔다. 이에 대해 사의연은 함의봉 회원들이 "사회의학적 관점보다는 지역사회의학이라는 관점에서" 의료활동에 임했다고 사후적으로 평가했는데 이들이 진료봉사활동을 '지역사회의학'의 한 방편으로 이해했음을 보여준다.[31]

사의연의 사회의학적 문제의식은 분명 학생운동의 맥락에서 발현되고 있었다. 함의봉에 대한 사의연의 평가에서 볼 수 있듯 사의연 주요 멤버들이 '사회의학'과 '지역사회의학'을 구별하면서 전자에 방점을 둔 것은 자신들의 활동이 '단순' 의료봉사에 그쳐서는 안 된다는 관념을 지니고 있었음을 드러낸다. 이들에게 '사회의학'은 사회비판적이고 저항 내지 현실변혁적인 성격을 담보한 것이어야 했다. 농촌봉사활동을 하더라도 시혜적인 진료봉사활동에 머무르는 것이 아니라 농민의 실생활을 알아야 하며,

---

[29] 사회의학연구회(1996), p.28.
[30] 유용태·정승교·최갑수(2020), p.170.
[31] 사회의학연구회(1996), p.35.

진료활동이 일회성에 그치는 것이 아니라 장기적인 주민조직운동으로 발전해야 한다는 것이 '사회의학'을 우선시했던 이들의 생각이었다.[32] 이들은 농활이라는 활동 속에 진료봉사 행위뿐만 아니라, 사회, 경제, 역사에 대한 세미나 커리큘럼을 포함시켜 '운동'을 학습해 나갔다.[33] 당시 학생운동계 전반이 그러했듯 사의연이 이러한 활동을 통해 학생들의 '의식화'를 시도했던 것은 그 자체로 저항의 의미를 지닌 것이었다. 또한 이는 '사회의학'에 뜻을 둔 사의연 멤버들의 보건의료활동이 저항적이고 실천적인 운동으로 발전할 여지가 컸음을 암시한다.

1974년 민청학련 사건 이후 학생운동에 대한 탄압이 강화되었으나 유신반대운동은 계속되었다. 1975년 3월 24일 서울대 관악캠퍼스에서 개최된 '학원민주화를 위한 자유성토대회' 이후 유신반대시위가 고조되자 박정희는 5월 13일 긴급조치 8호와 9호를 동시에 발동하여 체제에 반대하는 일체의 행위를 금지했다. 각 대학의 서클과 학생회가 해체되었고 학내 단체 등록이나 행사 개최를 위해서는 학도호국단 허가가 필요해지며 공개적인 영역에서의 활동은 더욱 위축되었다.[34] 서클 등록 절차도 까다로워졌는데, 미등록 상태로 활동할 경우 지하조직으로 여겨져 신입 모집 또한 쉽지 않았을 뿐만 아니라 거대한 조직 사건으로 비화할 위험을 안고 있었다. 따라서 긴급조치 9호 이후 학생운동 단체들은 대외적으로 활동할 수 있는 '오픈서클'과 비공개적으로 운영되는 '언더서클'로 이원화되며 더욱 지하화되었다.[35]

사의연 역시 1970년대 중반 이후 활동이 지하화되는 양상을 보였다. 다만 사의연 활동에 결정적인 타격을 준 것은 '재일교포 유학생 국가보안

---

32) 사회의학연구회(1996), pp.30-32.
33) 사회의학연구회(1996), p.41.
34) 유용태·정숭교·최갑수(2020), pp.152-159.
35) 유용태·정숭교·최갑수(2020), pp.161-163.

법 사건' 또는 '서울의대 간첩단 사건'으로 불리는 1975년의 사건이었다. 유신정권의 공안사건으로 조작된 이 사건은 당시 본과 2학년에 재학 중이던 재일교포 유학생 강종헌을 간첩으로 지목하고 의대 학생 70여 명을 연행한 사건을 일컫는다.36) 당시 사의연의 핵심 인사였던 황승주, 서광태, 이근후, 양요환, 양길승, 홍영진, 전성환, 황혜헌 등이 연루되어 대부분 고초를 겪었다. 모두에게 아픈 기억이 된 이 사건에 대해 양요환, 고한석, 양길승, 심재식 등은 특히 피해가 심했던 인물로 황승주를 지목했다. 황승주는 사의연 내에서도 소위 '의식화 그룹'에 속했던 인물로서 운동에 열성적으로 참여했던 회원이었다. 간첩단 사건으로 큰 타격을 받은 사의연에는 홍영진, 임현술, 박운식 등만 남아 이들이 75학번을 지도하게 되었다.37)

75학번 그룹은 사의연과 무관하게 자생적 공부 모임을 갖다가 외부 활동을 통해 사의연과 연결되었다.38) 사의연을 이끌 새로운 세대들은 1975년 말 '서울의대 간첩단 사건'으로 사의연의 운동역량이 대폭 위축된 상황에서 당국의 탄압을 피하기 위해 교회 등 외부 활동이나 운동과 무관해 보이는 수련회 등을 통해 물밑에서 회원을 모집하는 방식을 택했다. 또한 1975년을 기점으로 단절되는 듯했던 사의연의 계보는 역설적이게도 간첩단 사건을 계기로 75학번 이후의 세대들이 사의연 선배 세대들의 존재를 알게 되며 이어지게 되었다.

소수의 인물을 통해 사의연의 명맥이 이어지고 있었음에도 1975년을 기점으로 사의연 활동이 침체된 것은 분명했다. 사의연이 기관사에서 밝혔듯이 "이 당시 의대 내 그룹들은 실질적으로 〈사의연〉이라는 이름과는 무관"했던 것이 사실에 가까워 보인다. 사의연을 전설처럼 알고 있는

---

36) 최규진(2011), 「응답하라 1975! '서울의대 간첩단 사건'」, 『의료와 사회』 3, pp.205-210.
37) 사회의학연구회(1996), pp.43-44.
38) 사회의학연구회(1996), p.48.

경우도 많았다고 하는데, 1975년 사건으로 학교를 떠난 이들이 1980년 이후 복학하면서 그 존재를 인지하게 되기도 했다. 이처럼 1970년대 후반 사의연은 왕성한 운동력을 보여주지는 못했지만, 기존 멤버였던 고원순, 홍영진, 임현술, 김양호 등의 개별적인 활동을 통해 사의연의 인적 연결망이 존속되었다.[39]

4. 1980년대 신천연합의원 설립과 사회의학의 실천

1980년대에 이르러 전문의가 된 사의연 멤버들은 1977년 의료보험 제정, 1978년 알마아타 선언 등 사회적 변화 속에서 의대생 시절의 학생운동 차원을 넘어서 그들이 마주한 현실 속에서 어떤 의사가 될 것인지 고민하기 시작했다.[40] 그런데 1970년대의 사의연 그룹은 사회의학과 지역사회의학을 구분하며 학생운동의 맥락으로 '사회의학'에 더 적극적인 의미를 부여했지만, 당시 각지에서 시도되던 '지역사회의학' 실험들은 분명 사의연의 문제의식과 공명하는 것이었다. 보건의료서비스의 도시 집중으로 인한 농어촌의 의료소외 해결을 지역사회개발의 차원에서 해결하고자 한 한국보건개발연구원의 '마을건강사업'이나 의과대학 단위에서 기독교 선교회, 외국민간원조단체 등과 연계하여 수행하던 지역사회의학 시범사업이 대표적이다.[41] 1970년대 중반 이래 태동하던 지역사회의학 시도들은

---

39) 사회의학연구회(1996), pp.47-51.
40) 당시 의료보험법은 사회복지 차원이 아닌 총자본의 입장에 유리한 조건으로 제정되었다. 의료보험환자가 증가하자 의료기관은 수지를 보전하기 위해 일반환자의 수가를 높였는데, 이는 생활 및 임금수준이 낮은 대중이 병원의 적자분까지 충당하는 상황을 연출했다. 문민기(2017), p.400.
41) 한국보건개발연구원(1977), 『한국의 보건시범사업』, p.I-5 ; 맹광호(1975), 「한국에서의 지역사회의학의 실천」, 『한국가톨릭병원협회지』 6-1, pp.31-37.

의료보장제도와 의료서비스에서 소외된 지역사회의 의료환경을 개선한다는 점에서 실천성을 담보했다. 전문의가 되어 사회로 진출한 사의연 멤버들에게 이러한 지역사회의학적 시도는 현실적인 진로 선택지로 다가왔다.

양요환과 안용태는 직접 지역사회 병원을 창설하기 위한 준비에 나섰다. 이들은 먼저 신상진을 비롯한 사의연 후배들을 통해 지역사회의학을 실천할 수 있는 지역을 조사했다.[42] 공단 지역을 중심으로 조사한 결과 인천 주안의 목재단지, 안산 등 대개 노동운동이 활발하게 전개되던 지역들이 후보에 올랐는데, 특기할 것은 그중에서도 시흥군이 선정되었다는 사실이다.

당시 시흥군은 반농반도시 성격이 강한 지역으로, 주변 도시에서 변두리로 밀려난 빈민이 몰려들었다. 대표적으로 1976년 8월 철거 명령을 받은 양평동 판자촌 철거민 약 170세대는 제정구와 정일우 신부의 지휘 아래 시흥군 신천 5리에 집단이주했다. 복음자리 마을이라는 정착촌을 건설하여 복음자리운동이라 불리는 이 빈민운동은 1978년 신용협동조합이 설립되며 체계화되었다. 이후 마을 주변에 또 다른 철거민 가구들이 정착하여 한독주택마을, 목화마을이 건설되었다. 복음신협이 주변 신천리·은행리 주민까지 포함하게 되면서 주민들의 경제적 유대와 사회적 인간관계를 형성하는 데 핵심적 역할을 했다.[43] 시흥 지역의 총 인구가 증가하는 가운데 1976년에는 비농가가 전체 가구의 76%, 1987년에는 88%를 차지하기에 이르렀다.[44]

---

[42] 최규진(2015), p.139.
[43] 김찬호(1986), 「철거민 정착공동체의 형성과 유지에 관한 연구 - 경기도 시흥군 소래읍 복음자리 마을」, 연세대학교 사회학과 석사학위논문 ; 황병주(2007), 「시흥지역 도시빈민의 삶과 문화」, 『(시흥시사 8) 시흥의 도시공간, 도시민의 체험과 기억』, 시흥시사편찬위원회, pp.350-351.
[44] 시흥군(1985~1990), 『통계연보』 제25~30회 ; 홍복현(2007), 「사회변동과 행정구역 변화」, 『(시흥시사 3) 시흥의 근현대』, 시흥시사편찬위원회, pp.440-447.

신천연합의원이 시흥군 대야리에 자리 잡은 것은 노동자와 도시빈민의 증가 추세에 비해 제반 환경이 제대로 정비되지 않았던 당시 시흥 지역의 동향과 깊은 연관이 있었다. 개원 당시 소래읍은 의원 2개밖에 없어 의료 공급 자체가 빈약한 의료소외 지역이었다.[45] 사의연은 이러한 지역에서 제정구와 정일우 신부를 필두로 빈민운동이 전개되고 있다는 사실에 주목했다. 양요환은 예과 시절 문리대 서클을 통해 제정구와 알게 되었는데, 두 사람의 관계가 병원 부지 선정 과정에 중요하게 작용했다. 노동자, 농민, 도시빈민을 대상으로 삼고 사회문제의 해결을 모색한 사의연에게 소래 지역은 인구구성이나 운동의 조직 기반 측면에서 모두 사의연의 목표를 구현하기에 적합해 보였다. 이때 복음자리운동이 터를 잡았던 소래읍 신천리가 아닌 대야리에 터를 잡게 되었는데, 2개 층을 전세로 빌려 입주한 3층짜리 흑색 벽돌집은 수인산업도로 인근에 위치하여 접근성이 좋았다.[46]

1986년 4월 사의연 출신의 양요환, 안용태, 고경심이 주축이 되어 신천연합의원이 설립되었다. 양요환과 안용태는 1970년대 사의연 활동 이래로 전문의가 된 이후에도 여러 경험을 공유해 온 사이로, 1983년부터는 3년간 강화병원에서 함께 무의촌 의료사업에 참여했다.[47] 강화병원 근무 당시 형성했던 네트워크는 차후 신천연합의원과 인천의원의 인력을 충원하는 기반이 되었다.[48]

1979년부터 사의연에 참여한 76학번 고경심은 사의연을 통해 이들과

---

45) 사회의학연구회(1996), p.62.
46) 사회의학연구회(1996), pp.60-61 ; 양요환(2014), p.81. 3층은 건물 주인이 거주하고, 1, 2층과 지하실은 신천연합의원이 사용했다.
47) 사회의학연구회(1996), p.60.
48) 신천연합병원(2011), 「신천연합병원역사 1~3부」, 영상 구술자료(2011.7.). 2011년 신천연합병원 개원 25주년을 기념하여 병원을 초기부터 함께 일궈 온 직원들이 모여 일종의 간담회를 개최하고 이를 영상기록으로 남겨두었다.

인연을 맺었으나 의원 설립 구상 단계부터 참여한 것은 아니었다. 1986년 2월 산부인과 레지던트 수련을 마친 고경심은 인천 남동공단에 소재한 보건소에 가기로 했으나 곧바로 자리가 취소되어 다른 동기들과 달리 홀로 취직되지 못한 상태였다. 그러던 중 사의연 모임에서 의원 건립 소식을 접하곤 산부인과 의사로 창립에 참여하게 되었다. 신천연합의원은 이들 세 인물의 합자로 설립되었다.

사의연은 신천연합의원의 의미와 목표를 네 가지로 제시했다. 첫째, 신천연합의원은 의료소외 지역에 양심적이고 적절한 의료를 제공한다는 의미를 지녔다. 공급자가 소비를 창출하는 상업주의적 의료를 추구하는 것이 아니라 민중을 위해 봉사하는 의료를 실천하고자 했던 것이다. 이러한 취지에 따라 신천연합의원은 이 지역 최초로 24시간 진료를 시행하면서 진료비를 저렴하게 받았다. 당시는 지역의료보험이 시행되지 않아 일반 병의원의 진료비용은 높았고, 이러한 경제적 이유로 의료에 대한 접근성이 전반적으로 낮던 시기였다. 소래 지역에 제대로 된 병원 하나 없던 상황에서 신천연합의원의 조치들은 지역사회 의료로서 의미가 컸다.

둘째, 신천연합의원은 사의연 그룹의 목표였던 '사회의학'을 현실에서 함께 구현할 수 있는 협력의 장이었다.[49] 신천연합의원은 양요환이 외과, 안용태가 내과와 소아과, 고경심이 산부인과를 맡았다. 서울대 출신 의사 세 명이 설립했다는 점, 병원비가 상대적으로 저렴하다는 점 등이 입소문을 타면서 하루에도 환자를 몇백 명씩 받았다. 가령 산부인과 고경심은 하루에 환자 약 40~50명을 진료했는데, 이는 산부인과 특성상 많은 편에 속했다.[50] 이런 상황에서 병원 인력은 늘 부족하여 병원의 전체 인력이 진료 수술과 기타 병원 업무에 동원되곤 했다.

이처럼 신천연합의원 업무는 의사 세 명만으로 감당하기 어려웠기에

---

49) 사회의학연구회(1996), p.61.
50) 신천연합병원(2011), 「신천연합병원역사 1~3부」, 영상 구술자료(2011.7).

다른 사의연 구성원들로부터 많은 도움을 받았다. 안용태는 소아과 전공 홍영진에게 수시로 전화하여 소아과 환자에 대한 조언을 구했는데, 홍영진이 직접 신천연합의원에서 근무하는 경우도 잦았다. 김기락 역시 1987년 9월부터 1988년 5월까지 8개월간 병원에 근무하며 소아과 진료를 담당했다고 전해진다. 산부인과는 심재식의 지원을 받았다.[51] 사의연 회원들이 인적·물적·기술적 측면에서 신천연합의원에 대한 지원을 아끼지 않았던 것은 신천연합의원이 "사의연의 이론적인 공부를 구체적인 현실의 장에서 실현하는 협력의 장"으로서 사의연 멤버들에게 지니는 의미가 각별했기 때문이다.[52]

세 번째와 네 번째는 병원 수입 운용 및 경영과 관련된 것이었다. 수입 중 월급을 제외한 부분은 사회를 위해 투자하고, 신천연합의원의 사회의학적 문제의식을 공유하는 신설 의료기관을 지원하자는 것을 골자로 했다. 이에 따라 초기 신천연합의원은 공동생산과 공동경영을 표방하면서 사의연 활동이나 노동과 건강연구회, 보건사회연구회 등의 단체 활동에 자금을 지원했다. 또한 신천연합의원은 사의연 회원이었던 박운식이 복음자리 마을 인근에 소래가정의원을 개업할 때 개업 자금 일체를 지원했다. 소래가정의원은 복음자리 마을 최전선에서 빈민의료에 기여하고자 소래읍 은행리에 개원했는데, 소래가정의원과 신천연합의원은 소래권 내에서 각각 1차 병원과 1·2차 병원으로서 나름대로 기능을 분담했을 것으로 추정된다.

신천연합의원은 복음자리 운동을 고려하여 시흥에 설립되었던 만큼 지역운동과 연계된 활동을 전개하고자 했다. 이때 강화도에서 양요환, 안용태와 함께 근무했던 보건간호사 최수자가 신천연합의원에 합류하면서 지역사회 내 보건의료사업을 주도했다. 최수자는 신천연합의원 설립

---

51) 사회의학연구회(1996), p.61.
52) 사회의학연구회(1996), p.61.

초창기부터 근무한 보건간호사로, 이전까지는 '파독' 간호사로서 약 8년간 독일에서 근무하다가 1978년 7월 귀국한 뒤 전국 각지에서 지역사회보건사업에 참여하며 관련 경험을 축적해 온 인물이었다.[53] 1987년 최수자는 신천연합의원의 활동 방향을 정립하기 위해 복음신협의 지원 아래 약 2~3개월 동안 시흥 소래 지역의 철거민 정착 마을인 복음자리·한독·목화 마을 주민들의 건강실태와 지역의 제반 사정을 조사했다. 지역사회의 협조 없이 외부인이 조사를 수행하기는 어려웠기에 이 지역공동체의 주축인 복음신협의 협조를 받은 것이다.[54]

이 조사는 경제 문제 해결에 치중해 온 복음자리 신협운동을 보건의료 영역으로 확대하여 신천연합의원의 '사회의학' 실천과 연결시키는 첫걸음이 되었다. 이 지역의 공장들은 대개 하청업체로 의료보험법 적용을 받지 못하는 영세한 규모의 사업장이 많았다. 또한 전체 경제활동 인구의 약 60%가 노동자였고 나머지는 노점을 하는 영세상인들이었기에 세 마을의 인구 총 2,065명 중 의료보험을 적용받거나 의료보호를 받는 인구는 1,089명(52.7%)뿐이었다.[55] 신천연합의원은 이러한 조사결과를 토대로 도시빈민을 사업의 최우선 대상으로 삼기로 했다.

신천연합의원은 다양한 측면에서 복음자리 운동을 지원했다. 의료보험조합 운영이 대표적이었다. 1987년 의료협동사업에 대한 여론 조사 결과, 전체 응답자 465명 중 73%인 341명이 찬성했다.[56] 양요환과 최수자의

---

[53] 최수자는 1978년 7월 독일에서 귀국한 뒤 홍천, 옥구, 군위, 강화, 전주, 강림, 영산, 연당 등 다양한 지역의 지역사회보건사업에 참여했다. 강화도에서 양요환, 안용태를 알게 된 최수자는 이후 신천연합의원에 합류하면서 복음자리 마을의 빈민의료에 앞장섰다. 김소남(2023), pp.275-277, 295 ; 최수자(2024), 영상 구술자료.

[54] 최수자(1987), 「복음자리신협 주민건강실태조사」 ; 최수자(2024), 「해방간호세미나1-최수자 간호사」, 한국사회적의료기관연합회 간호모임 영상 구술자료 (2024.7.11.).

[55] 최수자(1987), pp.2-3, 15.

구술을 통해 신천연합의원이 복음신협 의료구조 활동으로 의료보험조합 사업을 실시했음이 확인된다. 보건간호사 최수자는 지역사회 정신보건 사업과 주민들의 건강 상태를 점검하는 가정 방문진료를 도입했는데, 방문진료는 안용태와 최수자가 주축이 되었다. 이를 토대로 병원에 노동자 상담실이 설치되기도 했다. 신천연합의원은 반드시 의료사업이 아니더라도 복음장학회와 복음단오제를 재정적으로 후원하는 방식으로 시흥 지역 정착민 공동체 활성화에 기여했다.[57] 이와 같이 신천연합의원은 사의연이 추구해 온 '사회의학'의 이상을 선제적으로 구현하는 실험장이 되었다.

신천연합의원은 '사회의학'의 또 다른 실천으로 노동자 병원인 인천의원 설립을 지원했다.[58] 인천의원은 1989년 공단 지역 노동자 검진을 위해 건립된 산업의학 병원으로, 가정의학과 공부를 마친 최병순과 정해관이 중심이 되어 개원했다.[59] 인천의원에서 인천 지역 노동자들의 산재나 직업병 진단 및 치료에 방점을 둔 두 사람은 인천의원에서의 경험을 바탕으로 이후 한국 산업의학의 성장에 크게 기여했다.[60] 이렇듯 사의연은 신천연합의원을 시작으로 서울 인근 지역에서 가정의학이나 산업의학 중심의 1차 병원을 지원하면서 '사회의학'을 전파하고자 했다.

신천연합의원은 개원 3년 뒤 내분을 겪었다. 신천연합의원이 사의연 멤버들의 '사회의학' 이상을 투영한 공간이었던 만큼 내분은 사의연 차원의 갈등으로 확대되었다. 발단은 병원 확장과 예산 조달 문제였다. 양요환

---

56) 최수자(1987). p.18.
57) 최수자(2024) ; 양요환(2014), p.81.
58) 신천연합의원은 인천의원에 1억 5,000만 원을 지원했다. 사회의학연구회(1996), p.61.
59) 사회의학연구회(1996), p.61 ; 최규진(2017), 『광장에 선 의사들 : 인도주의실천의 사협의회와 함께한 한국 보건의료운동』, 이데아, p.298.
60) 사회의학연구회(1996), p.61.

은 당시 병원 재정에 대해 다음과 같이 설명했다.

> 초기에는 돈이 잘 벌렸어요. 양심적으로 이렇게 해도. (중략) 꼭 할 정산만 하고 꼭 할 수술만 하고. 먹을 필요 없는 약 먹지 못하게 하고 필요 없는 건 다 안 하고 그렇게 해도 양심적으로 진료를 해도 수가가 작긴 하지만 좀 남았어요. 그래서 후배들 병원을 차려주고 뭐 정신보건센터도 운영하고. 정신과 의사, 보건의학박사 돈이 안 되지만 그래도 했어요. 가정방문 시범사업도 하고. 근데 점점 의료수가가 통제가 되면서 의료 운영이 너무너무 어려워져요.61)

양요환이 지적한 문제는 1989년부터 전국민 의료보험이 실시되면서 일정하게 현실화된 측면이 있다. 보험재정의 안정적 운영과 저소득층의 보험료 부담 경감을 위해 보험료 총소요재정의 50%를 정부가 지원하기로 한 상황에서 시행 초기의 보험재정을 확보하기 위해 의료수가가 9% 인상되었다. 당시 의료계는 전국민 의료보험 시행으로 비보험 적용 인구가 사라지고 병원 종사자들의 인건비가 인상되었다는 이유로 26.5~30.5%의 수가 인상을 요구했다.62) 지역의료보험도 시행되지 않던 상황에서 신천연합의원의 주 환자층인 영세한 노동자, 철거민, 농민 등은 비보험인구였을 가능성이 높다. 전국민 의료보험 시행 이후에는 보험적용을 받지 못하던 인구로부터 진료비를 받을 때보다 병원 수입이 줄어들었음을 짐작할 수 있다.

1980년대 후반 시흥 지역이 부천과 인천 노동자들의 집단거주지로 성장하면서 병의원 수도 늘어났다. 소래읍의 의료기관 수 추이를 살펴보면, 1984~1985년에는 의원 2개 수준을 유지하다가 1986년에는 병원 1개가

---

61) 양요환(2014), p.86.
62) 박윤재(2021), 『한국현대의료사』, pp.188-190.

신설되었고 1987년에 이르면 의원이 6개, 1988년에는 8개로 점차적으로 의료기관들이 많아졌다.63) 시흥 주민들로서는 의료 문턱이 낮아졌지만 신천연합의원으로서는 경쟁에서 살아남기 위해 자기변신을 모색하지 않으면 안 되는 상황이 된 것이다. 신천연합의원 확장에 막대한 경비가 소요되자 "양요환은 병원의 확장을 통해 더 많은 환자를 받아들여야 하는 것이 최우선 과제라고 여겼으나, 안용태, 고경심은 단순한 병원확장이라는 목표라면 상업적인 다른 의료기관과 다를 게 없다고 비판을 하였다."64)

당시의 갈등은 병원 운영 및 그 재원을 둘러싼 이견으로 나타났지만, 이는 보다 근본적으로 이들이 실천하고자 한 '사회의학'의 방점을 어디에 둘 것인가에 대한 서로의 견해 차이가 노정된 것이었다. 사의연 기관사는 신천연합의원 내 갈등에 대해 다음과 같이 평가했다.

> 지역사회에 뿌리를 내리며 저렴하고 양질의 의료서비스를 제공하고 1차보건(치료가 아닌 예방 차원의) 의료를 강화하고 주민에게 문턱을 낮추는 의료가 되어야 한다는 지역사회의학적 관점과 사의연 멤버들의 사회의학적 관점 간의 입장 차이가 서서히 나타나기 시작하면서 갈등은 계속 고조되어 갔다.65)

다시 말해 병원을 확장하여 더 많은 환자를 받는 일반개업의원 형태로 운영하고자 한 양요환의 입장은 '지역사회의학'이었고, '민중'의 의료 접근성을 높여 '민중병원' 성격을 유지하자는 나머지 사의연 멤버들의 입장은 사의연 본연의 색채, 즉 '사회의학'의 길로 정리되었다. 사의연 공동의 병원으로 출범한 신천연합의원은 급변하는 사회 속에서 '사회의학'에 대한

---

63) 시흥군(1985~1990), 『통계연보』 제25~30 ; 사회의학연구회(1996), p.62.
64) 사회의학연구회(1996), p.62.
65) 사회의학연구회(1996), p.62.

이해방식의 차이를 노정한 장이 되었다.

이후 안용태는 1989년 4월 안산내과의원을 개원했고, 고경심은 1990년 5월 독일 유학준비로 신천연합의원을 떠나게 되었다.66) 사의연은 신천연합의원이사회라는 내부법인을 만들어 갈등을 봉합하려 했으나, 양요환과 이사회 내 여타 사의연 멤버들 간의 견해가 계속 충돌하다가 양요환 주도로 병원을 관리하는 것으로 귀결되었다.67) 1992년 병원으로 승격된 신천연합병원은 동년 4월 양요환이 별도의 재단을 만들며 법인화되었고, 1999년 종합병원으로 승격되어 오늘날까지 이어지고 있다. 신천연합의원이 처음 터를 잡았던 건물 1층에는 현재 신천연합병원이 운영하는 마을건강센터와 방문진료를 전담하는 돌봄의료센터가 입주하여 지역사회 내 의료소외 문제를 해결하는 데 참여하고 있다.

신천연합의원을 중심으로 한 사의연의 조직적 결속력은 느슨해졌지만, 사의연을 통해 형성된 관계는 1987년 민주화 국면에서 '사회의학'을 실천하기 위한 또 다른 연대의 기반이 되었다. 의대 내에서 싹튼 80학번 학생운동 그룹은 사의연 선배 세대와의 연결 속에서 기존의 학생서클 형태를 넘어서는 의사대중조직으로 인도주의의사협의회(인의협) 창립에 앞장섰다. 인의협을 비롯하여 1980년대 후반에 등장한 보건의료운동 단체들은 의료운동의 중심에 민중을 위치시키고 민중의료체계 수립을 지향한다는 점을 공개적으로 표방했다.68) 이는 사의연의 사회의학적 문제의식과 조응하는 것이었다. 주목할 것은 당시 의료인 중심의 운동권에서 '의사는 가난한 사람을 대변하고 사회문제를 해결해야 할 직업'이라는 사회의학의 창시자 비르효의 명제가 회자되었다는 사실이다.69) 사회의학의 관념이

---

66) 후일 고경심은 신천연합병원 제4대 이사장으로 취임했다.
67) 사회의학연구회(1996), pp.62-63.
68) 서울대학교 의과대학 의료연구회(1988), pp.525-526.
69) 연세대학교 원주의과대학 의학회, 『보건의료학』, p.16 ; 서울대학교 의과대학 심포지움(1985), 『한국의 의료실태 - 의료소외의 현실과 그 비판』, 한울, p.122.

1980년대 후반 이후 사회문제에 목소리를 내던 의료인들의 문제의식을 집약한 표현으로 확산되었던 것은 사의연 멤버를 비롯한 의료인들이 '사회의학'을 민주화운동의 맥락에서 이해해 왔기 때문이다.

인의협으로 다시 결집한 신천연합의원 창립자들은 각자의 방식으로 사회문제에 참여했다. 안용태는 1987년 6월항쟁 국면에서 의사들의 시국성명 발표에 동참했고, 상봉동 연탄공장 진폐증 사건 당시 양길승과 함께 진폐증 진료 및 조사에 앞장섰다.[70] 또한 그는 당시 방북 후 구속되었던 문익환 목사를 진찰하여 입원치료가 필요하다는 소견서를 발표하는 등 의사로서 사회 현안에 문제를 제기하고,[71] 인의협 장애인분과장을 맡으며 장애인 의료에 대한 목소리를 냈다.[72] 고경심은 인의협 학술부 차장을 맡아 인의협 회지를 발간하고, 보건과사회연구회에서 의료보험이 남성 위주로 되어 있다는 점을 지적했으며, 저소득층 여성 주부들의 수술에 대한 실태조사와 영세하청업체에 종사하는 기혼여성 노동자들의 건강문제 실태조사를 실시하여 여성건강을 사회적 차원에서 진단했다.[73] 여성의 건강과 사회문제에 대해 적극적으로 의견을 개진한 고경심은 유일한 사의연 출신 여성 의료인으로서 그가 생각한 사회적 책무를 이행했던 것이다. 이렇듯 1970년대부터 사회의학이라는 가치를 공유하고 실천해 온 사의연 회원들은 각자의 영역에서 나름대로 '사회의학'을 실천해 나갔다.

---

70) 「의사 1백 37명 시국성명 발표」, 『동아일보』 1987.6.9. ; 「상봉동 연탄공장 이웃주민 2명진폐증 판명」, 『동아일보』 1988.5.19. ; 이현숙·박진서(2020), 「1987년 최초의 환경성 질환으로 인정받은 상봉동 진폐증 사건과 원진 레이온 직업병 - 세상을 바꾼 의사 양길승의 회고」, 『생태환경과 역사』 6, p.333.

71) 「옥중 문익환목사 심장질환 증세 온몸 심하게 부어…입원치료 시급」, 『한겨레』 1989.11.29.

72) 「장애인 "병원가도 서러워" 인의협 '장애인의 현실…' 강좌서 지적」, 『한겨레』 1990.10.28.

73) 「근로조건, 남성위주로 돼있다 보건과 사회연구회 월례발표회에서 지적」, 『한겨레』 1988.9.14. ; 「저소득 주부 복강경수술 후유증 많아」, 『한겨레』 1989.10.11. ; 「기독여민회·노동과 건강연구회 공동조사」, 『한겨레』 1990.12.20.

5. 나가며

본 연구는 1970년에 결성되어 1980년대 중반까지 활동한 사회의학연구회를 매개로 '사회의학'이 실천되는 양상을 살펴보고자 했다. 사의연은 사회비판적인 입장에서 의학과 의료인의 사회적 역할을 강조하기 위해 '사회의학'을 문제의식으로 표명했다. 이들이 발화한 사회의학이란 한국 사회의 구조적 현실을 직시하고 이를 보건의료인으로서 해결하려는 의지의 표현이자 사회 저항의 의미를 담은 운동의 기치였다. 사의연은 종래까지 의대 내에서 전개해 오던 진료봉사 활동과 자신들의 질적 차이를 강조하면서 '의식화'된 학생운동 서클로 거듭나고자 했다. 그러나 정권의 탄압 속에서 사의연은 공개적인 활동 기반을 마련하지 못한 채 더욱 지하화·소수정예화 되었고, 사의연 선후배 세대 간 소통과 '지도'가 단절되며 일시적으로 운동역량이 축소되기도 했다. 그럼에도 이들은 물밑에서 사의연으로서 활동을 이어가며 사회의학적 문제의식을 공유하고 노동자, 농민, 도시빈민, 즉 '민중' 친화적인 실천을 추구했다.

1980년대 사의연은 학교의 울타리를 벗어나 현실에서 사회의학을 실천할 수 있는 방안을 고민했다. 1986년 신천연합의원 설립은 사회의학을 지역사회에서 구현하고자 한 사의연 집단적 의지의 발로였다. 1970~80년대 급속한 개발에 따른 문제들이 집약된 공간인 시흥 지역에 설립된 신천연합의원은 사회의학이라는 사의연의 오랜 이상을 담아낸 '사의연의 병원'이었다. 사의연 회원들은 복음자리 운동과의 연계 속에서 도시빈민, 노동자 등 의료서비스에서 소외된 '민중'을 대상으로 삼고 신천연합의원을 물심양면으로 지원했다. 반농반도시 지역에서 1·2차 병원 역할을 겸하며 '민중병원'으로 자리잡은 신천연합의원은 1980년대 후반 사의연 회원들뿐만 아니라 다양한 보건의료단체들의 활동을 지원하며 사회의학의 실천본부로 기능했다.

이들이 신천연합의원을 통해 '사회의학'의 정신을 실천할 수 있던 것은 1980년대 중후반 진보적인 사회분위기에 힘입은 바 컸다. 그러나 1980년대 말 전국민 의료보험의 시행과 그에 따른 의료의 상업화 및 고급화, 사회운동계의 분화 속에서 신천연합의원을 탄생케 했던 동력도 주춤하게 되었다. 사의연 회원들이 1970년대부터 함께 발전시켜 온 사회의학적 이상은 변화한 시대적 맥락 속에서 서로 다른 방향으로 나아갔고, 신천연합의원은 그동안 사의연 내에서 한 번도 명확하게 정의된 적 없던 '사회의학' 노선을 둘러싼 갈등으로 나타났다. 신천연합의원은 더 이상 사의연의 '사회의학' 실천기지이자 구심점으로 기능하기 어려워졌다. 신천연합의원을 중심으로 한 사의연의 명맥은 사실상 형해화되었으나, 병원 설립의 취지, 사회에 실질적으로 공헌하는 의료기관으로서의 목표는 신천연합병원에 의해 계승되어 수차례 부침을 겪은 뒤 오늘날에 이르고 있다. 본 연구는 의대생 서클이었던 사의연을 중심으로 신천연합병원의 역사를 살펴보았기 때문에 의사와 간호사 외에 병원 직원들의 역할과 지역사적 맥락을 온전히 조명하지는 못했다. 이러한 한계는 추후의 연구를 통해 보완하고자 한다.

참고문헌

【자료】

『동아일보』, 『조선일보』, 『매일경제』, 『경향신문』.
보건과사회연구회(1989), 『한국의 의료보장 무엇이 문제인가』, 도서출판 청년세대.
보건과사회연구회(1991), 『보건의료인과 보건의료운동』, 한울.
사회의학연구회(1996), 『사의연, 그 역사적 의의를 찾아서』.
서울대학교 문리과대학 농촌문화회(1969), 「1969년도 농문회 여름 활동 계획서」.
서울대학교 의과대학 심포지움(1985), 『한국의 의료실태 - 의료소외의 현실과 그 비판』, 한울.
서울대학교 의과대학 의료연구회(1987), 「한국사회의료와 인권」.
서울대학교 의과대학 의료연구회(1988), 『한국의 의료 - 새로운 이해와 해결을 위하여』 2.
시흥군(1985~1990), 『통계연보』 제25~30회.
연세대학교 원주의과대학 의학회(1990), 『보건의료학교』.
최수자(1987), 「복음자리신협 주민건강실태조사」.
한국보건개발연구원(1977), 『한국의 보건시범사업』.
양요환(2014), 「시흥의 복지와 미래비전」, 『사람으로 보는 우리 마을』, 시흥문화원.
신천연합병원(2011), 「신천연합병원역사 1~3부」, 영상 구술자료(2011.7.).
최수자(2024), 「해방간호세미나1-최수자 간호사」, 한국사회적의료기관연합회 간호모임 영상 구술자료(2024.7.11.).

【논저】

강신익(2008), 「의학의 세 차원 : 자연의학, 사회의학, 그리고 인문의학」, 『의철학연구』 6.
김소남(2023), 「1970년대 원주지역 벽지보건사업의 전개과정 연구 - 파독간호사를 중심으로」, 『동방학지』 203.
김찬호(1986), 「철거민 정착공동체의 형성과 유지에 관한 연구 - 경기도 시흥군 소래읍 복음자리 마을」, 연세대학교 사회학과 석사학위논문.
맹광호(1975), 「한국에서의 지역사회의학의 실천」, 『한국가톨릭병원협회지』 6-1.
문민기(2017), 「유신체제기 대기업의 사회사업 시행과 기업의 역할」, 『역사와 현실』 103.
박윤재(2021), 『한국현대의료사』, 들녘.
배재경·김연용·이진석(2016), 「국내 사회의학 연구 현황분석」, 『보건과 사회과학』 43.
신동호(2013), 「긴급조치 9호 시기 학생운동의 구조와 전개 : 서울대 이념서클과 서클연합회를 중심으로」, 『기억과 전망』 29.
신영전(2020), 『일제 강점기 조선, '사회의학·위생학'을 만나다 : 달리 농촌 사회위생조사와 경성 토막민 생활·위생조사를 중심으로』, 민속원.
오제연(2013), 「1960년대 대학생 '이념서클'의 조직과 활동」, 『학생운동의 시대』, 선인.
우석균(2004), 「한국 보건의료운동의 역사와 과제」, 『한국시민사회운동 15년사 : 1987-2002』, 한국시민사회연감편찬위원회 편, 시민의신문.
유용태·정숭교·최갑수(2020), 『학생들이 만든 한국 현대사 : 서울대 학생운동 70년』 2, 한울.
이종찬(1994), 「19세기 독일사회의학의 역사적 발전」, 『의사학』 3-1.
이현숙·박진서(2020), 「1987년 최초의 환경성 질환으로 인정받은 상봉동 진폐증 사건과 원진 레이온 직업병 - 세상을 바꾼 의사 양길승의 회고」, 『생태환경과 역사』 6.
전우택·김선·양은배(2001), 「사회의학 교육과정 개발 연구」, 『한국의학교육』 13-2.
정다혜(2021), 「병원에서 마을로 - 거제 지역사회건강사업으로 본 1970년대 의료 소외 지역의 지역보건 실험」, 『사회와 역사』 129.
정다혜(2022a), 「벽지로 간 간호사 : 보건진료원의 탄생과 1970-80년대 보건의료체계의 젠더질서」, 『의료사회사연구』 9.
정다혜(2022b), 「주민참여로 마을의 건강을 : 1970-80년대 마을건강원 활동과 보건의료에서의 주민참여 논쟁」, 『의사학』 31-3.
정다혜(2022c), 「서독의 대한 개발원조와 1970~1980년대 보건의료지원의 성격」, 『의료사회사연구』 10.
정다혜(2024), 「1960-1980년대 한국의 사회개발 논의와 지역사회보건사업」, 연세대학교 사학과 박사학위논문.
정무용(2023), 「1950~60년대 무의촌 문제와 공의 배치」, 『남도문화연구』 49.
최규진(2011), 「응답하라 1975! '서울의대 간첩단 사건'」, 『의료와 사회』 3.
최규진(2015), 『한국 보건의료운동의 궤적과 사회의학연구회』, 한울.
최규진(2017), 『광장에 선 의사들 : 인도주의실천의사협의회와 함께한 한국 보건의료운동』, 이데아.
한달선 외(2017), 「사회의학의 기원, 진화 및 한국 사회의학의 실상」, 『예방의학회지』 50-3.
홍복현(2007), 「사회변동과 행정구역 변화」, 『(시흥시사 3) 시흥의 근현대』, 시흥시사편찬위원회.
홍창희·박승만(2023), 「의료차관과 현대 한국 보건의료 체계의 형성 : 1969~1992」, 『연세의사학』 26-1.
황병주(2007), 「시흥지역 도시빈민의 삶과 문화」, 『(시흥시사 8) 시흥의 도시공간, 도시민의 체험과 기억』, 시흥시사편찬위원회.

1990~2000년대 시흥 여성의전화의 조직과 활동

허 현 주

1. 들어가며

1970년대 크리스챤 아카데미의 여성사회교육, 민주노조운동, 학생운동, 여성학 등 각 분야에서 여성문제를 고민하고 실천했던 여성들은 1980년대 여성주의 운동을 전개하기 위한 조직 활동에 나섰다. 1983년 6월 여성의전화의 출범은 새로운 여성운동의 신호탄이었다.[1] 1980~90년대 여성운동의 전개, 운동의 주체와 담론에 관한 선행연구는 여성운동 단체에서 생산한 1차 자료와 활동가들의 구술을 바탕으로 민주화운동과 여성운동의 관계, 입법운동의 함의와 시대적 한계, 중산층 여성, 여성학 지식인, 대학생

---

1) 여성의전화는 시기별 명칭을 달리했다. 1983년 출범한 여성의전화는 지역 여성상담 단체와 연계를 강화하며 1991년 한국여성의전화로 개칭하고, 1994년 사단법인으로 등록해 한국여성의전화를 본부로, 지역 여성의전화를 지부로 체계화했다. 1998년부터 본부와 지부를 포괄하는 한국여성의전화연합이라는 명칭이 사용되었다. 2009년에는 서울여성의전화와 본부를 합쳐 한국여성의전화로 개편했다. 이 글은 본부를 '여성의전화' 혹은 '한국여성의전화', 지부를 '지역명 여성의전화'로 지칭한다. 명칭 변화에 관해 박인혜(2011), 『여성운동 프레임과 주체의 변화』, 한울아카데미와 『여성의 눈으로』 14호를 참조.

등 다양한 운동 주체의 형성 등을 조명했다.2) 그중 여성의전화를 독립적인 분석 대상으로 삼은 연구로는 박인혜의 연구가 유일하다. 2010년대 이후 여성의전화를 중심으로 여성운동을 분석한 연구들도 제출되었으나, 이 연구들은 비영리 시민사회단체의 전문인력을 양성하고 운동 전략을 모색하려는 실천적 관점에서 수행되었다.3)

박인혜는 1975년부터 2010년까지 한국여성의전화를 중심으로 반(反)성폭력운동의 전개와 제도화 이후 여성운동이 처한 위기를 분석했다. 한국여성의전화와 인천 여성의전화의 임원을 지낸 박인혜는 여성의전화의 공식 회의록과 초기 활동가들의 인터뷰를 수집해 약 30년간의 여성의전화 활동을 총정리했다. 특히 여성의전화가 탄생하기 이전의 배경과 창립 구성원들의 성격, 여성의전화 내부의 대립과 상이한 노선들을 통시적으로 살핌으로써, 여성의전화의 역사를 종합적으로 이해하기 위한 틀을 마련했다.4)

---

2) 김영선(2018), 「1980년대 여성운동의 새로운 여성 주체 기획과 주부운동론」, 『여성과역사』 28 ; 강수연(2022), 「한국 환경운동의 '새로운' 주체, '주부' : 공해반대시민운동협의회(1986~1988)의 활동을 중심으로」, 『생태환경과역사』 9 ; 김엘림(2004), 「1980년대 이후 여성입법운동의 전개와 성과」, 『여/성이론』 10 ; 김현정(2000), 「여성운동과 국가의 관계에 관한 연구 : 성폭력특별법과 가정폭력방지법 제정 운동을 중심으로」, 이화여대 석사학위논문 ; 김보명(2008), 「1990년대 대학 반성폭력 운동의 여성주의 정치학」, 『페미니즘 연구』 ; 김영선(2015), 「1970년대 한국 여성학 학술운동의 계보와 장소성」, 『현상과인식』 39 ; 유경순(2021), 「1980년대 여성평우회의 기층여성 중심의 활동과 여성운동의 방향 논쟁」, 『역사문제연구』 24.
3) 신영옥(2011), 「지역여성운동담론과 변화과정과 성격에 관한 연구 : '여성의전화'의 사례를 중심으로」, 성공회대 석사학위논문 ; 황선영(2011), 「여성운동단체 참여경험이 여성 임파워먼트에 미치는 영향 : 여성의전화 지부 회원활동 참여자의 사례를 중심으로」, 성공회대 석사학위논문 ; 손인숙(2015), 「〈익산여성의전화〉의 운동내용 분석 : 조직정체성 변화과정을 중심으로」, 성공회대 석사학위논문 ; 최유란(2015), 「여성운동 리더쉽 지속가능성에 대한 연구 : 한국여성의전화 지부 대표의 경험을 중심으로」, 성공회대 석사학위논문 ; 정순옥(2016), 「여성들의 여성의전화 쉼터 경험과 자조모임 필요성 연구 : 시흥여성쉼터 퇴소자들을 중심으로」, 성공회대 석사학위논문.
4) 박인혜(2011), 『여성운동 프레임과 주체의 변화』, 한울아카데미.

그러나 1980~90년대 여성운동사 연구와 마찬가지로 박인혜의 연구 역시 서울에 위치한 여성단체에 주목했고, 지역 여성운동의 형성과 전개 과정을 구체적으로 다루지 않았다. 이는 1980년대 등장한 주요 단체 및 조직이 서울에 자리했고, 서울에 위치한 각 단체의 중앙 본부가 여성운동의 방향성이나 여성정책의 변화에 비교적 큰 목소리를 표출했기 때문이기도 하다. 아울러 자료적 측면에서도 지부는 자체적인 문서 보관 시스템이 부재하기 때문에, 연구자들이 지역 여성운동 단체의 역사를 문헌 자료로 파악하는 데 어려움이 존재한다. 지역 여성운동 연구는 서울에서 전개된 여성운동과 긴밀한 관계를 맺으면서도, 지역사회의 맥락과 분위기를 반영했다. 그렇기에 지역 여성운동을 연구할 때 여성운동을 단일한 서사로 고정시키는 것이 아니라 지역의 역동성을 살피는 작업이 요구된다.

기존의 지역 여성운동 연구는 광주·부산·인천 등 광역시를 중심으로 진행되었다. 광주·전남 지역 여성운동사를 분석한 안진은 지역사회의 민주화운동 전통이 여성운동 단체의 조속한 출현으로 이어졌던 역사적 배경에 주목했고, 부산과 인천의 경우 여성의전화 지부가 창립 30주년을 기념해 자체적으로 역사를 정리했다.[5] 이외에 지역 여성운동 사례와 현황을 정리하고 지역 여성운동 주체의 경험을 조사한 연구 등도 있으나, 이 연구들은 공시적 관점에서 지역 여성운동의 성과 및 한계를 진단하고 해결책을 모색하는 것을 목표로 했다.[6]

이 글은 전국 단위, 대도시 중심의 여성운동이 아닌 수도권 중소도시에

---

[5] 안진(2007), 「광주전남지역 여성운동의 성격변화에 관한 연구」, 『여성학논집』 24 ; 아영아 외(2021), 『서른, 다시 날다 : 부산여성의전화 백서 1990-2020』, 부산여성의전화 ; 박인혜(2024), 『미래를 여는 기억 : 인천여성의전화에서 한국여성인권플러스까지, 여성폭력 추방 운동 30년』, 형성사.

[6] 이혜숙(1999), 「지역여성운동의 현황과 전망 : 경남 진주지역 여성단체의 활동을 중심으로」, 『한국여성학』 15 ; 김혜경(1999), 「지역여성운동의 성격연구 : 경기도 여성단체를 중심으로」, 『사회과학연구논총』 3 ; 허성우(2000), 「지역여성운동의 현실과 지역사회 연구」, 『공간과 사회』 14.

서 발생한 여성운동의 전개 과정을 역사적으로 분석하기 위해 시흥 여성의 전화에 주목한다. 여성의전화 전국 조직·활동 양상은 박인혜가 정리한 바 있으나, 개별 지부의 활동과 특성을 상세히 다룬 연구는 몇몇 지부가 발간한 단체사(團體史)를 제외하면 전무하다. 1997년 출범해 지금까지 시흥 지역의 유일한 여성운동 단체로 활동 중인 시흥 여성의전화는 시흥이라는 중소도시에서 여성운동이 전개된 동력, 지역사회와의 상호작용을 통한 지부의 변화를 보여준다.

이 글은 시흥 여성의전화가 설립된 거시적 배경으로서 먼저 1980~1990년대 여성의전화의 설립과 여성폭력 추방 운동의 전개 과정을 정리하고자 한다. 그다음 시흥 여성의전화가 설립된 계기와 이 단체의 결성을 주도한 인물인 황선희에 대해 살펴보고, 시흥 여성의전화의 초기 활동과 성과를 분석할 것이다. 특히 시흥 지역사회가 지부의 활동에 어떤 영향을 미쳤는지, 그리고 지부 활동이 시흥 지역 여성에게 어떤 의미였는지를 주목하고자 한다. 마지막으로 여성운동의 위기 국면이 시작된 제도화 이후의 상황이 지역 여성운동에 미친 영향, 제도화의 틀을 활용해 위기에 대응하는 지부의 활동을 주목한다. 분석 시기는 2000년대 중반까지로 한정했다. 이는 수집한 문헌 자료에 토대해 시흥 여성의전화의 구체적인 활동과 그에 따른 지역사회의 변화를 면밀하게 분석하기 위해 설정한 기간으로, 2001년 여성부 출범 이전과 이후의 변화를 규명하는 데 초점을 두고자 했다.

시흥 여성의전화의 창립과 활동을 분석하기 위해 다음의 자료를 활용했다. 문헌 자료로는 한국여성의전화 기관지 『여성의 눈으로』와 시흥 여성의전화 지부에서 생산한 자료집, 책자를 활용했고, 시흥시의회 회의록과 시흥시의 시정백서를 참고했다. 지부 설립 경위를 상세하게 파악하기 위해 초대회장 황선희의 자서전을 활용했는데, 이를 다른 자료와 교차 검토했다. 그리고 시흥 여성의전화의 활동과 지부의 특성, 조직 내 분위기 등 문헌에서 드러나지 않는 주관적 경험을 포착하기 위해 심층 면접을 진행했다. 면접 대상은 약 20년간 시흥 여성의전화에 활동한 여성운동가 A이다. 한국여성의전화의 공식 홈페이지를 통해 인터뷰를 문의해 구술자를 소개받았으며, 2024년 9월 26일 오전 10시부터 약 2시간에 걸쳐 대면 인터뷰를 진행했다. 구술은 시흥 여성의전화 활동 경험과 여성운동가로서의 경험에 초점을 맞추었다.

2. 1980~1990년대 여성폭력 추방 운동과 여성의전화

한국의 산업화 시기 타자화되고 주변화된 여성들은 생산과 소비의 주체로 근대화의 추진을 뒷받침했음에도 불구하고, 여성을 가부장적 질서에 결박시키고자 하는 국가와 사회의 통제는 계속되었다.[7] 그러나 다른 한편으로 1970년대 중반부터 노동 현장의 성차별 구조에 대한 근본적인 문제를 제기하며 여성에 대한 착취와 억압을 타파해야 한다는 목소리가 등장했다. 크리스챤 아카데미는 보편적 인간 해방의 테제에 기초해 여성의 인간화를

---

7) 가부장제와 자본주의는 공·사 영역의 분리를 특징으로 한다. 여기서 여성의 가사노동을 비롯해 보이지 않는 노동은 '비공식' 영역으로 규정된다.(마리아 미즈 지음(2013), 최재인 옮김, 『가부장제와 자본주의 : 여성, 자연, 식민지와 세계적 규모의 자본축적』, 갈무리). 공·사 영역을 구분하는 사고는 남성과 여성의 노동을 분리했을 뿐 아니라, 공장 노동과 공장 밖 노동의 위계화를 초래했다. 1960‐1970년대 이농 인구 가운데 큰 비중을 차지한 미성년 상경 여성들이 선택한 노동은 식모, 버스안내원 등 주변부 노동이었다. 주변부 여성들의 성과 노동이 타자화되는 과정에서 이들이 수행한 생계부양자로서의 역할, 국가의 생산을 뒷받침하는 재생산 노동의 기여는 은폐되었다. 산업화 시기 여성 노동에 관해서 김원(2004), 「근대화 시기 주변부 여성노동에 대한 담론 : 식모(食母)를 중심으로」, 『아시아여성연구』 43-1 ; 박정미(2017), 「'무작정 상경' : 서울 이주자에 관한 담론과 젠더」, 『사회와 역사』 113 ; 조민지(2020), 「1960-70년대 버스안내원과 '서비스' 노동의 성별화」, 『역사비평』 133 ; 장미현(2017), 「산업화시기 정부와 여성단체의 '여성직종' 구상과 여성들의 대응.」, 『아시아여성연구』 56-2 등의 연구 참조.

선언한 대표적인 조직이었다. 근대화가 낳은 인간 소외, 비인간화 현상의 극복을 목표로 설정한 크리스챤 아카데미의 여성 지도자들은 1975년 UN이 제정한 세계 여성의 해를 맞아 '여성인간선언'을 선포하고 여성운동의 주체인 '중간집단'을 육성하기 위해 여성사회교육을 기획했다.8) 젊은 여성과 주부를 주요 대상으로 한 여성사회교육은 여성사회연구회, 주부 아카데미협의회, 청년여성연합회(이하 청년여성회) 등의 이수자 소모임으로 이어지면서 여성주의 학습과 실천의 바탕이 되었다.9)

여성사회교육 등 세미나를 통한 의식화, 교육을 중심으로 여성운동 주체를 육성하던 크리스챤 아카데미 여성사회분과의 활동은 1979년 중앙정보부가 반공법 위반 혐의로 크리스챤 아카데미 간사 7인을 구속·송치하면서 일시적으로 위축되었다.10) 이때 구속된 한명숙을 대신해 여성사회분과 간사를 맡았던 이현숙은 그동안의 활동을 검토하며 교육 사업을 넘어 대중적인 여성운동을 조직할 것을 결정했다.11)

여성사회분과가 새로운 운동 방향을 고민하던 그때, 청년여성회에서도 새로운 활동을 모색했다. 1976년 주부아카데미 과정 수료생과 이화여대 사회사업학과 졸업생을 중심으로 결성된 청년여성회는 여성학 세미나와 함께 TV 드라마 모니터링 운동, 신용협동조합운동 등을 진행했던 단체로, 1982년은 결혼·육아로 잠시 떠나있던 창립 구성원이 복귀해 활동을 재개하던 시기였다.12) 아카데미의 이현숙과 청년여성회의 이계경은 1970년대

---

8) 이상록(2007), 「1960~70년대 비판적 지식인들의 근대화 인식 : 『사상계』·『씨알의 소리』·크리스챤 아카데미 진영을 중심으로」, 『역사문제연구』 18.
9) 박인혜(2009), 「1980년대 한국의 '새로운' 여성운동의 주체 형성 요인 연구 : 크리스챤 아카데미의 '여성의 인간화' 담론과 '여성사회교육'을 중심으로」, 『한국여성학』 25-4.
10) 이상록(2019), 「1979년 크리스챤 아카데미 사건을 통해 본 한국의 인권문제」, 『역사비평』 128, pp.65-67.
11) 민경자 엮음(2009), 『여자, 길을 내다 : 여성의전화 25년 여성인권운동 이야기』, 한울, p.419.

긴급 전화상담을 운영하던 생명의전화에서 아이디어를 얻어 여성 상담을 매개로 한 대중적 여성운동을 구상했다. 구체적으로 어떤 여성 문제를 겨냥할 것인지 고민하던 때, 미국 유학을 마치고 1982년 11월 아카데미 부원장으로 부임한 이화수 박사가 '매맞는 아내' 문제를 권했다.13)

미국 오리건 대학에서 정치심리학을 전공한 이화수는 졸업 후 로스앤젤레스 한인 지역에서 정신건강봉사센터(Korean-American Mental Health Service Center)를 설립해 5년간 가정 문제를 상담하면서 아내 구타 문제를 연구했다. 1968~1971년 아카데미 연구부장으로 있었던 그는 1982년 아카데미로 돌아와 여성의전화 창립을 지원했다.14) 1970년대 미국의 여성폭력 추방 운동에 관한 정보가 충분하지 않았던 상황에서 이현숙, 이계경 등에게 아내 구타 문제는 '생소한 이슈'였다. 이들은 한국 사회 내 아내 구타 문제의 심각성에 의구심을 표하기도 했다. 이에 1982년 11월 아카데미 사무실에 모인 여성의전화 창립준비위원회는 실태조사와 상담원 훈련을 병행하기로 결정했다.15)

1983년 6월 여성의전화 창립준비위원회가 발표한 「가정 내 여성폭행에 관한 실태조사」는 706명의 주부16)를 대상으로 조사를 진행해, 100명 중 4~5명이 두 달에 1회 이상 남편으로부터 습관적인 구타를 당한다는 사실을 밝혔다.17) 아내 구타 문제가 가부장제 가족 안에 잠재된 보편적인 문제란 것을 확인한 창립준비위원회는 1983년 6월 11일 서울 중구 저동 다방건물

---

12) 이계경(2007), 『세상을 바꾸는 신나는 리더』, 여성신문사, pp.32-65 참고.
13) 박인혜(2011), p.121.
14) 안재홍·이화수(2002), 「은퇴교수 기념 대담 : 이화수 교수의 학문적 여정을 회고하면서」, 『현상과 인식』 26, pp.121-133.
15) 박인혜(2011) pp.122-123.
16) 여주시를 중심으로 저소득층 주부들과 강남 일대의 중산층 주부, 엘리트 여성이 설문의 주요 대상이었다. 엘리트 여성의 경우 이화여대 동창회를 표본으로 했다고 회고했다. 한국여성의전화(2003), 『여성의 눈으로』 5·6월호, p.17.
17) 「여성의전화 주부 706명 조사 매맞는 아내 아직 많다」, 『동아일보』 1983. 6. 1.

옥탑방에 사무실을 마련했다. 전화기 2대로 시작한 상담은 보름 만에 374건을 기록했다.[18]

여성의전화는 가정폭력의 본질이 개인적·사적 문제가 아닌 정치적·사회적·공적 문제라는 점을 명시했다. 즉, 가정폭력은 물리적인 힘이 아닌 성별 권력관계에서 비롯된 문제이며, 가정과 사회를 나누는 공·사 이분법적 관념이 그동안 폭력을 방조·조장했다는 것이다. 이현숙은 "힘과 폭력이 남성 지배의 도구"이며 폭력이 공·사 영역 분리를 항구화하기 위한 기제라는 점을 지적했다.[19]

여성의전화가 한국 사회에서 아내 구타 문제를 가부장제의 모순으로 파악하고, 남성으로부터 지속적인 구타를 당하는 여성들을 상담한 최초의 단체는 아니었다. 1956년 '여성법률상담소'라는 이름으로 설립된 한국가정법률상담소는 여성운동의 차원에서 무료법률 구조사업을 시작했으며, 1960~1980년대 성차별적 가족법을 개정하기 위한 운동에 앞장섰다.[20] 여성의전화를 비롯해 1980년대 등장한 대중적 여성단체는 1975년 세계 여성의 해를 맞아 전면화된 가족법 개정 운동의 분위기와 여성운동 네트워크의 자장 안에서 성장했다.[21]

다만 가정법률상담소가 인권과 '인간화'의 관점에서 개별 사례의 법률적 해결을 모색하고 가족 내 평등을 목표로 움직였다면, 여성의전화는 아내 구타의 메커니즘으로서 공사 이분법과 그것이 재생산하는 성 역할 이데올로기의 해체를 위한 급진적인 투쟁을 지향했다. 여성의전화는 가정폭력에 대한 사회의 적극적인 개입을 요구했으며, 성별 권력에 의한 폭력을 '성의

---

18) 이계경(2007), p.60 ; 박인혜(2011), p.125.
19) 이현숙(1984), 「가정폭력을 보는 시각」, 『개원 1주년 기념 보고서』, 여성의전화, pp.96-97.
20) 소현숙(2015), 「1956년 가정법률상담소 설립과 호주제 폐지를 향한 기나긴 여정」, 『역사비평』 113, pp.76-78.
21) 소현숙(2015), p.81.

폭력'으로 정의하며 가부장제 사회를 변혁시키기 위한 노력으로서 여성폭력 추방 운동에 돌입했다.22)

여성폭력 추방 운동과 함께 성폭력에 대한 개념 설정도 이루어졌다. 여성의전화 상근활동가들의 모임인 젊은여성모임은 서구 페미니즘 저서를 번역·연구하면서 여성에 대한 차별이 폭력적으로 나타난 것으로 성폭력을 넓게 정의하고 이 문제가 한국 사회의 구조적 모순을 반영한다고 보았다.23) 여기서 한국 사회의 모순이란 분단과 그로 인한 군사문화의 존립을 의미했고, 이는 여성운동의 과제도 1980년대 민족·민중·민주운동의 맥락 속에서 해석되어야 한다는 인식의 반영이었다.24) 특히 1986년 5월 부천서 성고문 사건은 여성의전화가 민주화운동과 연대하는 계기가 되었다. 여성의전화는 이 사건의 본질이 "가해자 개인에 대한 폭력이 아니라 군사독재정권에 의한 구조적인 폭력"이며 따라서 단순한 강제추행, 성폭행, 강간이 아니라 '성고문'이라고 정의했다.25) 여성의전화는 군사독재정권을 "폭력을 휘두르는 남편이요 강간을 일삼는 강간범"이라고 규탄했다.26)

민주화운동과 여성폭력 추방 운동을 병행하는 전략은 여성의전화를 비롯해 1980년대 출범한 여성단체의 보편적인 노선이었다. 그러나 창립 당시부터 운영위원을 비롯해 조직의 지도부는 민주화운동 정체성을 가진 상근활동가로 상담 활동은 주로 중산층 주부 중심의 자원봉사 상담원으로 이원화된 조직 구조와 상담과 운동을 병행하는 운동 방식은 여성의전화 내부의 노선 갈등을 야기했다. 상담원들은 상근활동가들이 피해 여성에 대한 지원보다 정치투쟁에 몰두하는 데 불만을 표현했으며, 상근활동가들

---

22) 박인혜(2011), p.157.
23) 박인혜(2011), p.231.
24) 여성의전화(1986), 『베틀』 16호, pp.2-3.
25) 여성의전화(1986), p.3.
26) 여성의전화(1990), 『베틀』 44호, p.2.

은 성폭력의 근본적인 해결을 위해서 민주화운동에 적극적으로 참여해야 한다고 주장했다.[27] 고민 끝에 조직 지도부는 1987년 여성의전화를 회원 조직체로 전환하며, 조직 목표를 "정치세력화라는 정치투쟁"으로 수정했다.[28]

그러나 상담원은 형식적으로 회원이 되었을 뿐 정치투쟁에 참여하는 데 부담을 느꼈다. 불분명한 의사결정 구조와 지도부의 잦은 교체 등으로 조직운영과 정체성 혼란이 계속되었고, 결국 1990년 지도부의 총사퇴와 함께 젊은여성모임을 비롯해 민주화운동·학생운동 출신의 상근활동가들이 대거 조직을 떠났다. 상담회원을 주축으로 한 비상수습위원회가 출범했으나, 새로운 지도부도 상담 대 운동의 정체성 긴장을 명확히 해소하지 못한 채 우선 '상담을 중심으로 하는 여성운동'이라는 결론을 지었다.[29]

1990년대 운동의 제도화가 본격화되자 여성의전화를 포함한 여성단체 연합체는 여성폭력 추방의 제도적 기반을 마련하기 위한 입법운동에 돌입했다.[30] 1991년 4월 여성의전화는 '성폭력 관련법 입법을 위한 공청회'를 개최하고 그동안 상담을 통해 수집한 사례와 통계를 바탕으로 아내 구타와 강간 문제에 초점을 맞춘 성폭력 관련법 입법을 제의했다.[31] 1990년대 각 지역의 성폭력 사건을 계기로 결집한 지역 여성단체, 이화여대 졸업생이 중심이 되어 결성한 한국성폭력상담소를 비롯해 전국의 여성단체들이 연대해 성폭력특별법 입법운동이 시작되었다.

입법운동의 초기부터 여성의전화는 아내구타와 강간·강제추행·매매춘·인신매매·성희롱 등 강제적 성관계 그리고 성차별적 제도와 문화까지 포함해 가부장제 구조 전반을 성폭력 개념에 포괄할 것을 주장했다. 하지

---

27) 박인혜(2011), pp.234-235.
28) 박인혜(2011), p.239.
29) 박인혜(2011), pp.241-242.
30) 김현정(2000), p.47.
31) 「현행법 성폭력 가해 남성쪽 유리」, 『한겨레』 1991.4.21.

만 특별법의 형식과 법리적 해석을 고려하는 가운데 아내 구타와 강제매춘, 포르노 등이 제외된 성폭력 개념이 채택되면서, 아내 구타 문제는 별도의 과제로 남겨졌다.[32] 여성의전화는 여성단체와의 연대를 통해 1993년 「성폭력특별법」[33]의 제정을 성취한 다음, 1994년 5월 가정폭력 추방주간을 선포하며 가정폭력방지법 제정 운동에 착수했다.[34]

1996년 시흥에서 발생한 이상희 할머니 사건은 가정폭력방지법 제정 운동의 전환점이 되었다.[35] 지속적인 폭력에 시달린 피해 여성이 가해 남성을 살해한 일련의 사건에 이어, 피해 여성의 어머니가 가해자를 살해한 이상희 할머니 사건은 가정폭력의 모순이 극대화되었음을 단적으로 드러냈다. 이 사건은 정미숙과 이상희에게 수년간 폭언과 구타를 자행한 오원종을 살해한 혐의로 정미숙이 조사받던 중, 이상희가 여성의전화에 상담을 요청해 자신이 범행을 저질렀음을 밝히면서 이목을 집중시켰다.[36] 언론은 '모정'이라는 관점에서 이 사건을 가정의 달 미담으로 소개하기도 했다. 이에 한국여성단체연합(이하 여연)은 1996년 5월 15일 긴급 기자회견을 통해 이 사건이 미담이 아니라 경찰의 직무 불이행, 가정폭력을 외면한 한국 사회가 책임져야 할 사회 문제임을 명확히 지적했고, 가정폭

---

32) 1991~1992년 성폭력특별법 입법운동 과정에서 발생한 성폭력 개념 논쟁은 신상숙(2008), 「젠더, 섹슈얼리티, 폭력 : 성폭력 개념사를 통해 본 여성인권의 성정치학」, 『페미니즘 연구』 8-2, pp.19-29를 참조.
33) 정식 명칭은 「성폭력범죄의 처벌 및 피해자보호 등에 관한 법률」이다. 「성폭력특별법」의 제정은 여성운동이 거둔 승리였으나, 법의 내용적 측면에서 성폭력을 정조 침해죄로 보고 친고제가 폐지되지 않는 등 기성 가부장제 사회와의 교섭과 타협이 이뤄졌다. 이로 인해 「성폭력특별법」 제정 이후에도 가부장적 담론에 저항하며 법 개정 운동을 끊임없이 전개했다. 김현정(2000), pp.66-68.
34) 박인혜(2011), pp.302-303.
35) 이상희 할머니 사건 내용과 결과, 재판부는 피고인의 행위를 정당방위로 인정하지 않았고, 다만 가정폭력 피해를 감안해 징역 2년 6개월에 집행유예 4년을 선고했다. 「폭력사위 살해 할머니 석방」, 『조선일보』 1996.7.6.
36) 남인순(2002), 「여성단체가 가정폭력방지법 제정과정에 미친 영향에 관한 연구」, 성공회대 석사학위논문, pp.33-34.

력방지법 제정추진 특별위원회 구성 계획을 발표했다.37)

여성의전화는 여연 기자회견 이후 이상희 할머니 석방을 위한 긴급 공청회를 5월 16일 개최했다. 공청회에서는 '가정폭력으로 인한 살인사건 CASE 분석', '가정폭력에 대한 경찰의 대응과 처리과정'이란 제목의 주제 강연과 생존 여성 정미숙의 증언이 있었고, 이후 가정폭력방지법 제정과 이상희의 석방을 요구하는 거리행진이 진행되었다. 또한, 5월부터 이종걸, 이찬진 변호사를 중심으로 법률안을 작성하기 시작해, 공개토론회를 거쳐 제도 개선을 위한 사회적 합의를 도출하고자 했다.38) 하지만 입법 과정에서 가부장제 가족 이데올로기와의 타협이 불가피했고, 1997년 11월 18일 통과된 「가정폭력방지법」39)은 여성주의에 기초한 여성 인권의 신장과 가정폭력 가해자 처벌보다 가정의 보호, 건강한 가정의 회복, 가정해체 방지 등의 가치를 우선시했다.40)

입법운동은 여성의전화의 전국적 확대와 맞물렸다. 지역에서 자생적으로 여성 상담을 진행하던 7개 단체는 1993년 성폭력특별법 제정을 앞두고 여성의전화와 공식적인 연계를 요청했다. 지역 상담단체는 서울보다 열악한 조건, 특히 상담교육의 체계화와 상담원 확보를 모색하는 과정에서 강력한 연대의 필요성을 절감하며 한국여성의전화를 본부로, 지역 상담단체를 지부로 하는 연합을 제의했다. 때마침 사단법인 등록을 추진하고

---

37) 한국여성단체연합 가정폭력방지법 제정추진 특별위원회(1996), 「이상희 할머니 사건을 보는 우리의 입장」.
38) 한국여성단체연합(1996), 「한국여성단체연합 가정폭력방지법 제정추진 특별위원회 구성 및 사업계획 발표에 관한 기자회견」
39) 정식 명칭은 「가정폭력방지 및 피해자 보호 등에 관한 법률」이다. 여성폭력 추방 운동이 시작될 당시 사용된 "아내 구타"라는 용어 대신, 중립적이고 온건한 용어인 "가정폭력"이 법률에 적용되었다. 여성운동은 가부장제 담론을 활용해 사회적 저항감을 줄이고 대중성을 확보하는 전략을 선택했는데, 이로 인해 법의 초점이 여성 문제에서 가정폭력으로 인한 가정의 해체에 맞춰졌다. 김현정(2000), pp.71-73.
40) 박인혜(2011), pp.306-307 ; 김현정(2000), pp.70-73.

있던 여성의전화는 운동의 대중화와 대항 헤게모니의 확장을 위해 지역 단체의 의견을 수용하며 지부 조직에 나섰다.41)

지부 확장 과정에서 여성의전화는 지부 활동가 교육에 주력했다. 학생운동가, 주민운동가, 종교인 등 다양한 주체가 자생적으로 결집한 지방 조직은 여성운동 조직체로서 정체성이 명확하지 않은 경우가 많았고, 대부분의 지부에서 여성주의 운동이나 회원 조직보다 상담 활동에 집중하는 경향이 강했다. 이에 여성의전화는 체계적인 여성주의 상담 교육과 지부 활동 교육을 통해 여성운동가로서의 정체성을 강화하고, 상담과 운동을 통합할 수 있는 역량을 강화한다는 목표를 설정했다.42) 그러나 지부는 상담 기관의 정체성, 즉 상담만으로도 여성운동을 수행할 수 있다는 인식을 보였고, 운동과 상담을 통합하려는 시도는 획기적인 결론을 내지 못한 채 이후의 과제로 남았다.

3. 지역 여성운동의 부상과 시흥 여성의전화 창립

1983년 전화기 2대를 갖춘 옥탑방 건물에서 시작한 여성의전화는 입법 운동을 거치며 2002년까지 총 25개의 지부를 갖춘 전국적 조직으로 성장했다. 가장 먼저 지부를 결성한 곳은 광주 등 광역시 규모의 도시로, 민주화운동의 역사 속에서 자생적으로 결집한 지역 여성운동 단체가 1993년 성폭력특별법 제정을 앞두고 서울의 여성의전화와 연합해 사단법인체가 되었다. 본부와 지부가 하나의 조직으로 입법운동을 전개하는 과정에서 여성주의 운동 단체가 없는 지역 여성들은 여성의전화 지부 창립 의사를 밝혔고, 주로 수도권 지역에서 진행된 교육이나 행사를 계기로 지부가 탄생하거나

---
41) 박인혜(2011), p.340.
42) 박인혜(2011), pp.373-374.

지부 창립을 경험해 본 여성들이 활동 지역을 옮기면서 조직이 전국에 확산되었다.[43]

시흥 여성의전화 창립에 앞장선 인물은 강화 여성의전화 창립을 주도해 본 경험이 있었던 황선희였다. 그는 감리교 신학대학에서 크리스챤 아카데미의 영향을 받았고, 여성 종교인으로서 교회 내 가부장제 모순을 지적하는 여성 신학을 공부하면서 여성운동을 시작했다. 황선희의 아버지는 군자 파출소에서 오랫동안 근무했지만, 황선희가 태어날 무렵인 1959년 가족이 모두 서울로 이사했다. 그는 감리교 신학대학교에 입학한 이후 조승혁 목사의 강의를 들으면서 산업 선교와 진보적 해방신학의 문제의식에 공명했다. 졸업 이후 같은 학교 출신의 이화식 목사와 결혼한 황선희는 경기도 남부 지역과 강화도에서 사역을 이어갔다.[44]

황선희가 교회 내 성차별과 가부장제 모순을 여성의 시각에서 비판하는 여성 신학을 공부하게 된 것도 강화도 목회를 통해서였다. 강화 지역 작은 섬에 있는 교회의 젊은 사모들과 모여 목사 부인으로서 경험한 문제를 공유한 공부 모임은 1992년 '옥합회'라는 단체를 결성했다.[45] 옥합회는 감리교 목회자부인연합회의 지부로 여성 종교인들의 독립적인 정체성을 추구했다.[46]

옥합회 구성원들이 강화 여성의전화의 창립을 결심하게 된 것은 감리교 목회자부인연합회를 매개로 여성의전화 교육부장 정영혜와의 교류를 통해서였다. 당시 강화의 인구는 5만 명에 불과했지만, 옥합회는 어느 곳에서든 여성의 억압받는 현실이 존재하며 '군사지역이라는 특수성과 가부장 문화가 잔존한 농어촌 지역'인 강화에서 여성들이 겪는 성폭력 등 인권침

---

43) 박인혜(2011), pp.260-263.
44) 황선희(2010), 『더 낮은 곳을 향하여』, 진화기획, pp.28-44.
45) 황선희(2010), pp.46-51.
46) 하영숙(1994), 「그림자에서 동역자로 바뀌어가며」, 『새가정』 443, pp.114-115.

해 문제를 해결해야 한다는 문제를 제기했다. 교회 네트워크를 활용한 바자회 판매금 및 후원금 3백만 원으로 12평 컨테이너에서 출발한 강화 여성의전화는 성폭력상담소와 성교육을 중심으로 지역 여성운동을 주도했다.[47]

강화 여성의전화와 성폭력상담소를 이끌었던 황선희는 1996년 1월 이화식 목사가 달월교회에 부임하면서 활동 지역을 옮겼다. 시흥시 월곶동 달월교회는 1950년 2월 8일에 세워진 교회로, 여성 노동자들의 민주 노조 운동을 지도한 조화순 목사의 목회지였다. 황선희는 달월교회 부임 이전부터 조화순과 인연을 맺었다.[48] 조화순은 1987~88년 한국여신학자협의회(이하 여신협) 회장을 맡았으며, 1989년부터 여신협은 조화순의 삶과 신학을 연구하는 작업에 착수했다.[49] 조화순과 황선희의 구체적인 첫 만남 시기는 확인할 수 없으나, 1995년까지 여신협 내 여성목회반을 이끈 조화순의 영향력과 여성신학이라는 공통분모를 통해 두 사람의 인연이 형성되었음을 알 수 있다.[50]

시흥 여성의전화가 출범하기 훨씬 이전부터 여성의전화의 위상이 알려지고 각지의 지부가 설립되었으나, 시흥 지역 여성들이 결집하게 된 가장 직접적인 계기는 이상희 할머니 사건의 발생이었다. 마침 시흥으로 활동지를 옮긴 황선희는 강화 여성의전화의 경험을 바탕으로 한국여성의전화 본부와 연계해 지역 내에서 구명운동을 전개했고 지부 창립을 준비했다. 이웃 주민과 피해 가족의 반복적인 신고에도 불구하고, 출동조차 하지 않거나 가해자를 10분~1시간 이내에 석방해 사태를 악화시킨 은행·소래

---

47) 황선희(2010) pp.53-56.
48) 안미영(1993), 「여성목회의 현장 13 : 달월교회 조화순 목사를 찾아서」, 『새가정』 439, pp.60~-61.
49) 여성신학자협의회(2000), 『여신협 20년 이야기』, 여성신학사, pp.88-89.
50) 황선희(2010), p.61에 수록된 사진은 황선희 부부와 조화순 부부가 강화 삼남교회 앞에서 찍은 것이다. 1987년~1995년 사이에 찍은 사진으로 추정된다.

파출소 경찰들과 더불어 이 사건의 책임이 있던 시흥시는 전국적인 가정폭력방지법 제정 운동의 압력 속에서 가정폭력 상담단체 결성을 위한 적극적인 지원을 약속했다.51) 지방자치단체의 약속은 사후 대응적 성격이 강했으나, 재정적 지원이 절실했던 지역 여성운동에 물리적 기반이 되었다.

1997년 4월 시흥시의 도움으로 실내체육관에 임시 사무실과 가정폭력 상담교육 장소를 마련한 창립 준비위원회는 창립총회에 앞서 가정폭력특별법을 홍보하는 대중행사와 여성상담교육을 준비했다. 1997년 5월 16일 시흥종합복지관에서 개최된 '폭력없는 가정·사회 만들기' 시민포럼은 가정폭력을 사회문제화하고, 가정폭력방지법의 의미를 시흥시민 대상으로 홍보하는 행사였다. 지부 창립준비위원회를 대표해 황선희가 가정폭력이 "가정 내 개인 문제"로 치부되는 현실을 비판하고, 모든 성차별적 폭력에 대한 새로운 사회 인식의 필요성을 역설했다.52) 한편, 정언양 시장은 가정을 모든 구성원의 안식처로 규정하며 가정폭력을 "무너지는 전통윤리와 흔들리는 가치관"의 문제로 접근했다.53) 이처럼 행사는 가정폭력에 대한 여성주의적 접근과 전통적 가족주의적 접근이 공존하는 가운데 진행되었다.

이날 주제 강연을 맡은 한국여성의전화 회장 신혜수는 가정폭력이 물리적 힘이 아닌 가정과 사회 내 성별 권력관계에 근거한다는 점을 분명히 하면서 가정폭력방지법 제정의 필요성을 주장했다. 하지만 강연 내용은 여성의전화가 주로 강조해 온 공·사 이분법의 타파나 여성해방보다, 가정폭력의 세대 간 전이나 자녀에 미치는 영향에 초점을 맞추었다.54) 이는 가부장제 사회에서 쉽게 받아들여질 수 있는 언어로 가정폭력의 심각성을

---

51) 황선희(2010), pp.65-66.
52) 시흥여성의전화(1997), 『폭력없는 가정·사회 만들기 시민포럼 자료집』, p.4.
53) 시흥여성의전화(1997), pp.7-8.
54) 시흥여성의전화(1997), pp.13-24.

표현한 것이었다. 가족주의 이데올로기와의 일정한 타협에도 불구하고, 시흥 여성의전화 창립준비위원회는 "여성들의 주체적인 삶을 지원하고 사회적·제도적 문제를 극복하고 인간다운 삶을 파괴하는 폭력을 종식"하겠다는 여성주의 운동 단체의 정체성을 선명히 드러냈다.[55]

1997년 5월 시작한 제1기 여성상담학교의 교육생 중 정회원으로 가입한 25명을 기초로 9월 8일 시흥시 최초의 여성주의 운동 단체가 출범했다.[56] 시흥 여성의전화는 세 가지 원칙에 기초했다. 첫째, 여성의 권리가 '인간이 태어나면서부터 가진 존엄성과 평등하고도 양도할 수 없는 권리'인 인권임을 알리고 실천한다는 원칙이다. 여성의 인간화를 실천하는 구체적 과업은 여성폭력 추방 운동이었다. 둘째, 회원 중심 단체라는 조직의 원칙이다. 상담은 운동을 실천하는 하나의 방식이며, 상담을 비롯한 모든 활동은 여성주의의 확산을 최종 목표로 삼았다. 셋째, 지역사회에 기반한 지역 여성운동 단체라는 정체성이다. 이는 지역 여성운동이 지역사회 여성들의 참여하에 지역 특성에 맞는 운동을 전개해야 한다는 지향성을 의미했다.[57]

시흥 여성의전화의 설립은 서울에서 조직화된 여성운동이 종교적 네트워크, 특히 도시산업선교의 영향력이 지역의 여성 종교인들을 매개로 지역사회의 특수한 의제와 결합하면서 지역 여성운동으로 전개되는 양상을 보여준다. 그러나 지역사회에서 여성운동의 필요성과 정당성을 인정받는 데는 여전히 많은 과제가 남아있었다. 가장 먼저 시흥시의회의 남성 의원들은 1997년 추경예산에 시흥 여성의전화 임차료 지원 명목으로 4천

---

55) 시흥여성의전화(1997), p.43.
56) 시흥여성의전화 정관에 따르면 임원은 회장 1인, 부회장 1인, 이사 5~12인(회장·부회장 포함), 감사 2인으로 구성된다. 임원 선출은 정회원으로 구성된 총회에서 이루어지고, 임기는 2년이다. 정기총회는 매년 1회 실시하며, 상시 업무는 회장, 부회장, 사무국장, 각 기구 책임자, 부설기관장, 회원대표 3인 이상으로 구성된 운영위원회가 맡는다.
57) 시흥여성의전화(2007), 『창립 10주년 기념 자료집』, p.7.

만 원이 추가된 일부터 문제 삼았다. 윤익수 의원은 지역사회 내 여성 문제의 심각성보다 예산 지원의 형평성 문제에 주목하면서, 시의 지원이 '즉흥적으로' 결정되는 것을 비판했다.[58]

이에 사회복지과장 이순희는 시흥시 내 상담 기관·시설의 부재로 인한 문제점을 피력했다. 1997년 현재 시흥지역에 여성주의 단체는 전무했으며, 시흥시민은 가정폭력·성폭력 문제를 다루는 단체가 없어서 서울·인천에 있는 상담 기관에 의존해야 했다. 이순희 과장은 성폭력특별법 제23조 1항에 따르면 지방자치단체는 성폭력 피해 상담소를 설치·운영할 수 있는데, 지자체가 나서서 하지 못한 일을 민간의 자발적 참여로 보완하는 것이라고 재정 지원의 의미를 설명했다. "주부들이 굉장히 원하고 요즘도 상담 전화가 무척 온다"라는 설명을 통해 이 단체의 설립이 지역 여성들의 실질적인 요구에 대한 대응이었음이 강조되었다.[59]

그럼에도 윤 의원은 개인·민간 단체 사무실을 임대해주는 일은 '우리 시밖에 없을 것'이라면서 기존 단체의 반발이 심각하다며 예산 지원에 부정적인 의견을 표출했다. 이에 이순희 과장은 우선 시흥 여성의전화 사무실을 지원하고 경기도 지침에 따라 여성회관이 설립된 이후 사무실을 이전하겠다고 답변했다. 이에 이혁근 의원은 여성회관을 짓는 문제도 시의회에서 논의할 문제이지, 집행 공무원이 앞으로의 계획을 수립할 권리는 없다며 여성 관련 예산에 관한 언급을 일축했다.[60] 이처럼 시흥 여성의전화를 비롯해 여성 문제 지원에 관한 부정적 견해가 표출되기도 했으나, 추경예산은 무리 없이 통과되었고 1998년 9월 2년 기한의 사무실 임대차 계약이 체결되었다.

하지만 1999년이 되자 상황은 변화했다. 시 당국은 임대차 계약 종료에

---

58) 제2대 시흥시의회 제49회 본회의 회의록(1997. 7. 9.).
59) 제2대 시흥시의회 제49회 본회의 회의록(1997. 7. 9.).
60) 제2대 시흥시의회 제49회 본회의 회의록(1997. 7. 9.).

따라 지원 중단 의사를 표명했으나, 오히려 일부 의원이 지속적인 지원방안의 마련과 상담 사례집 제작 및 발표회를 통한 단체 홍보를 제안했다. 사회복지과장 장기명은 가정폭력 피해자 지원 활동, 구체적으로 운영비, 피해자 치료비, 상담원 인건비 등을 국비·도비·시비 보조금으로 2000년부터 배정될 것이며, 정왕동에 건립될 예정인 여성회관에 사무실을 운영할 수 있도록 계획 중이라고 설명했다.61) 이러한 변화는 시흥시 여성의전화가 지역사회에서 수행하는 역할의 중요성이 시의회와 지역 정치에서 점차 인정받게 되었음을 의미했다.

지역사회의 인식 변화와 제도적 지원의 확대는 여성의전화 활동가들이 직접 발로 뛰면서 지역사회 주민들과 끊임없이 접촉하고 소통한 결과였다. 구타, 성폭력, 가족 문제, 법률 자문 등 다양한 여성 문제를 전문적으로 다룬 전화·면접 상담은 연간 1,000건 이상을 기록했고, 상담 업무 이외에 다양한 교육사업을 통해 지역 내 여성주의 가치가 확산되었으며 지역 여성이 운동의 주체로 성장했다.62)

〈표 1〉 1998~2000년 시흥 여성의전화 상담 통계

	구타	성폭력	외도	시집갈등	부부갈등	미혼여성	주부자신	법률	기타	합계
1998	2	3	4	4	2	1	6	3	10	325
1999	226	44	223	34	224	53	61	175	103	1,143
2000	204	41	190	33	186	87	61	192	70	1,064

출처 : 시흥여성의전화(2007), p.23.

시흥 여성의전화의 활동은 가정폭력과 성폭력 피해자를 위한 상담부터 정치참여 독려, 환경 교육, 노인 복지, 청소년 교육, 문화 활동, 지역 정책

---

61) 제3대 시흥시의회 1999년도 행정사무감사 회의록(1999. 11. 27.).
62) 시흥여성의전화에서 시행한 모든 사업은 시흥여성의전화(2007), 『창립 10주년 기념 자료집』과 한국여성의전화 기관지 『여성의 눈으로』 1998~2004년 지부 단신에 실린 내용을 참조.

모니터링에 이르기까지 다종다양했다. 활동 영역이 이토록 광범위했던 것은 시흥 여성의전화가 지역 내 유일한 여성주의 운동 단체였기 때문이다. 시흥시 여성단체협의회에 소속된 여성단체들은 부녀 지도, 요보호 여성 발생 예방의 관점에서 동거부부 합동결혼 사업, 구호사업, 장학사업, 불우이웃 돕기 등의 사업을 운영할 뿐이었다.63)

시흥 여성의전화는 부녀복지의 관점을 넘어 지역 여성을 운동의 주체로 하는 여성주의 운동, 여성해방운동의 목표를 가졌다. 지역여성을 주체화하기 위해 가장 필요한 사업은 여성주의 의식을 확산하는 교육 사업이었다. 교육 사업은 성교육, 여성학 강좌, 상담원 양성 과정, 가정폭력방지법 설명회 등 다양한 프로그램을 통해 여성주의적 관점을 지역사회에 전파했다. 특히 주목할 만한 것은 이러한 교육이 단순한 지식 전달에 그치지 않았다는 점이다. '여성상담학교'는 참가자들이 자신의 삶을 여성주의적 관점에서 재해석하는 기회를 제공했고, 많은 참가자들이 회원이나 활동가로 성장하는 통로가 되었다.64) 대중강연은 지역사회에 단체 활동을 알리고 회원을 모집하는 주요한 행사였다. 필자가 만난 구술자도 2000년 우연히 참석한 대중강연을 통해 시흥 여성의전화에서 활동을 시작했다.

대학 졸업 후 춘천 섬유공장 노동조합 사무실에서 사무직으로 일했던 구술자는 결혼을 계기로 일을 그만두고 시흥으로 이사했다. 구술자는 연년생 자녀를 출산하고 약 4년간 전업주부로 생활했던 시간을 '나를 점점 잃어가는' 공허한 때로 기억했다. 그러던 중 지인의 권유로 참여한 여성의전화 주최 대중강연은 삶의 전환점이 되었다.65)

---

63) 시흥시 여성단체협의회는 약 7,000명의 회원 수를 유지했는데 그중 새마을부녀회가 6,980명의 회원을 망라했다. 새마을부녀회의 주요사업은 동거부부 합동결혼식으로, 이 사업은 '가정의 중요성을 인식시키고 가정해체의 방지, 건전한 결혼관 정립'을 목표로 했다. 시흥시(1997), 『시정백서 96-97』, p.229.
64) 시흥여성의전화(2007), p.18 ; 한국여성의전화, 『여성의 눈으로』 17호, 1998년 3·4월.

여성운동가 A : 주제가 여성의 삶이었나, 2시간을 강연했는데 완전히 내 이야기구나. 나를 위한 거구나. 너무 감명을 받았어요. 선생님이 마지막에 여성의전화 교육이 있으니까 신청하라고 홍보하더라구요. 그래서 바로 그때 끝나고 여성의전화 사무실에 갔어요. … (여성상담학교에서) 페미니즘도 그때 처음 접했고, 그다음 제기 고민했던 거, 나를 잃어버렸던 거, 모성애가 없는 사람도 있다는 거, 내가 그동안 직장 다니면서 부당하게 느꼈던 부분, 그게 저는 어떤 건지 몰랐거든요, 예전에는 미스O 이렇게 부르고, 커피 이런 건 당연했고, 성희롱 이렇게 만지는 건 당연했지만, 그게 부당하지만 이게 뭔지 몰랐고, 그냥 다들 참으니까 참아야 하고, 또 결혼해서 며느리로서 역할이 있잖아요, 시가에 잘해야 하고, 시가 생신 때 가야 되고 이런 게 굉장히 불편하고 부당하더라고요. 그래서 그런 거를 거기서 확 그냥 알아차린 게 아니고, 그냥 눈을 떴죠.[66]

여성상담학교를 수료한 후 3개월간 회원 활동을 하던 구술자는 2001년 2월부터 상근활동가로 근무했다. 처음 배치된 부서는 교육사업부였고, '딸들을 위한 캠프'를 담당했다.[67] 시흥시 초등학교 4~6학년 여학생을 대상으로 한 캠프는 1997년 경인 지역 지부 활동가들이 모여 개발한 프로그램으로, 생물학적 성지식 중심의 교육을 지양하고 자아정체성 확립과 젠더 관점에서 여성 주체성을 확립하는 것을 목표로 삼았다.[68] 여성주의적 관점을 대중적 언어로 전달하기 위해 기획된 각종 공연과 축제, 여성의전화를 알리고 재정을 마련하기 위해 매년 개최한 일일호프도 지역사회와

---

65) 여성운동가 A, 2024년 9월 24일, 개인 인터뷰.
66) 여성운동가 A, 2024년 9월 24일, 개인 인터뷰.
67) 여성운동가 A, 2024년 9월 24일, 개인 인터뷰 ; 시흥여성의전화(2007), p.13.
68) 박인혜(2011) p.230.

의 접촉면을 확대하는 사업이었다.[69]

　마을 축제, 학교·직장 성교육, 거리 캠페인을 통해 마주한 지역사회의 분위기는 여성운동에 우호적이지만은 않았다. 구술자는 '여성운동은 무슨, 요즘은 여성이 더 잘났는데' 또는 '배부르니까, 할 일이 없어서 여성의전화라는 걸 만들었다'라는 등 여성운동을 사치스러운 것으로 치부하는 가부장적 시선에 직면했던 경험을 떠올리면서, 처음에는 신체 폭력에 초점을 맞춰서 피해자 지원이라는 '안전한' 프레임을 활용할 수밖에 없었다고 설명했다.[70] 이처럼 지역 여성운동은 현장에서 마주한 강고한 가부장제의 벽과 그 틈을 이용해 목소리를 내야 했다.

　여성주의 의제를 공유하고 연대할 지역 여성주의 단체의 부재도 시흥여성의전화가 처한 활동의 어려움 중 하나였다. 지역 내 연대의 기반이 부재한 상황에서, 시흥 여성의전화는 한국여성의전화연합, 경기여성단체연합 등 중앙 단체와의 연대를 통해 호주제 폐지를 위한 캠페인, 부부재산 공동명의운동 등 전국적인 법 개정 운동에 참여하는 동시에, 지역 내 성교육 수요에 부응하며 시흥시 시민단체와 연계할 기회를 주도적으로 마련했다.[71] 2000년 6월 29일 시흥 여성의전화는 시흥시 시민단체 및 남성들과 함께 「호주제도의 문제점과 21세기 새로운 가족 패러다임」이라는 포럼을 개최하기도 했다.[72]

　부설 가정폭력상담소와 쉼터의 운영은 상담과 연계된 시흥 여성의전화 운동의 주축이었다. 1999년 개소한 가정폭력상담소는 가정폭력, 성폭력, 부부갈등 및 모든 여성에 관한 문제를 여성주의의 관점에서 상담하기 위한 전문상담원을 양성하고, 법률적·심리적 지원을 담당했다.[73] 2002년

---

69) 시흥여성의전화(2007), p.17.
70) 여성운동가 A, 2024년 9월 24일, 개인 인터뷰.
71) 황선희(2010), p.74.
72) 한국여성의전화, 『여성의 눈으로』 2000년 7-8월호, p.12.
73) 상담소는 1999년 한 해 동안 1,143건의 상담을 진행했고, 그중 구타 문제가 226건을

개소한 쉼터는 가정폭력 피해 여성과 자녀를 폭력으로부터 분리하고, 상담과 연계한 다양한 치유와 역량 강화 프로그램을 운영하며 여성들이 삶의 주체가 될 수 있도록 지원했다.[74]

상담소아 쉼터의 운영에는 지자체의 협력이 필수적이었다. 2000년 12월 시흥 여성의전화 활동가들은 사회복지과를 통해 쉼터 운영의 필요성을 시의원들에게 전달했다. 시흥시 사회복지과장은 시흥 여성의전화가 진행한 연간 2천 명의 상담 중 쉼터 이용이 필요한 피해자가 안산시 등 인근 지역 쉼터에 임시로 머물러야 했다고 보고했다. 시흥시 주민이라고 시흥 쉼터에 배정되는 것은 아니지만, 시흥시 주민이 다른 지역 쉼터를 이용하듯이 다른 지역 주민을 상호 지원하고 시흥 여성의전화 상담과 연계된 피해자 긴급지원을 위해 쉼터 전세금 5천만 원과 일시적 운영 보조금 월 1백만 원이 계상되었다.[75]

상담소와 쉼터는 단순한 피해자 지원 시설을 넘어, 지역 여성들과의 직접적인 만남과 연대를 통해 여성운동의 지속적인 추진력을 제공하는 현장이었다. 시흥 여성의전화 쉼터 개소 때부터 사업을 주도했던 구술자는 쉼터 활동에 다음과 같은 의미를 부여했다.

> **여성운동가 A** : 처음에는 '나 없으면 안 돼'라는 자만심을 가지고 있었어요. 하지만 그분들의 이야기를 듣고, 함께 울고, 함께 프로그램을 하면서 제가 많이 성장했죠. 내 안의 편견들을 이분들을 통해 벗겨졌어요. 그래서 이분들은 그냥 폭력 생존자가 아니라 나와 같은 운동가구나, 이분들이 당사자 운동을 하면 되겠구나. … 그래서 말하기 대회를

기록했다. 한국여성의전화, 『여성의 눈으로』 2000년 3·4월호, 16쪽.
74) 2003년 시흥여성의전화 부설 쉼터 입소 인원은 42명(성인 19명, 아동 23명), 그중 32명이 귀가, 별거 및 독립, 타 기관 연계로 퇴소했다. 시흥여성의전화(2007) pp.24-25.
75) 제79회 시흥시의회 예산결산특별위원회 회의록(2000.12.11.).

만들었죠. 이분들이 자신의 이야기를 풀어내는 과정에서 치유도 되고 힘도 생기니까, 이게 바로 운동이구나. (후략)

구술자의 회고는 여성주의 실천이 활동가의 일방적 계몽이나 구호가 아닌, 상호 성장의 과정이었음을 보여준다. 활동가로서 가졌던 엘리트 의식과 편견은 폭력 생존자들과의 일상적 교류 속에서 점차 해체되었고, 쉼터는 활동가와 내담자라는 위계적 구도를 넘어선 수평적 연대를 가능하게 했다. 말하기 대회는 생존자들이 자신의 경험을 서사화하고 발화함으로써 주체성을 회복하고, 이러한 목소리들이 여성운동의 새로운 동력으로 결집하게 했다. 상담소와 쉼터는 개인적 치유와 집단적 실천이 만나는 접점이자 당사자성에 기반한 여성운동이 지역사회에서 구현되는 현장이었다.

1997년 9월 지부를 창립한 이래 상담소와 쉼터, 시의회와 학교, 직장, 마을의 현장에서 가부장제 질서의 타파와 여성해방을 실천해 온 시흥여성의전화는 2001년 '시흥시 여성의 의식구조 및 욕구조사'를 통해 창립 이후 4년 간의 활동 성과를 평가하고 앞으로의 과제를 설정했다. 시흥시에 거주하는 20~65세 여성 404명이 참여한 이 조사는 여성의 정치참여, 경제활동 참여, 성폭력 실태, 여성운동에 대한 인식 등 다양한 주제에 걸쳐 시흥시 여성의 요구와 인식을 드러냈다. 조사를 통해 드러난 특징은 시흥시 여성의 높은 정치·경제적 욕구에도 불구하고 가사 노동의 부담, 사회적 편견, 정보의 부족으로 인해 그 실천을 제약한다는 것이었다.[76]

여성운동에 관한 인식에서도 지역 여성들은 시흥 여성의전화의 존재를 인지하고 있으나 직접 여성운동에 참여하는 것에 부담을 표현했다. 그 이유는 여전히 여성운동을 지역 여성의 삶과 상관없는 것으로 사고하거나, 특별한 사람들이 참여하는 운동, 혹은 여성운동에 관한 사회적인 편견을

---

76) 시흥여성의전화(2001), 『시흥시 여성의식구조 및 욕구조사 자료집』, pp.9-11.

우려했기 때문이었다.77) 또한, 많은 여성들이 성폭력을 당한 이후에도 여성의전화를 찾거나 법률 자문을 구하는 등의 선택지보다는 주변 사람에게 하소연하거나, 창피하기 때문에 알리지 않겠다는 인식을 보였다.

시흥 여성의전화는 2001년 조사를 통해 지역 여성운동이 여전히 해결해야 할 문제를 점검하고 운동 방향을 수정했다. 소사 결과보고서는 시흥시 여성의 정치세력화, 경제적 독립 문제가 새로운 과제로 부상했으며, 이에 호응해 여성의 정치적·경제적 공간을 확보하는 운동에 나설 것을 결정했다. 아울러 창립 이후 지속해왔던 여성폭력 추방 운동의 대중적 기반을 넓히기 위해, 회원이 주축이 된 운동이 아닌 지역사회가 직접 참여하는 교육 프로그램을 확대할 것을 과제로 제시했다. 하지만 시흥 여성의전화가 새롭게 운동 방향을 정립할 그 무렵, 한국의 여성운동은 제도화라는 양날의 검에 직면하게 되었다.

4. 제도화 이후 지역 여성운동의 위기와 대응

1990년대 입법운동의 결과로 여성부가 설치되고 성폭력과 가정폭력 사건이 특별법의 관리를 받게 되면서 여성운동은 제도화 단계에 돌입했다. 하지만 2001년 설치된 여성부는 '남녀평등한 민주 인권 복지국가 실현'을 정책목표로 표방하면서 여성정책의 기조를 가부장제의 타파가 아닌, 여성 자원의 개발이나 여성 권익 보장에 두었다. 이러한 여성부의 행보는 대항 헤게모니로서 여성단체의 역할과 자율성을 우려하게 했다.78)

특히 상담소의 경우 특별법 제정 이후 정부의 직접적인 관리 감독 아래에 놓이면서, 여성운동단체가 운영하던 상담소에 대한 통제가 본격화되었

---

77) 시흥여성의전화(2001), pp.15-17.
78) 박인혜(2011), pp.412-413.

다. 여성부는 상담소에 지원하는 예산을 엄격하게 관리하고 상담소와 기관이 완전히 재정을 분리할 것을 요구했다. 이는 상담과 운동을 병행했던 여성의전화, 특히 상담과 기관이 구분되기 어려운 지역 여성의전화에 심각한 위기로 받아들여졌다.[79]

제도화 이후 변화에 대응하기 위해 여성의전화의 각 지부는 2003~2006년까지 상담소의 인력·재정·공간을 지부와 분리하는 전술을 선택했다.[80] 상담소의 '부설기관화' 전략은 정부가 요구하는 법적, 제도적 요건에 어긋나지 않게 상담 활동을 지속하면서, 동시에 지부의 조직만큼은 제도로부터 자율성을 유지하고자 한 고민의 산물이었다.[81] 그러나 현장에서 상담과 운동은 양자택일의 문제가 아니었다.

다른 한편으로 제도화의 틀 안에서 운동성을 구현하는 실천 방안이 요구되는 가운데 여성의전화 지부는 2003년부터 지방자치단체 정책 모니터링이라는 새로운 운동 방식을 도입했다. 지부들은 정책 모니터링을 통해 지방정부의 중장기 여성발전 계획, 지방자치단체장의 여성 관련 공약, 공무원 대상 성교육 현황, 여성주간 행사 내용, 가정폭력 및 성폭력 예방 교육 등을 세밀하게 조사하고 분석했다.[82] 이는 지방정부의 여성 정책 수립 및 실행 과정에 여성운동의 관점을 반영하기 위해 적극적인 행위자로 나서는 운동이었다.

정책 모니터링 활동은 1997년부터 시흥 여성의전화에서 추진 중이던 '의정지기단' 사업을 발전시킨 것이기도 했다. 시흥 여성의전화는 1997년 11월 시의회 방청을 계기로 의정지기단을 결성하고 1999년부터 본격적인 활동을 개시했다. 시의회의 운영 현안을 객관적으로 평가하고, 여성·노인·

---

79) 박인혜(2011), p.420.
80) 한국여성의전화(2003), 『여성의전화 16차 정기총회보고서』, p.38.
81) 박인혜(2011) pp.428, 434-435.
82) 한국여성의전화연합(2003), 『분권과 참여의 시대, 여성의 눈으로 지역살림 읽기』를 참조

아동 복지에 관심을 촉구하는 것이 이 활동의 목적이었다. 3년간 축적된 의정지기단 활동을 기반으로 2001년 시흥 여성의전화 부회장 안혜순은 여성의전화 기관지에 「여성의 정치참여 첫걸음」이라는 제목의 논설을 기고했다. 안혜순은 2001년 실시한 지역여성 욕구조사를 통해 확인한 여성들의 정치 참여 욕구를 실현하기 위해 지방자치시내에 맞는 여성운동의 활동으로 의정지기단 활동, 여성지도자 교육 등을 실시했다고 보고했다.[83]

시흥 여성의전화는 2002년에도 여성 정치세력화를 다룬 논설을 실었다. 회장 황선희는 "일상에서 겪는 생활공간의 문제들을 행정·정치과정에 투입시키고, 경제제도 및 국가정책의 모순을 근원적으로 접근, 해결하려는 일관되고 지속적인 운동을 전개"하는 것이 곧 생활 정치이자 정치세력화라고 규정했다.[84] 그러면서 지역 여성운동을 체계화, 조직화하기 위해서라도 지역자치단체 운영에 참여하고 다른 단체와 연대해 정당에 압력을 행사해야 하며, 여성 후보를 발굴·육성하고 여성 정치인을 위한 선거를 지원하고 후원회를 조직할 것을 주장했다.[85]

2004년 시흥시 여성정책과 예산을 분석하기 위해 구성된 '지역 여성정책 위원회'는 기관지를 통해 강조된 여성 정치세력화 운동의 일환이었다. 지역 여성정책 위원회가 가장 먼저 지적한 시흥시 여성정책의 문제점은 성별 분리 통계가 부재하다는 것이었다. 즉, 여성의 경제활동 현황, 실업, 산업별 종사 현황에 관한 정보조차 수집되지 않아, 여성 정책을 수립하기 위한 기초가 없는 상황이었다.[86] 시흥시 여성 정책의 성격이 여전히 부녀복지의 관점에서 벗어나지 못한 점도 지적되었다. 여성정책이 저소득 모자세대 지원이나 보육시설 확충과 같은 복지 분야에 집중되었을 뿐,

---

83) 한국여성의전화, 『여성의 눈으로』 30호, 2001년 8·9월, p.8.
84) 한국여성의전화, 『여성의 눈으로』 2002년 5·6월호, p.12.
85) 한국여성의전화, 『여성의 눈으로』 2002년 5·6월호, pp.12-13.
86) 시흥여성의전화(2004), 『분권과 참여 시대, 2004년 시흥시 여성정책과 여성예산』, pp.8-13.

여성의 정치 참여나 경제활동을 지원하기 위한 정책은 구상되지 않았다. 2003년 시흥시 여성발전기본조례가 제정되기는 하였으나, 이 조례에서 지원하는 여성단체의 범위는 제한적이었으며, 여성발전기금 운용에 관한 지침도 마련되지 않은 상황이었다. 이밖에도 여성정책을 담당할 인력과 가용 예산의 부족, 시흥시에서 주최한 여성 관련 행사의 성차별적 성격 등이 문제로 거론되었다.

 2004년 정책 모니터링의 결과로, 시흥 여성의전화는 여성 관련 조례의 제·개정, 여성발전을 위한 중장기 계획 수립, 성인지적 정책형성을 위한 공무원 교육 시행, 성매매 방지를 위한 대책[87] 강화, 여성정책 발전을 위한 민관 파트너십 강화 등의 개선 방안을 제시했다.[88] 이러한 활동은 지역 여성들이 직접 시정에 참여해, 지역 여성 정책을 변화시킨다는 점에서 여성 정치세력화로서의 의미를 지녔다.

 지방자치단체와의 지속적인 정책 협의 과정, 정치적 압력 행사를 통해 시흥 여성의전화 활동가들은 정치적 전문성과 실무 경험을 쌓았고, 이는 실제 여성들의 정치적 진출로 이어지기도 했다. 초대회장 황선희는 2006년 시흥시 제1선거구 지역구에서 경기도의회 의원으로 선출되어 보사여성위원장을 맡았으며, 가정폭력상담소장이었던 이성덕은 2010년 제6대 시흥시의회 시의원으로 활동하면서 성평등 기본조례 제정에 앞장섰다.[89] 이처럼 정책 모니터링은 단순한 감시와 견제를 넘어, 여성운동의 정치적 역량

---

[87] 시흥 여성의전화는 2004년 9월 GM대우 시화바로정비코너 주식회사 이엘자동차서비스와 함께 성매매 안 하기 서명과 성매매 없는 대한민국 만들기 캠페인을 진행하고, 성매매 방지법에 발맞춰 기업의 회식·접대문화 바꾸기 위한 소책자를 배포했다. 한국여성의전화, 『여성의 눈으로』 2004년 9·10월호, p.39.
[88] 시흥여성의전화(2004), p.44.
[89] 「시흥 여성후보 '섬세한 정치' 약속」, 『여성신문』 2006. 5. 19. ; 「'여성전문가' 이성덕, 시의회를 접수하다」, 『주간시흥』 2010. 6. 28. ; 「비례라 능력도 부족? 기 쓰고 의정활동 : [인터뷰] 민주여성 풀뿌리 의정대상 최우수상 수상 이성덕 시의원」, 『오마이뉴스』 2014. 2. 28.

강화와 세력화의 토대로서 실질적 의미를 가졌다.

그러나 조직 정체성 변화, 재정과 연계된 제도화의 압력은 시흥 여성의 전화에 다양한 도전을 제기했다. 가장 근본적인 변화는 상담소 제도화 이후 재정 구조의 변화와 새로 유입된 활동가들의 정체성에 있었다.[90]

> **여성운동가 A** : 상담원도 우리는 다 활동가라고 생각해요. 그렇지만 시에서는 상담원이 법인(필자 : 여성의전화) 일을 하는 것을 지적한다고. 근데 법인과 상담이 따로가 아니고, 상담은 운동의 한 파트인데. 그렇게 법인과 상담소 일을 분리하면서 인건비가 확 높아졌어요. 법인은 인건비가 회비로 나가는데, 회원이 적으면 힘들 수밖에 없어요. … 예전에는 마을 문화 운동이면 활동가, 상담원들이 다 나가서 했는데 이제는 컴퓨터 앞에 앉아서 시에서 원하는 서류를 준비하느라 나가자고 하면 '우리가 왜 회원을 만나요' … 지역 운동의 기본은 회원인데 회원 소모임이 흐지부지되니까 지역에서 무슨 일이 일어나는지를 모르게 되고 …(후략)

구술자는 제도화 이후 상담소와 지부의 재정이 분리되고 그에 따라 급여 체계가 고정되면서 현장 활동을 기피하거나 행정업무 중심으로 활동이 전환되었다고 보았다. 그는 "과거에는 우리는 모든 건 평등해야 한다, 임금도 평등해야 한다"라는 생각에서 일정 금액을 후원회비로 각출하는 관행이나 분위기가 존재했다는 말도 덧붙였다.[91] 구술자가 언급한 과거의

---

90) 상담소 제도화 이후 상담소 소장, 상담원을 여성의전화 회원, 활동가로 전원 충원하던 방식이 법률에 의한 공개 채용 방식으로 전환되었고, 관련 법은 소장·상담원의 자격 제한(전문대 졸업) 조건을 강화하고 자격자에 한해 인건비 일부를 지원했다. 이를 어길 경우, 상담소 해지 집행이 가능했다. 박인혜(2011), pp.274-275.
91) 여성운동가 A, 2024년 9월 24일, 개인 인터뷰.

관행이 조직 구성원에게 어떻게 받아들여졌으며, 새롭게 충원된 인력의 정체성이 기존 활동가들의 정체성과 어떤 면에서 달랐는지 구체화하기 위해서 다른 구술자의 증언도 필요하겠으나, 지부 출범 직후의 운동 분위기가 2000년대 중후반으로 접어들며 새롭게 변화한 것만큼은 확실했다.

지부 조직의 내적 변화는 서울과 지역 사이의 격차와 맞물리며 더욱 복잡한 양상을 띠었다. 구술자는 서울과 지부의 현실을 대비하면서 활동가 재생산, 인프라, 재정 면에서 지부가 처한 현실을 지적했다.

> **여성운동가 A** : 영화제를 하든 뭘 하든 서울은 참여하는 사람이 굉장히 많아요. 특히 젊은 층으로요. 강의를 하나 하더라도, 전문위원을 구하더라도 지역보다 수월해. 한국여성의전화 후원할래, 시흥 여성의전화 후원할래 하면 한국여성의전화 후원하겠다는 사람도 많아요. (서울은) 잘 배우고 젊고 그런 활동가들로 구성이 되고. 회원, 활동가, 시민이 이렇게 한몸으로 움직이니까 서울시에서 함부로 못 보는 거지. 간섭도 크게 없고 … (지역은) 지금 재정적으로 너무 열악해요, 그러니까 법인 활동가가 없어. 대표와 사무국장 인건비가 회비로 나가는데, 지금은 대표 인건비만 나가기도 벅차요. 그래서 반(半) 상근하는 대표들도 많고 …(후략)

구술자는 경기권 중소도시에서 380~400명대의 회원을 유지하고 있는 시흥 여성의전화가 전라·경상 지역 지부와 비교했을 때 조직 재생산 측면에서 상대적으로 안정적인 편이라고 설명했다. 하지만 시흥 여성의전화 역시 도농 복합 지역의 특성으로 인해 지역 여성운동의 구심점을 형성하는 데 어려움을 겪고 있으며, 회원의 배가가 인구 증가율에 비례하지 않고 있다. 시흥시 여성폭력 신고 건수가 수도권 지역 중 매우 높은 수준을 기록하고 있음에도 불구하고, 정부와 지방자치단체의 지원은 이러한 현실을 반영하지 못한 채 정체된 실정이다. 중앙과 지역의 격차, 지역 내 양극화, 제도화 이후 조직의 위기 등 시흥 여성의전화를 비롯해 지역 여성운동을 둘러싼 구조적 과제는 중첩되고 있다.

5. 나가며

1980년대 한국 여성들은 가부장제의 모순, 성차별 이데올로기의 해체를 위한 급진적 투쟁의 전면에 나섰다. 1970년대 크리스챤 아카데미의 여성사회교육 이수자들이 주축이 되어 창립한 여성의전화는 가정폭력을 중심 의제로 설정하면서 가부장제의 모순을 타파하기 위한 사회와 국가의 개입을 강력히 요청했다. 서울에 위치한 여성의전화는 입법운동과 각 지역에서 발생한 성폭력, 가정폭력 사건을 계기로 지역 여성운동 주체들과 접촉했으며, 성폭력 문제의 심각성과 가부장제 질서의 모순을 인식한 지역 여성들의 적극적인 참여로 주요 광역시와 수도권, 중소도시에 여성의전화 지부가 설립되었다.

여성의전화의 전국 조직화 단계에서 시흥은 후발 주자에 속했다. 가부장제에 대한 근본적인 문제를 제기한 여성단체가 부재하던 시흥에 여성의전화 지부가 설립될 수 있었던 계기는 크게 두 가지였다. 지부 설립의 가장 직접적인 동력은 1996년 시흥에서 발생한 가정폭력 사건에 대응하는 과정에서 형성되었다. 지역 파출소의 무관심으로 인해 피해자가 폭력 가해자를 살해하게 된 이상희 할머니 사건은 전국적인 가정폭력 방지법 제정 운동의 분수령이자 지역 여성들과 지역자치단체가 여성폭력 추방 운동에 공명하는 계기였다. 지역사회의 현안으로서 가정폭력 문제가 제기된 시점은 강화 여성의전화 창립을 주도한 황선희가 목회지를 시흥 달월교회로 이동한 때와 맞물렸다. 시흥 달월교회에서 오랜 기간 목회를 맡았던 조화순 목사와 진보적 해방신학 및 여성신학이라는 공통분모를 공유했던 황선희는 강화에서 활동한 경험을 바탕으로 이상희 할머니의 구명 운동을 진행했고, 서울의 여성의전화와 시흥시의 지원을 바탕으로 1997년 시흥시 최초의 여성주의 운동 단체가 탄생했다.

시흥 여성의전화의 창립은 1970년대 크리스챤 아카데미의 '여성의 인간화' 이념이 지역 내 다양한 운동 계보, 산업선교와 여성신학, 여성주의 운동이 교차하면서 재해석되고 실천되는 과정이었다. 시흥 여성의전화는 여성폭력에 대한 해결책으로 정상 가족의 회복을 주장하는 가부장제의 이데올로기를 해체하고 지역사회 내 여성주의 의식을 확산하는 데 앞장섰다. 시흥 여성의전화가 여성의 인간화를 실천하는 가장 일차적인 방법은 지역 여성의 주체적인 삶을 지원하고, 여성운동의 주체를 발굴·육성하는 것이었다. 대중강연과 여성상담학교, 지역 내 다양한 성폭력 캠페인, 교육 사업을 통해 지역 여성들은 자신의 삶을 여성주의적으로 재해석하며 여성운동의 주체로 성장했고, 쉼터를 중심으로 폭력 생존자들의 당사자 운동이 조직되었다.

지역 내 부녀복지의 관점을 넘어선 여성운동 단체의 부재로 시흥 여성의전화의 활동 범위는 상담부터 교육, 문화 활동, 정치세력화 운동까지 다방면에 걸쳐 있었다. 마을 축제와 학교, 직장 내 성교육, 거리 캠페인을 통해 마주한 지역사회의 분위기는 여성주의 의제에 냉소적인 시선을 던지기도 했다. 그럼에도 지부는 한국여성의전화, 경기여성단체연합 등 중앙의 조직과 연대를 통해 전국적인 여성운동 의제를 지역사회에 전달했고, 지역 시민단체와 함께 지역의 맥락에 여성 문제를 접목하는 공론장을 창출했다.

2001년 여성부 설치로 상징되는 여성운동의 제도화가 시흥 여성의전화에 미친 영향은 다른 지역과 중앙의 여성운동 단체가 직면한 상황과 다르지 않았다. 상담과 운동을 병행하는 여성의전화의 특성상 정부의 개입은 조직 내 인력 변화와 재정난을 초래했다. 시흥 여성의전화 역시 새로운 인력의 충원과 재정의 분리로 조직 문화가 변화했다. 하지만 시흥 여성의전화는 정책 모니터링이라는 새로운 운동 분야를 개척함으로써 제도화에 유연하게 대응하고자 했다. 지부가 창립된 직후부터 의정지기단 활동 경험을 축적해 왔던 시흥 여성의전화는 여성의 정치참여 요구와 정치세력화 운동의 중요성을 제기하는 선도적인 역할을 수행했다. 지방자치단체의 여성 정책을 모니터링하는 활동은 일회적인 의정 감시가 아닌, 여성들의 정치참여 역량을 키우고 여성이 정치 공간을 획득하는 기회였으며, 이 기회를 바탕으로 시흥 여성의전화의 활동가들이 지방 의회에 진출하기도 했다.

하지만 제도화는 지역 여성운동의 새로운 전략만으로 극복하기 어려운 장기적이고 거시적인 위기였다. '운동가'에서 '직원'으로의 정체성 변화, 행정업무 중심으로의 활동 변화는 재정 위기와 더불어 제도화가 가져온 근본적인 변화였다. 2000년대 이후 지역 여성운동의 위기는 단순히 정부와 운동 진영의 이분법적 대립으로 설명될 수 없는, 중앙과 지역 간의 자원 격차, 활동가들의 정체성 변화, 세대 간 인식 차이 등이 복잡하게 얽혀있는 현상이었다. 즉, 지역 여성운동이 당면한 위기는 여성운동 관련 제도의 변화, 새로운 전략·전술의 창출만으로 해결될 수 없으며 중앙과 지역 간 격차 해소, 새로운 세대의 활동가 양성, 지역사회 내 연대의 강화, 그리고 무엇보다 지역의 현실을 반영한 운동 전략의 구축이 시흥을 비롯한 지역 여성운동이 직면한 도전이자 과제로 남아있다.

참고문헌

【자료】

『동아일보』, 『조선일보』, 『여성신문』, 『주간시흥』, 『한겨레』
『베틀』, 『여성의 눈으로』

시흥시(1997), 『시정백서 96-97』.
시흥시사편찬위원회(2007), 『시흥시사 3 : 시흥의 근현대』.
시흥여성의전화(1997), 『폭력없는 가정·사회 만들기 시민포럼 자료집』.
시흥여성의전화(2001), 『시흥시 여성의식구조 및 욕구조사 자료집』.
시흥여성의전화(2004), 『분권과 참여 시대, 2004년 시흥시 여성정책과 여성예산』.
시흥여성의전화(2007), 『창립 10주년 기념 자료집』.
여성의전화(1984), 『개원 1주년 기념 보고서』.
여성신학자협의회(2000), 『여신협 20년 이야기』, 여성신학사.
한국여성단체연합(1996), 『한국여성단체연합 가정폭력방지법 제정추진 특별위원회 구성 및 사업계획 발표에 관한 기자회견』.
한국여성단체연합 가정폭력방지법 제정추진 특별위원회(1996), 「이상희 할머니 사건을 보는 우리의 입장」.
한국여성의전화(2003), 『여성의전화 16차 정기총회보고서』.
한국여성의전화연합(2003), 『분권과 참여의 시대, 여성의 눈으로 지역살림 읽기』.

【논저】

강수연(2022), 「한국 환경운동의 '새로운' 주체, '주부'; 공해반대시민운동협의회(1986~1988)의 활동을 중심으로」, 『생태환경과역사』 9.
김보명(2008), 「1990년대 대학 반성폭력 운동의 여성주의 정치학」, 『페미니즘 연구』 8.
김엘림(2004), 「1980년대 이후 여성입법운동의 전개와 성과」, 『여/성이론』 10.
김영선(2015), 「1970년대 한국 여성학 학술운동의 계보와 장소성」, 『현상과인식』 39.
김영선(2018), 「1980년대 여성운동의 새로운 여성 주체 기획과 주부운동론」, 『여성과역사』 28.
김원(2004), 「근대화 시기 주변부 여성노동에 대한 담론 : 식모(食母)를 중심으로」, 『아시아여성연구』 43-1.
김현정(2000), 「여성운동과 국가의 관계에 관한 연구 : 성폭력특별법과 가정폭력방지법 제정 운동을 중심으로」, 이화여대 석사학위논문.
김혜경(1999), 「지역여성운동의 성격연구 : 경기도 여성단체를 중심으로」, 『사회과학연구논총』 3.
남인순(2002), 「여성단체가 가정폭력방지법 제정과정에 미친 영향에 관한 연구」, 성공회대 석사학위논문.
마리아 미즈(2013), 최새인 옮김, 『가부장제와 자본주의 : 여성, 자연, 식민지와 세계적 규모의 자본축적』, 갈무리.
민경자 엮음(2009), 『여자, 길을 내다 : 여성의전화 25년 여성인권운동 이야기』, 한울.
박인혜(2009), 「1980년대 한국의 '새로운' 여성운동의 주체 형성 요인 연구 : 크리스챤 아카데미의 '여성의 인간화' 담론과 '여성사회교육'을 중심으로」, 『한국여성학』 25-4.
박인혜(2011), 『여성운동 프레임과 주체의 변화』, 한울아카데미.
박인혜(2024), 『미래를 여는 기억 : 인천여성의전화에서 한국여성인권플러스까지』, 형성사.
박정미(2017), 「'무작정 상경' : 서울 이주자에 관한 담론과 젠더」, 『사회와 역사』 113.
소현숙(2015), 「1956년 가정법률상담소 설립과 호주제 폐지를 향한 기나긴 여정」, 『역사비평』 113.
손인숙(2015), 「〈익산여성의전화〉의 운동내용 분석 : 조직정체성 변화과정을 중심으로」, 성공회대 석사학위논문.
신영옥(2011), 「지역여성운동담론 변화과정과 성격에 관한 연구 : '여성의전화'의 사례를 중심으로」, 성공회대 석사학위논문.
아영아 외(2021), 『서른, 다시 날다 : 부산여성의전화 백서 1990-2020』, 부산여성의전화.
안진(2007), 「광주전남지역 여성운동의 성격변화에 관한 연구」, 『여성학논집』 24.
안미영(1993), 「여성목회의 현장 13 : 달월교회 조화순 목사를 찾아서」, 『새가정』 439.
유경순(2021), 「1980년대 여성평우회의 기층여성 중심의 활동과 여성운동의 방향 논쟁」, 『역사문제연구』 24.
이계경(2007), 『세상을 바꾸는 신나는 리더』, 여성신문사.
이상록(2007), 「1960~70년대 비판적 지식인들의 근대화 인식 : 『사상계』・『씨알의 소리』・크리스챤 아카데미 진영을 중심으로」, 『역사문제연구』 18.
이상록(2019), 「1979년 크리스챤 아카데미 사건을 통해 본 한국의 인권문제」, 『역사비평』 128.
이혜숙(1999), 「지역여성운동의 현황과 전망 : 경남 진주지역 여성단체의 활동을 중심으로」, 『한국여성학』 15.
장미현(2017), 「산업화시기 정부와 여성단체의 '여성직종' 구상과 여성들의 대응」, 『아시아여성연구』 56-2.
정순옥(2016), 「여성들의 여성의전화 쉼터 경험과 자조모임 필요성 연구 : 시흥여성쉼터 퇴소자들을 중심으로」, 성공회대 석사학위논문.
조민지(2020), 「1960~70년대 버스안내원과 '서비스' 노동의 성별화」, 『역사비평』 133.
최유란(2015), 「여성운동 리더쉽 지속가능성에 대한 연구 : 한국여성의전화 지부 대표의 경험을 중심으로」, 성공회대 석사학위논문.
하영숙(1994), 「그림자에서 동역자로 바뀌어가며」, 『새가정』 443.
허성우(2000), 「지역여성운동의 현실과 지역사회 연구」, 『공간과 사회』 14.
황선영(2011), 「여성운동단체 참여경험이 여성 임파워먼트에 미치는 영향 : 여성의전화 지부 회원활동 참여자의 사례를 중심으로」, 성공회대 석사학위논문.
황선희(2010), 『더 낮은 곳을 향하여』, 진화기획.

논문 출전 | 게재순

저자	제목	원 논문제목	게재지 발표년도	비고
한지선	원삼국~백제 한성기 시흥 지역 집단의 존재 양상과 변화	원삼국~백제 한성기 시흥 지역 집단의 존재 양상과 변화	『규장각』 63, 2023	수정 보완
김원혁	조선초기 시흥 사족 가문의 존재 양상	조선초기 近畿 士族의 정착과 존재 양상-시흥지역 사족가문을 중심으로-	『규장각』 63, 2023	수정 보완
장래건	강희맹의 『금양잡록』 저술과 '사(士)'로서의 정체성	姜希孟의 『衿陽雜錄』 저술 의도와 '士'로서의 정체성	『규장각』 63, 2023	수정 보완
강나은	15~16세기 사족의 혼인 네트워크의 영향력과 지속 여부 : 시흥 기반 사족 강석덕(姜碩德)-강희맹(姜希孟) 가계를 중심으로	15~16세기 사족의 혼인 네트워크와 지속여부-시흥 세거 사족 姜碩德-姜希孟 가계를 중심으로-	『규장각』 63, 2023	수정 보완
이동원	시흥 도시빈민 정착공동체 운동과 시민운동의 재발견	1970~80년대 시흥지역 도시빈민 운동의 성장과 진화	『인문논총』 81(3), 2024	수정 보완
홍수현	1970~80년대 '사회의학'의 실천과 신천연합의원의 설립	1970~80년대 '사회의학'의 실천과 신천연합의원의 설립	『인문논총』 81(3), 2024	수정 보완
허현주	1990~2000년대 시흥 여성의전화의 조직과 활동	1990~2000년대 지역 여성운동의 조직과 활동: 시흥 여성의전화를 중심으로	『인문논총』 82(2), 2025	수정 보완

필자 소개 (가나다순)

강나은 | 서울대학교 역사학부 강사 겸 국사학과 박사수료
김원혁 | 서울대학교 역사학부 강사 겸 국사학과 박사수료
이동원 | 서울대학교 국사학과 부교수
장래건 | 서울대학교 역사학부 강사 겸 국사학과 박사수료
한지선 | 서울대학교 역사학부 강사 겸 국사학과 박사수료
허현주 | 서울대학교 국사학과 박사과정
홍수현 | 서울대학교 역사학부 강사 겸 국사학과 박사수료

서울대학교 국사학과 BK21교육연구단 총서 01
시흥학 총서 01

시흥 사람들의 역사

이동원 외 지음

초판 1쇄 발행 2025년 6월 30일

펴낸이 오일주
펴낸곳 도서출판 혜안

등록번호 제22-471호
등록일자 1993년 7월 30일

주 소 ⓟ04052 서울시 마포구 와우산로35길3 (서교동) 102호
전 화 3141-3711~2
팩 스 3141-3710
이메일 hyeanpub@daum.net

ISBN 978-89-8494-752-8 93910

값 30,000원